被隱藏的日本史

從上古生活到政治革新

The Real History of Japanese Civilization

徐靜波——著

推薦序

蔣豐（北京大學歷史系客座教授）

臺灣時報出版公司邀請我為上海復旦大學徐靜波教授的《徐靜波講日本史》套書寫一篇序言，這套書包含兩冊，第一冊為《被隱藏的日本史：從上古時代到政治革新》主要論述「日本文明史」，第二冊為《被偏誤的日本史：從軍國末路到經濟飛躍》主要談及「日本文化史」，我考慮再三，幾經躊躇，還是答應下來了。當然，這種「考慮」和「躊躇」的過程，不是因為自己的知識水準有多高，而故意把自己高高地「端」起來，而是有一些因素不得不詳加考慮：

第一，臺灣時報出版公司曾經把我在中國大陸出版的暢銷書《日本的細節》（江蘇鳳凰文藝出版社，二〇一九年一月），在二〇一九年七月改名為《大和細節魂》，出版了「臺灣版」——繁體版，我一直心存感激。對於他們委託寫序，自然會感到一些壓力。

第二，現在海內外社會有兩位華人「徐靜波」，巧了，他們工作的領域都涉及日本。但是，上海復旦大學的徐靜波教授是從事日本研究的教授，是做學問的，是真正的學者，也可以說是中國大陸研究日本問題的「重鎮」之一。給他的著作寫序，本來是光榮的。但是，也擔心有的讀者搞不清楚事實的真相，把我攪到「渾水」裡面。注意，此徐靜波，非彼徐靜波。

第三，多年來，我側重於日本近現代史，或者說是日本近現代軍事史的研究，「日本文明史」並不是我的強項，因此擔心在推薦序言中無法精確地理解、傳遞徐靜波教授著作中的思維、見識、史觀，反而給讀者「饒舌」的感覺。

對此，臺灣時報出版公司給了我許多鼓勵，讓我的心理負擔不斷減輕，把此書的出版看作是海峽兩岸一項重要的文化事業，看作是連接海峽兩岸日本問題研究者以及關心者的一個紐帶，看作是中國大陸作者奉獻給臺灣讀者以及漢語圈讀者的一份「文化大餐」，這樣，推薦序言寫起來，或許就可以輕鬆一些。

說起日本歷史，至少在中國大陸讀者當中，很多人腦海中會立即浮現出從一九三一年「九一八事變」到一九四五年日本戰敗期間——日本對中國進行野蠻侵略的歷史。正是因為有了如此深沉、灰暗、血腥的歷史，以至於許多讀者不願意去了解日本的歷史。從而導致「日本歷史」在中國讀者市場的「缺位」。

當然，我們也有許多前輩學者致力於日本歷史研究，他們相對重視對日本通史的研究，其著作厚重有深度，但不得不遺憾地說，一些讀者是望而生畏的，因為他們「啃」不下來這樣的「大部頭」。這樣，反而不利於日本史知識的普及。

《徐靜波講日本史》套書在日本史研究中，選擇了一個「文明」的切片，刺激性地告訴讀者：日本是有「文明史」的。對此，不進行認真地了解，就會在自己的知識結構中形成「缺位」，直接影響自身的思維意識。因此，從「治史」的角度講，徐靜波教授的這部著作值得一讀。此是其一。

中國大陸許多讀者的「腦庫」中，存有日本歷史長度只有中國歷史長度的一半，中、日兩國「同源、同種、同文」，甚至認為日本沒有自身的文化史的印象，因此對日本的歷史不屑一顧。這種偏頗的認知，固然有其歷史背景的原因，更有其「歷史慣性力」帶來的影響。這種認知最大的弊端就是讓自身沉浸在「文化母國」之中，直接導致戰爭中的「輕敵意識」，從而受到慘重的損失。而徐靜波教授在這本著作中，針對漢語圈讀者許多模糊的、情緒化的「日本文化認識」，做了正本清源的梳理，在一些問題上更有「撥亂反正」的敘述。因此，從「糾偏」的角度講，徐靜波教授的這部著作值得一讀。此是其二。

談到日本文明史，或者討論日本文化史，離不開茶道、花道、書道、棋道、柔道等。許多讀者都知道這些「道」的原本發源於中國，但並沒有深究細慮為什麼中國古代這種生活技藝、生活情趣、生活方式傳入日本以後，會演繹成為各種不同的「道」。從「技」到「道」的轉變過程，形成了一種新的文化、新的精神內涵，並成為世界文明的組成部分，成為人類文明的共同財富。日本茶道提煉出來的「和、敬、清、寂」四個字，不僅是把中國茶文化「本土化」了，更蘊含了日本大和民族的精神底色。徐靜波教授在書中對此娓娓道來，喚起讀者的思考。因此，從「促醒」的角度講，徐靜波教授的這部著作值得一讀。此是其三。

戴季陶先生的《日本論》在中國社會享有盛譽。他在開篇之中，講述了日本如何對中國進行細緻、精確的研究。我在日本九州大學攻讀碩士學位期間，對此也深有體會。我的指導教授竟以《明清江南地區的菜籽油研究》獲得東京大學的博士學位。日本整體上對中國的研究之深、之細、之透，在全世界「研究中國」當中，是絕無僅有的。

當然，我也想指出：一九四五年日本戰敗以後，被遠東國際軍事法庭處以絞刑的七名甲級戰犯當中，有三名是「中國通」。日本的「中國通」最終把日本帶向了戰敗的慘境，實在是值得一詠三嘆的。這告訴我們：把握一個國家不僅要把握它的歷史，更要把握它的文化乃至於文明，同時不能只是一些皮毛知識的把握，而是要透過其知識把握其民族精神的深層與內蘊。因此，從「導向」的角度講，徐靜波教授的這部著作值得一讀。此是其四。

拉雜寫來，權且做推薦之序。

二〇二〇年十二月十日於日本東京「豐樂齋」

緒論

一

如果對一個國家或民族感興趣，那是因為它有趣；如果對一個國家或民族感到關切，那是因為它與自己有著密切的關聯。對於多數華人而言，日本就是這樣一個國家，日本人就是這樣一個民族。

這本書裡，我以日本文明的歷史沿革為縱軸，試圖解讀日本到底是怎樣的國家，居住在日本列島上的民族到底是怎樣的民族。為什麼要特別凸顯日本文明呢？在很長的時期裡，我們都不太認為日本有獨立的文明，很多人覺得日本人在近代以前，主要是學習中國文化，近代以後，又學習西洋文明，都是把別人的東西拿過來，自己沒有什麼東西。一九九三年，美國哈佛大學教授薩謬爾・杭亭頓（Samuel Phillips Huntington）出版了一本很有名的《文明的衝突與世界秩序的重建》（*The Clash of Civilizations and the Remaking of World Order*），提出了著名的「文明衝突論」，這裡要說的是，杭亭頓在書裡把整個世界上的文明大致分成八大塊，分別是：西方文明區、拉美文明區、東正教文明區、穆斯林文明區、中華文明區、印度教文明區、日本文明區、非洲文明區。暫且不討論這樣的劃分是否一定成立，卻可從中了解到，在西方的主流世界觀裡，日本文明是被單獨列為一個區域的，而在杭亭頓理解的中華文明區裡，除了中國大陸和臺灣之外，還包含了朝鮮半島、越南甚至遙遠的新加坡，但是一水之隔的日本不在其列。也就是說，在西方主流的世界認識中，日本文明是一種游離於中華文明之外的獨立文明形態。

那麼，日本文明為什麼會具有其獨特性呢？我也一直在思考這個問題。

這裡，我想從世界史的比較視野，來對日本文明的獨特性進行兩個層面的分析。

二

日本的獨特性大多來自較獨特的自然環境和人文歷史。首先就地理位置而言，日本處於亞洲或歐亞大陸的最東端，它的東面就是浩瀚的太平洋，限於航海條件，近代以前根本無法與東亞（中國大陸與朝鮮半島）以外的任何地區發生文明的接觸，這是其獨特性的由來之一。第二，近代以前，它在歷史上從來沒有遭到任何外來民族的武力征服，決定了它汲取外來文明的方式，都是在和平的環境下進行，且具有極大的自主性，覺得合適的就吸收，覺得不妥的就拒絕，比如中國的科舉制度，幾乎被所有漢字文化圈的國家和地區所採納，唯獨日本沒有。長達數千年的歷史進程中，從來沒有遭到其他民族的武力征服，在世界歷史上差不多是絕無僅有的，這一點與同樣位於歐亞大陸最西端的英倫三島，形成了鮮明的對比。

首先我想花一點筆墨，對日本和英國的文明進程做個比較。

同樣，英國位於歐洲的最西端，在北美新大陸發現之前，英國沒有與更西面的地區有過任何交往。而與它們一海之隔的，便是文明十分昌盛的東亞大陸和歐洲大陸，大約一萬五千年前，日本列島有陸橋與東亞大陸相連接；將近一萬年前，英倫三島也有陸橋與歐洲大陸相連，後來地球變暖，海平面上升，日本和英國先後成了島嶼，因此就原住民而言，最初分別來自東亞大陸和歐洲大陸。這一點兩者具有很大的相似性。

但是，日本列島和英倫三島與大陸文明的交往上，存在著三點差異性。

第一，日本列島上的居民最初與東亞大陸（包括朝鮮半島）大規模的接觸和交往，大約始於二千三百年前，當時列島還處於依靠狩獵、捕撈和採集為生的原始狀態，粗陶的燒製已經出現，但是沒有農耕和金屬文明，也沒有城市或有規模的村落，列島上的文明，一開始主要依靠先進的大陸文明提升。而歐洲大陸的羅馬人或羅馬帝國進入英倫三島時，島上已經開始了農耕（小麥和大麥），並誕生了鐵器，也就是說，與歐洲大陸大規模接觸時，英倫已經具備較高的文明水準。

第二，日本列島接受大陸先進文明時，都是以和平的方式進行，二千三百年前後農耕和金屬文明傳來，都是來自大陸和半島的移民以和平的方式傳播，以後直到西元六世紀前後，出現過幾次較大規模的移民潮，幾乎都是民間的和平進入，至於後來的遣隋使、遣唐使及幕府時代的僧侶往來，更是和平的交往，沒有一絲一毫的血腥。近代以前日本歷史上唯一一次遭到外族入侵，是一二七四年和一二八一年蒙元裹挾高麗水軍和江南水軍對九州北部的進犯，雖然發生戰爭，但外族沒有真正登陸殺戮，日本是歷史上極少數未遭到外來武力征服的國家之一，它的文明一直在和平的狀態中孕育、發生和演進，它對外來的文明，基本上都是主動而有選擇性地汲取，幾乎一直保持了自己的主體性。而英倫三島，一開始在一世紀時遭到羅馬人三番兩次的武力進攻，最後被占領和征服，成了羅馬帝國的「皇帝行省」之一，被歸入羅馬帝國的版圖。羅馬帝國衰敗後，則不斷遭到北歐維京人的武裝進犯，歷時數百年，也就是說，歐洲大陸文明的進入，幾乎一直伴隨著血腥的武力。相對而言，羅馬人明顯帶來比較先進的文明：語言、拉丁文、政治制度、城邦、服飾、生活方式和稍後的基督教，這些為爾後的英倫文明奠定了基礎，統一的基督教傳播，也為英倫國家的創建提供精神前提。維京人或者北歐海盜式入侵，多是以野蠻的殺戮掠奪方式，也使得英倫更加融入了歐洲大陸，總之，和日本相比，在英倫三島上，大陸文明更多是以武力征服的方式進入。

第三，雖然最初日本列島上的居民是透過陸橋進入列島（少部分經海路從南方漂流過來），但後來的一萬多年形成了以繩紋人為主體的原住民，後續有外來的彌生人以和平方式移居列島，與早先的繩紋人通婚，之後又有數次「渡來人」的移民潮，大部分是技術先進的工匠和讀書人，不久便與列島上的居民融為一體，大約在六～七世紀，形成了大和民族，此後便一直在島上繁衍生殖，在較獨特的列島環境中，形成自己的日本文明，亦即日本列島上，居民的主體基本上一直是大和民族。而英倫三島，早先是羅馬人的進入，並在此殖民擴張，五世紀前後，又有來自歐洲大陸的盎格魯撒克遜人大規模移民，再後來是挪威、丹麥等維京人長達數百年的武裝進犯，一開始只是掠奪，後來則是定居和殖民，一〇一六～一〇三五年間，丹麥國王克努特（Cnut）同時擔任了英格蘭國王，並成為英國歷史上最偉大的君主之一。英國人從血統上來說，完全是原住民和大陸外來人的混合體，甚至大陸過來的人在人數上至少要占到一半以上，因此，它的文明雖然也具有島國的特色，卻與歐洲大陸是融為一體的。

從對這兩個各處於大陸兩端的島國的比較，可以看出日本文明的主體性和獨特性更為明顯，這是我們考察和解讀日本文明的重要視角。

三

接下來，我要在政治制度的層面（用日文表述，就是「國體」的層面），將日本與中國做個比較分析。中國的文明史比日本悠久很多。夏朝暫且不說，至少自殷商開始，就已形成較穩定的王權統治，歷經春秋戰國而建立起大一統的秦、漢帝國，之後雖出現了帝國崩潰、諸國林立的割據狀態及非漢民族統治的朝代，但無論是分裂時代的小國，還是大一統的帝國，最高的統治者總是國君或皇帝，即為自上而下的一元化統治，雖然期間也有外戚和宦官干政，但是國君和皇帝總是凌駕於萬人之上的最高首領，基本上都握有實際統治權。而日本則在西元一世紀前後出現了部落政權，然後逐漸在六世紀前後形成了統治列島大部分地區的大和政權，七世紀下半葉至十世紀，就是日本史上的飛鳥時代、奈良時代和平安時代前期，日本在學習模仿中國隋、唐政治的基礎上，誕生了以天皇為首的強有力集權式中央朝廷（日文表述是「律令社會」），尤其是八～九世紀中葉，天皇是絕對的最高統治者，真可謂「普天之下莫非王土，率土之濱莫非王臣」。但是自九世紀後半期開始，絕對的皇權開始衰敗，外戚的藤原家族以關白的官職全權攝政，天皇成了擺設，而自十一世紀後半期開始，由白河天皇開啟了稱為「院政」的獨特政治形態，三十三歲的他趁外戚的攝關家勢力稍有衰退之際，將皇位讓給年幼的兒子，而自己另外設置一個別院，以上皇的名義實際治理朝政。有的年代，壯年的天皇突然把皇位讓給年幼的兒子，自己出家做和尚，做了幾年再重新還俗，當起「法皇」，依然實際操縱朝政。

無論是「攝關」還是「院政」，皇權都不在名義的天皇手裡，坐在天皇位置上的人，大多只是個擺設，這一情形與中國的王權或皇權統治，具有極大的區別。而到了後來，地方上的豪族勢力壯大，擊敗了皇帝身邊或與皇族相關的外戚勢力，索性另外設立幕府政權，名義上雖然保留了朝廷，實際上卻是把它置於一邊，行政權力完全操持在幕府的將軍手裡，而幕府將軍實行世襲制，代代相傳，宛如實際的朝廷。有相當長的時期，天皇及其皇族被限定在皇宮（日文稱為「大內」）裡活動，未得將軍許可，不可自由外出。遠在鎌倉的幕府，為了監控朝廷，專門在京都設立了配備武力的「六波羅探題」機構，密切監視朝廷的一舉一動。十四世紀時的後醍醐天皇試圖恢復天皇「親政」，結果招致後來建立室町幕府的足利尊氏強烈不滿，竟然把他流放到荒僻的隱岐島上，後來索性把他廢除，另立天皇。

十二～十九世紀中葉的三個幕府時代，天皇及其朝廷始終被擱置起來，名義上雖然存在，卻失去了統治國家的實際權力。這一政治形態與中國的王朝統治，在內涵上具有很大差別。近千年的日本歷史中，它的國家統治呈現出一種二元並立的狀態。另一方面，與中國的湯武革命、皇朝多次更迭的政治歷史不同，日本在七世紀左右大和朝廷建立以後，儘管很長時期內天皇大權旁落，但天皇始終是名義上的國家元首，日本並未發生過中國常見的改朝換代，所謂「萬世一系」的皇族譜系，在形式上是成立的，使得江戶幕府被薩摩、長州藩等地方勢力推翻以後，倒幕的勢力依然可以設法重新樹立天皇的權威。這樣的所謂國體，在世界文明史上，恐怕是絕無僅有的。這一獨特的國體也是釀成日本文明獨特性的重要政治土壤。

四

最後，我想討論另一個問題，即近代以後的日本，為什麼會走上帝國主義的道路。這是曾遭受日本多年侵略的中國人非常關切的問題。曾有人認為，日本人做為一個島國民族，非常具有進攻性、擴張性和侵略性，其近代以後的大規模侵略行為，與民族根性有關，一旦時機成熟，就會重新侵略別人。我覺得這個問題有些複雜，用一個簡單的理由來加以涵蓋，可能陷入以偏概全的機械論。

先看日本民族的擴張性。縱觀全球文明史，世界上任何一個具有擴張能力的民族，都具有顯性的和潛在的擴張性。且不說大國大族，即便現在很小的國家或往昔屢屢遭到肢解的國家，歷史上也曾經強悍一時，縱橫馳騁，金戈鐵馬，或千帆競發，戰艦浩蕩。今天的和平小國丹麥，十世紀以來一直以北歐海盜著稱，北征西進，燒殺掠搶，幾百年來都是歐洲的強國；隨著大航海時代的開啟，西班牙、葡萄牙迅速崛起，透過海路向中南美洲和東亞擴張，建立了龐大的殖民地；歷史上頻頻遭到俄羅斯、普魯士、奧地利瓜分的波蘭，在此之前的十六世紀前後，也曾是吞併了立陶宛、稱霸波羅的海沿岸的地區性大國；今天多瑙河畔文文靜靜的奧地利，一百餘年前曾是不可一世又龐大的奧匈帝國。這種情形在亞洲也是如此，比如現今越南的版圖，也是十五世紀下半葉開始，北部勢力不斷向南擴展，最終驅逐了湄公河流域的高棉人，而在十九世紀初形成的結果。至於更早的羅馬帝國的擴張、拜占庭帝國的擴張、蒙古帝國的擴張，更是大家耳熟能詳的。因此，簡單地給某一民族貼上擴張的標籤，並不具有內在合理的歷史邏輯性。

日本列島民族的向外擴張，可以追溯到四世紀下半葉以武力方式進入朝鮮半島的「任那」地區，當然，那時還沒有「日本」的國名，甚至強大的中央政權也還沒有建立，但至少可看作列島向外的一次軍事擴張。後來六六三年又幫著半島的百濟與唐和新羅的聯軍在白村江口進行了一場國際性戰爭。但自此之後直到一五九二年豐臣秀吉出兵朝鮮的將近一千年內，日本一直沒有以武力方式染指海外（倭寇基本上是個東亞國際海盜集團），因此輕易地給日本民族貼上好戰的標籤，顯然不是一種嚴謹審慎的態度。

但是，如果算上一八七四年出兵臺灣，日本對中國以及周邊地區斷斷續續施行了長達七十年的侵略行徑，尤其是九一八事變爆發之後，使中國蒙受了重大的損害，從文明史的角度，又該如何來認識呢？

我想，或許應該從近代資本主義衍生的帝國主義性質來認識。自十六世紀初開啟的大航海時代起，尤其是工業革命在英國等西歐國家完成之後，先進的科技發展帶來的生產力大幅度躍升，使得近代工業品要尋找廣大的市場和原料供應地，以及更多廉價勞動力，因此葡萄牙、西班牙、荷蘭和後起的英國、法國等紛紛憑藉武力向海外拓展，建立以殖民地為主體的海外勢力範圍，這一行為本身就具有帝國主義的性質。近代資本主義往往伴生出帝國主義的傾向，或者說，帝國主義內生於近代資本主義的體質之中。十九世紀中葉以後，當福澤諭吉、大久保利通、伊藤博文等在朝野引導日本的大老們認識到歐美文明先進性的同時，也認同它的擴張性，社會達爾文主義在日本受到廣泛的共鳴，早期的一些民權主義者，很快地轉向了國權主義，當時普遍的主流意識是，日本要避免淪為第二個印度和中國，就必須仿效歐洲列強，積極向周邊拓展，在列島之外建立起自己的勢力範圍甚至殖民地，與歐美各國並駕齊驅。於是開始了吞併琉球、挑起甲午戰爭、合併韓國、爆發日俄戰爭等。甚至在第一次世界大戰之後建立了國際聯盟、凡爾賽—華盛頓體系，就是在一定程度上的國際秩序和國際協調機構建立之後，日本依然毫不收斂，此前的一系列成功，使得日本更加利令智昏，把西方近代文明中內生的帝國主義特性發揮到極致，其結果就是變本加厲地在中國的土地上進行武力擴張，到了最後，這一東亞的新興帝國在極度膨脹之後轟然倒塌。一個民族或國家，當它自以為有足夠的資本可以對外展示自己的強大時，國家主義乃至於帝國主義就會在朝野迅速鼓脹，做出一些旁人或後人看起來相當荒唐的行為。日本近代的擴張，主要緣起於對於近代文明理解的偏頗上，福澤諭吉就公開主張，日本與中國的甲午戰爭是文明對於野蠻的戰爭。實際上是不少近代日本人的自我意淫。

在這裡，想重申我的觀點之一，在認識和理解日本文化或文明時，應該充分注意兩個重要的面向，第一是日本文明與東亞大陸（主要是中國，包括朝鮮半島）文明的密切關聯性，東亞大陸的文明在相當程度上為爾後日本文明的建立奠定了不可或缺的基礎，沒有這樣的基盤，日本文明就無從談起；第二是日本文明或文化的獨特性，日本人在大陸文明的培育下，在列島獨特的自然環境和人文基礎上逐漸萌發、產生了日本獨自的文明或文化。關聯性和獨特性是我們觀察和理解日本文明或文化的兩個關鍵點。

五

一年多前，受邀在喜馬拉雅電臺上開設「日本文明史」的課程，之後，把這些講稿進行了整理，輯成這套書。嚴格而言，我不是歷史學的研究者，更沒有充分的學養和資格來撰寫一部日本文明的通史。喜馬拉雅邀請開設這門課程時，我內心是相當惶恐的。

題目太大，範疇太廣，力有不逮，這是必然的。我自一九七九年開始在大學裡攻讀日本語言文學，但轉入日本研究則始於一九九〇年代初期，迄今已近三十年。從文獻和體驗入手，自己覺得對日本積累了一點心得。於是就想從幾個關鍵字和相關領域切入，以史為軸，為各位讀者大致勾勒出一個日本文明發展演變的流脈，史實的敘述自然是基調，但盡可能有出自自己視角的解讀。

說起自己的視角，第一是中國人的敘述主體意識。撰寫講稿或書稿所參考的文獻，絕大部分都來自於日文。但我是個中國人，應該要展現出中國學人眼中的日本。而所謂中國人的意識或立場，必須摒棄狹隘的民族主義，更多地體現為與論述的對象有著極為密切關聯、在文化上有著錯綜複雜交融關係的西側鄰邦人的審察和關切。因此，書中時時會穿插著彼我之間的比較分析，以引起讀者的思考。第二是我自己的理解。書中所敘述的除了史實（史實也需要認真辨析）之外，看法和觀點乃至敘述的方式，都來自於自己。若只是把別人的東西拿來做個整編，一點快感也沒有。

寫作這套書稿，最大的動機在於把自己對日本的一點解讀表達出來，倘若能夠因此增進一點我們對東鄰日本的理解，消解一些情緒性的俯視和仰視，彼此以平等的姿態相待，知其所長，曉其所短，然後取長補短，和諧共處，那就是我最大的心願。

目錄

第一輪大飛躍：接納東亞大陸文明

從「唐風」到「國風」：日本的中古時代

江戶鎖國：日本傳統文化的爛熟

第二輪大飛躍：進入近代社會

本土文明：上古日本的形成

第1講　日本列島上最早的居民從哪裡來？

我小時候居住在上海的虹口，周邊都是日本人留下的房屋。有一年夏天在戶外納涼，聽大人說，日本人原來都是中國人，到了那裡，慢慢變成了日本人，其實根本不是什麼外國人。那時我還小，自然不太懂，只是心裡也想，電影上日本人的臉都長得和中國人一樣，和美國人、蘇聯人不一樣呢！前一陣子，在網路上也看到一些說法，說日本人是中國人的後裔，或者說有一波中國人渡海去了日本，在那裡繁衍後代，連日本天皇的祖上也是中國人。

現在我算是有了一點知識，讀過不少文獻，可以判斷這樣的說法，雖不能說完全是空穴來風，但基本上是無稽之談。中國做為一個國家，究竟形成於何時，還是個在探究的問題，如果夏朝被確定，也只是四千多年，而在這之前，日本列島上就有人類居住。為什麼不完全是空穴來風呢？且聽我慢慢道來。

先來看日本列島的地理位置。若從地圖上來觀察日本國土，會發現從九州到北海道，基本上呈現出由西南到東北的狹長走向，西面與朝鮮半島和中國東部隔海相望，北面與現今俄羅斯的薩哈林島（庫頁島）相鄰近。從地理上來說，日本處於亞洲的最東端，東面即是浩瀚無垠的太平洋。這樣的地理位置基本決定了它的文明起源應該來自西部，包括西南和西北。

而事實上，一萬多年前，地球的氣候尚未完全達到如今這般溫暖的冰川期晚期，日本列島經由朝鮮半島的陸橋，與中國大陸是連在一起的。其證據是，在日本列島上發現了屬於北方區域的猛獁象，以及南方區域的亞洲象和長角鹿化石。這類用四腳行走的哺乳類動物在大陸和列島同時發現，證明了早年這兩個地方應該是連在一起的。大約六千多年之前，由於地球變暖，冰川融化，海平面上升了一百公尺左右，於是列島與大陸徹底分離，最終形成了今天日本列島狹長的格局。

從生態學的觀點來看，日本除了北海道（北海道在近代以前與日本本土沒有多大關聯）和東北一部分地區是屬於柞樹林文化圈外，日本的九州、四國和本州的大部分地區與中國的華南、華中地區一樣，應該屬於照葉樹林文化圈。此外，列島四面環海，在狩獵、採集之後，近海的捕撈也是早期先民獲得生活資源的重要手段，十九世紀後半期開始發現的貝塚，就是食用過的貝殼堆積物遺跡。這樣的自然環境使先民們在農耕文明產生之前，能夠在該地區存活和繁殖衍生。差不多可以說，森林和海洋文化是早期日本文明的基礎，這一基本特質構成了以後日本文明的內核之一。這一點和中國大陸還是有比較大的區別。日本列島溫暖溼潤的氣候特點，使得以後的水稻種植得以傳播開來。處於照葉樹林帶的日本，文化上較多受到來自中國東部沿海地區和朝鮮半島南部的影響。源於這樣的地理條件所產生的水稻栽培及以後的茶葉、生絲、生漆和利用穀物釀製的酒類等這一地區的農耕文明，都和後來的日本文明有著非常密切的關聯。

同時，不能忽視日本東西部地區不同的地理環境所造成的不同區域文化，事實上，無論是早期的繩紋文化，還是後來的古墳時期乃至更後來的奈良時代，日本的西部（即今關西地區以及往西的四國、九州一帶）和東北部（即今關東以及東北地區）都呈現出差異較大的文化特徵。東北部區域的文化，更多受到來自中國東北部和西伯利亞大陸的影響。近來，有愈來愈多學者注意到早期日本文明的這一區域差異性。了解和把握日本的國土地理和氣候植被，是深入理解日本文明發生與發展的一把鑰匙。

那麼，日本列島上最早的土著人，到底是從哪裡來的呢？現在看來，他們應該起源於列島與大陸相連的時代。目前在日本列島上發現最早的人類化石，是愛知縣豐橋市牛川町採石場的石灰岩裂縫中採掘到的牛川人。根據考古的研究成果，大致可以肯定，在距今十萬年前左右的時期，日本列島上已經有了人類居住的痕跡。除了牛川人以外，目前在日本列島上發現的舊石器時代人，都是三萬年以後舊石器時代後期的新人，其體格特徵是男性身高約一百五十公分，女性約一百四十三公分左右，身高比較矮。大概日本最早的原住民是在冰川期海平面較低時，從中國南方經由沖繩再進入日本西部地區。

京都大學池田次郎教授指出：「西日本的後期舊石器時代人，其原鄉到底是華北還是長江以南，姑且不論，不管怎麼說，他們與中國大陸具有深切關聯的可能性是很大的。」此外，舊石器時代後期，還有一支經由現在黑龍江流域或再北面的西伯利亞地區從薩哈林島進入日本的東北部，從考古資料上來看，已經可以確信無疑了，不過，日本東部地區迄今尚未挖掘出舊石器時代的人骨，他們具體的行進路線和體格特徵，尚無法確定。

根據日本學者的研究，舊石器時代後期，在日本列島上已經存在著來自南方和北方的兩支古蒙古人種的群體，他們在體質上並不完全相同，各自的原始文化也源流不一，以中部日本為界，分別居住於東西兩方，彼此幾乎沒有通婚關係，各自形成了自己的語言和文化。這兩支淵源不同的蒙古人種群體，構成了後來日本繩紋人的基礎，也是日本最早的原住民。另外，也不完全排除太平洋南部馬來群島、玻里尼西亞群島的早期居民隨著被稱為「黑潮」的海流從南面越洋漂流到列島的可能性。

總而言之，日本列島上最早的居民，主要來自於海平面還沒有上升時期的亞洲東部的東北和中南部這兩大區域。當然，那時在東亞大陸，統一的中華文明還沒有形成，因此不能簡單地說這些渡海來到列島上的居民是中國人。

列島與大陸分開以後，大約有一萬多年的時期裡，這些原住民基本與島外的世界隔絕，在島上以採集、捕撈和狩獵的方式謀生，形成了早期不完整的村落，並出現粗陶的製作和早期半穴居簡陋草屋的搭建，學會石器工具的製作，誕生最早的文明，但這一切都處於比較低級、粗糙的階段，因而人口的增長相當緩慢。從西元前三世紀前後開始，又有大批大陸移民先後越洋來到日本列島（主要是九州北部和中部，以後又自西向東往列島的其他區域擴散），形成了列島上新的居民形態，這些外來移民被稱為「彌生人」，主要來自東北亞大陸。後面再詳細敘說。

第2講　是誰創造了日本語？

在大學裡學習日語時，有兩個問題讓我比較困惑。第一是日語裡有很多漢字詞語，覺得都不像外國語，沒學過日語，多少也能猜出一些意思，這是怎麼一回事呢？第二是看上去像中文，可是語法結構、語言的順序尤其是動賓結構，卻與中文幾乎一點也不著邊，有些是正相反，尤其是動詞、形容詞、形容動詞的詞尾都會有變化，五段動詞更是麻煩。從這一點上來說，又是完全的外國語了。

日語確實是一種有些奇怪的語言。戰爭時期，大部分日本人的頭腦都有些狂熱。東京大學教授平泉澄公然說：「據說沒有一種語言與日語同屬一個系統，這是當然的。因為日本是神的國家，日語自然就是神的語言的後裔了。」現在看來，當然是胡扯淡的話。那麼，日語到底怎麼來的呢？其實這個問題很難回答，就好像說到底誰創造了漢語，或者說，漢語到底怎麼形成的一樣。不過依然想探討一下這個話題，對於了解日本文明的本源是很有裨益的。這裡所說的日本語是指日本語言，而非日本語文。

人類在長期的群居生活狀態中，隨著身體功能的發展和彼此交流的需要，逐漸產生了語言。日本列島上的原始居民是從東亞大陸的北方和南方（包括東南亞群島）兩個區域移居過來的，就決定了列島上最初的語言應該是不統一的。關於日本語言的來源，很多學者（包括日本以外的學者）從自然人類學、文化人類學、民族學、考古學、語言學等多種角度進行長期探討，至今仍無足以令人信服的定說。一方面是由於語言本身是隨著民族的遷徙、融合以及時代的變化而發生劇烈的變化，今天的人們很難捕捉數千年以前的語言實態；另一方面是由於語言既有性，又無形，列島上用文字來記錄語言已經是八世紀前後的事了，近來雖然考古學上成果迭出，但直接有助於說明語言來源的資料畢竟不多，因此時至今日，日本語的來源仍有些撲朔迷離。

二十世紀前半期，學術界關於日本語的來源或者說是日本語的體系，主要有兩種說法。一種是日本語基本上來源於阿勒泰語系。阿勒泰語系主要指蒙古語、土耳其語和通古斯語族等亞洲北部或西北部民族所使用的語言。就日語的語法構造、語序而言，兩者之間存在著很大的相同點。但是探求語言之間的關聯，從語言學的角度而言，僅僅關注於語法是不夠的，還必須從基本語彙中舉出數百個相同或相似的基礎詞語，在這一點上，語言學家們遇到了難以逾越的障礙。另一種說法主張日語與朝鮮語（韓語）是同一源流。這一主張的代表性人物是出身於東京大學的金澤莊三郎，他不僅揭示了兩者之間在語法構造上的相似處，還舉出了一百五十個詞語。但是這些詞語大部分與文化有關，而且大多是日後從朝鮮半島傳到日本的，難以從最初的本源找到雙方的一致性，而關於兩者在基礎動詞方面，幾乎無法做出具有說服力的舉證。金澤的說法在日本將朝鮮半島強占為殖民地的時代，曾受到日本當局的推波助瀾，但戰後不久就銷聲匿跡了。

戰後的學者們拓寬了視野，開始注意到語言與整個文化的關聯性，大致顯示出兩種努力的方向，一是探尋日語與阿勒泰語系以外的其他語言之間在體系上的關聯，另一是假設在阿勒泰語以前存在著另一種基層語言，而這種語言一直影響到日後的日語。

在第一種努力方面取得顯著成果的是京都大學的西田龍雄，其主要研究領域是藏緬語系的語言。他研究了日語和藏緬語的古語形態，發現兩種語言不僅在語法構造上具有相同性，而且在動詞的活用形方面、動詞的否定形、禁止形和形容詞、人稱代詞等方面，都有相當的對應性，在基礎詞彙和重音上也具有對應性關係。他得出的結論是，古代日語受到數種語言的不同影響，「而日語的核心部分則與藏緬語系的語言來源於同一個祖形。」不過，這種說法並沒有得到大多數學者的認同。從前述的日本人由來中，似乎也難以得到有力的佐證，因為早期的日本原住民來自藏緬一帶的可能性不大。

第二種努力是試圖假設在阿勒泰語傳入日本之前就已有一種別的基層語言存在，日後的日語是最初的基層語言與此後傳入的阿勒泰語以及其他多種語言混合而成。經過多位學者的努力，最近得出的結論是，日語是以南太平洋群島的語系（包括馬來語、玻里尼西亞語等）和阿勒泰、通古斯語系為基本構成要素的混合語。這一說法，從早期日本人的由來中，可以獲得較大的支援。

綜合各家學說，我做個簡單的總結。早期從南方移居日本列島的原始居民帶來了最初始的語言，從東北亞過來的移民則帶來阿勒泰語系的語言，此後在繩紋時代前期以後西元前三千年前後，以西日本為中心，陸續從中國大陸的長江流域或以南區域傳來前農耕階段的照葉樹林文化。到了繩紋時代後期和晚期（約西元前一千年）時，照葉樹林的文化逐漸在西部日本地區傳開，來自東亞大陸（或許包含部分的東南亞）的語言也自西向東傳播開來，同屬照葉樹林文化帶的雲南一帶的移民也許會帶來部分藏緬語系的因素。西元前三世紀前後，主要經朝鮮半島的東北亞移民帶來農耕文明的同時，通古斯語言（從理論上來說屬於阿勒泰語系的一族，為早期中國東北部地區諸民族使用的語言）隨之陸續傳到日本列島，而來自中國江南一帶的移民則帶來吳越地區的語言，這些語言因素在漫長的歷史過程中，尤其是隨著日後農耕文明的傳播，彼此間互相交融、碰撞、匯合，最終形成了古代的日本語。

語言不僅是人們彼此交流的工具，從它的語言構造、語法語序、語彙、語音各個方面，無不顯示出使用該語言的民族的思維特點和表述方式。因此了解日本語的來源，也是把握日本文明的重要項目之一。

第3講 繩紋時代：日本歷史最早的分期

進入正題之前，先來講一個故事。

一八七七年，東京大學剛剛建立，缺乏優良的師資，大量聘請歐美的教授來講課。其中有位講授生物學的美國動物學家愛德華．莫斯（Edward S. Morse），他當時居住在西洋人集聚的橫濱，而東京大學位在東京市裡，他搭乘火車從橫濱到東京，這條鐵路一八七二年剛開通，是日本最早的一條鐵路。途中經過現今東京都品川區的大森車站。有次，他憑藉敏銳的職業眼光，發現了一處貝塚。日後對這處貝塚進行發掘時，發現了原始的陶器（日語稱為「土器」，是一種沒有釉彩、燒製溫度較低、質地較粗鬆的早期陶器），因發現這種陶器上有草繩的模樣，便在兩年後發表的報告中將其稱為Cord-marked pottery，日本人讀到這份報告，把這個詞翻譯為「索紋土器」，後來有位學者白井光太郎譯成「繩紋土器」，這名稱就一直延續下來。十九世紀末，日本學者把日本歷史上最早的一個分期稱為「繩紋時代」（日語稱為「縄文時代」），具體的年代，大約距今一萬二千年至西元前三百年，它被看作日本文明的序幕期。當然，繩紋文化或繩紋時代並不是單指繩紋土器的時代，主要是指由它象徵的這一時代的生活和文化。

一九六〇年及之後的屢次發掘中，在長崎縣的福井洞穴內，發現了隆起線紋土器和豆粒紋土器，據測定，其中最早的有一萬二千年歷史，說明日本列島在距今一萬二千年前就開始逐漸進入新石器時代，在世界範圍內是非常早出現的。

根據西方考古學的定義，處於打製石器的階段一般理解為舊石器時代，而磨製石器則是新石器時代的產物，新石器時代晚期，一般會出現以種植和飼養為標誌的農耕文明。但是日本的情形有些獨特，繩紋時代已經有了相當精細的磨製石器，還出現成熟的陶器，並出現定居的生活形態，但是直到晚期，一直沒有正式的農耕文明出現，因此，歷史學家們不把這一時期稱作新石器時代，而是名曰「繩紋時代」。

繩紋時代一萬餘年的歷史，大致可分為三個時期。

第一期稱之為繩紋文化的胎動期，年代大約是一萬二千年前至一萬年前之間。這一時期舊石器文化依然殘存著，可說是兩種文化的交會期或者新舊文化的轉型期。

第二期稱之為繩紋文化的形成期，年代大約在一萬年前至五千五百年前之間。這一時期的遺跡被不斷地發掘出來，原住民在狩獵、採集的同時，捕撈的生活也已經開始，貝塚就是在這時出現的。半穴居的居所逐漸固定下來，以半穴居群為基礎的貯藏型狩獵、採集生活方式逐漸確立，繩紋文化的特色漸次形成。

第三期稱之為繩紋文化的成熟期，年代大約五千五百年前至二千三百年前之間。這一時期差不多可說是繩紋文化最重要的時期，繩紋文化的特點在這時期典型地顯現出來。差不多從這時期的初期開始，山川地貌和氣候已經演變到與如今大致相同的狀態，以本州的中部地區（今名古屋一帶）為界，出現了兩個不同的森林帶，即關東、東北地區的柞樹林等為代表的落葉闊葉樹林帶，和九州、西日本地區的常綠闊葉樹林帶（照葉樹林帶），與今天大致相同的基本植被已經形成，人們在生活中逐漸形成對自然的理解和觀念，透過土器上的紋樣和土器的造型所體現的審美理念，可說構成了原始日本文化的基層因素。

以第二期和第三期為中心，對繩紋時代日本人的衣食住諸方面做個粗略的概述。

在衣著方面，已經出現了以獸皮、魚皮和由植物纖維編織成的編布為材料的衣服，從出土的土偶形象中可以了解當時的服飾模樣，從各地的遺跡中，還發掘出製作頗為精美的土製耳飾。福井縣的鳥濱貝塚中發掘出來的玦狀耳飾，經研究，這種形狀的飾品，明顯是中國大陸傳過來的。

在食物方面，無論是西部的照葉林帶，還是東部的柞樹林帶，都給列島上的先民們提供比較豐富的堅果和根莖類食物。主要有栗子、團栗、核桃、橡樹果實和野生的薯類，這些富含澱粉的森林產物，提供主要的熱量。此外，河川和近海的捕撈、野豬和鹿等的狩獵，也為人們提供重要的食物源。從考古遺跡來看，繩紋時代的中後期，食物的儲存已經比較普遍。土器的製造使人們脫離早期的茹毛飲血時代，經過燒火加工的食物，去除了採集和狩獵時獲得的野生動植物的有害物，使食物變得美味而富有營養，促進人類的繁殖和身體的進化。

在居住方面，中後期不僅出現平均面積大約為二十～三十平方公尺的半穴居房屋，並形成十幾戶人家的小型村落，千葉縣船橋市發掘出來的高根木戶遺跡，還出現由七十棟房屋構成、呈環形狀、中間有個廣場的巨大村落。有父系和母系同時存在的所謂「雙系」家庭形態已經比較固定。墓葬的形態也已出現。

但是，整個列島分成柞樹林帶和照葉林帶，人們的生活文化形態並不相同，甚至有相當大差異，注意到這一差異，對我們了解今天東西日本之間的文化差異是有益的。繩紋時代的西部日本，受到較多中國大陸的影響，它的基層文化中，包含了較多的大陸文化因數，西元前三百年左右，來自中國大陸或經由朝鮮半島傳來以水稻耕做為中心的農耕文明登陸日本時，主要是在日本西部的九州地區傳開的。

自舊石器時代至繩紋時代，雖然生產力水準比較低下，但是生活在列島上的日本早期先民，已經以各種形式創造出體現民族精神的初期藝術作品。尤其值得一提的是繩紋土器。這類土器之所以被稱作繩紋土器，就是因為土器的上端部分印刻有繩紋模樣，早期的製作方法就是將粗繩直接纏印在器皿的土坯上，燒製以後就留下繩紋的痕跡。以後紋樣的形式慢慢變複雜，加上各種雕刻甚至透雕，形成立體的裝飾效果，到了後期，器皿本身的形態愈來愈豐富，缽體或深或淺，有的下有底座，有的呈香爐形，甚至還出現如同今日茶壺形狀（日語稱為「土瓶」）的器皿，上面鐫刻了精美繁複的花紋，農耕以前的先民竟然已有如此的創造，令人頗為驚嘆。

說明日本列島上的先民，心靈手巧，在製作技藝上很早就展現了才華，在這裡，我們也許可以找到後來日本甚為發達的「職人文化」的源頭之一。不過，早期的先民在物象的形象捕捉和表現上，似乎沒有驕人的成績，迄今沒有發現在其他民族中經常可見的岩石畫或壁畫，事實上，在佛教藝術傳來之前，日本的繪畫和物象雕塑藝術一直處於初級的階段。

最後簡單總結。長達一萬多年的繩紋時代，農耕還沒有開始，人們基本上靠狩獵、採集和捕撈的方式來謀生，食物並不充分，因此人口增長非常緩慢，據學者的研究，繩紋時代末期，整個日本列島上，居民人數大約有二十多萬人，已經出現了半穴居的簡陋住房和固定村落。在文化上，西部地區明顯受到來自東亞大陸的影響，而東北部則受到北方甚至西伯利亞地區的影響，在文明的程度上進入了打磨精細的新石器時代，蒸煮食物的陶器已經普遍使用。可說是日本文明史最早的一個時代。

第4講　徐福東渡的史實與傳說

儘管在繩紋時代或許曾出現過局部的、零星的農耕跡象，但西元前大約三百年之前，整個列島還沒有出現廣泛、成熟的農耕文明，現在基本上可以判明，以水稻種植為主體的農耕文明已經伴隨而來的金屬文明（青銅器和鐵器），是短時期內突然從外面、就是越過海洋傳到列島上的。那麼，是什麼人把這些農耕文明和金屬文明帶過來的呢？

二〇〇二年六月下旬一個初夏傍晚，我應邀前往錦江小禮堂，出席了同濟大學為歡迎日本前首相羽田孜而舉行的晚宴。晚宴前，羽田前首相發表關於中日關係的演講。令我感興趣的是，羽田在一開始用了大量的篇幅詳細敘述了自己是秦始皇時期東渡到日本的中國移民後裔的可能性。羽田出生於長野縣和田村，在山環水繞、重巒疊嶂的和田村內，迄今生活著有嚴密家譜傳承的羽田一族。稍通日語的人也許知道，日語中「秦」和「羽田」都可讀作hata。羽田一族的家譜就名為《秦氏家譜先君之傳》，先君是「秦始皇帝之遠孫秦河勝苗裔」的秦幸清。

秦河勝和秦幸清歷史上確有其人，前者曾仕奉日本歷史上赫赫有名的聖德太子

（五七四～六二二年），秦河勝一生的重要事蹟，就是在京都的太秦一地為供奉聖德太子所授的佛像而建造的廣隆寺，此寺又稱為「秦公寺」。而秦幸清曾在十六世紀中葉佐助主君大井信定與日本戰國時期的梟雄武田信彥交戰，敗陣後自殺身亡。

後人覺得有損族人的臉面，遂將「秦」姓改為「羽田」，而發音依舊。迄今在羽田氏主屋的二樓高懸著一塊「秦陽館」的匾額，長廊和山牆上也刻著「秦」字。因此羽田孜認為自己在血緣上可能與來自秦朝的移民一脈相連。羽田孜生得濃眉大眼、方臉闊耳，似乎頗有幾分秦氏後人的風采。

當然，秦氏後人並非秦始皇的後裔（秦始皇姓嬴名政），很有可能是秦朝時東渡的中國移民後裔。正如很多研究者所指出的，秦朝移民每每誇耀自己一族與皇室的淵源，對外索性自稱「秦人」或「秦氏」，同樣，漢代移民則自稱「漢人」。

這裡要引出一個幾乎人人皆知的徐福東渡的故事，我在兒時即已有耳聞。那時夏間夜晚在戶外納涼時，大人們每每會說起昔日日本人（不過我外祖父很少用日本人一詞，更不會準確地用日本軍一詞，總是用東洋人一詞來指代）武力進犯上海時所遭受的深重苦難。然而大人們同時會說日本人其實不是真正的外國人，早年秦始皇時，有三千童男童女東渡日本，遂在那邊生兒育女，繁衍出的後代慢慢變成了日本人。因此我兒時朦朦朧朧的印象中，日本人只不過是中國人在日本土地上的變種而已。大約一九六五年時，已入小學的我在四川路上遇見做為青年訪華團來上海的日本人時，覺得除了衣衫光潔外，相貌上與中國人無異，於是幼小的心靈中更加深了日本人只是中國人一支的印象。

後來年歲痴長，稍稍讀了些書，覺悟到自己兒時的想法不免太過幼稚。但徐福的故事卻不完全是空穴來風，也不是大人們的隨口杜撰。我的祖上並非書香門第，他們的故事也不會直接源於書卷史冊，只是民間代代相傳的傳說而已。然而史書上確有與此相關的記載。最早的便是《史記》。查《史記・秦始皇本紀》二十八年中有如下記載：

既已，齊人徐市（福）等上書，言海中有三神山，名曰蓬萊、方丈、瀛洲，仙人居之。請得齋戒，與童男女求之。於是遣童男女數千人，入海求仙人。……

《史記・淮南衡山列傳》中，這一故事就更加詳盡了：

昔，秦絕聖人之道……又使徐福入海求神異物，還。為偽詞曰：「臣見海中大神。言曰：『汝西皇之使耶？』臣答曰：『然。』『汝何求？』曰『願請延年益壽藥。』神曰：『汝秦王之禮薄。得觀而不得取。』即從臣東南至蓬萊山，見芝成宮闕，有使者銅色而龍形，光上照天。於是臣再拜，問曰：『宜何資以獻？』海神曰：『以令名男子、若振女與百工之事，即得之矣。』」秦始皇帝大悅，遣振男女三千人，資之五穀種、百工而行。徐福得平原廣澤。止王不來。

這一段文字中值得注意的是「資之五穀種、百工而行」。應理解為帶去了中華稻作文明及當時在中國業已比較發達的工藝技術。但是徐福渡海去了哪裡，《史記》中沒有明言，後來的《後漢書》和《三國志》說是夷州和澶州，但夷州和澶州究竟地在何處，當時的各種史書語焉不詳。直至千餘年後的明代萬曆年間問世、由李言恭和郝傑編撰的《日本考》中，才將夷、澶兩州明確地定為倭國的一部分：

秦遣方士徐福將童男女千人入海求仙不得，懼誅，止夷、澶二州，號秦王國，屬倭國。中國總呼曰徐倭，非日本正號。

《日本考》中將這兩個州定為倭國的屬國，但所據為何，卻沒有明示。不過在比它更早的五代後周時明教大師義楚的類書《六帖》卷二一〈國城州市部〉中已經明明白白地認定徐福的滯留之地就是日本：

日本國亦名倭國。在海中。秦時徐福將五百童男、五百童女，止此國也。今人物一如長安。又顯德五年（九五八年）歲在戊午，有日本國傳瑜伽大教弘順大師賜紫寬輔又云：「本國都城南五百餘里有峰山……又東北千餘里有山，名富士山，亦名蓬萊。其山峻，三面是海，一朵上聳，頂有火煙……徐福止此，謂蓬萊。至今，子孫皆曰秦氏。」

讀到「至今，子孫皆曰秦氏」，我又想起了羽田孜前首相演講中的一段自白了。日本文獻中開始有關徐福的記載，大概始於十四世紀《神皇正統記》，後來江戶時期一六六八年刊行的《異稱日本傳》中明確提到夷州等地指的是日本，日本紀伊國（今和歌山縣）的熊野山下有徐福墓，因此斷言熊野乃徐福的登陸地。大約一百年之後，曾到熊野考察的醫師橘南溪在所著《西遊記》詳細敘述了徐福墓的情形，那兒不僅有徐福的墓碑，還有名為蓬萊山的小山。以後，徐福在日本登陸的故事就廣為傳開，並且各地都陸續發現徐福登陸或居住過的遺跡，如富士山、京都府與謝郡、佐賀市金立町等。

徐福一行的出海東渡，應是不爭的事實。但整個船隊有否抵達日本列島，尚缺乏當時的文獻史料和考古發掘的有力佐證。但何以在日本沿海各地均有徐福一行登陸的傳說和後人為志紀念而建造的祠廟、石碑，想來此事絕非空穴來風。比較合理的解釋，我想是限於當時的航海條件，徐福的船隊不一定自始至終一直是完整的整體，突如其來的狂風暴雨很可能將船隊打得飄零四散，未遭海浪傾覆的船隻可能各自在可遇見的島嶼和陸地紛紛登陸，因他們的首領是徐福，於是各自都稱徐福或徐福一行，或乾脆自稱為秦人，因此今天的日本才會有那麼多徐福登陸遺跡和有關傳說。不過秦人或秦人後裔也不限於徐福一行，事實上當時東渡到日本的秦朝移民來自於不同的途徑。

第5講　彌生時代：外來的稻作與金屬文明

一八八四年，東京大學校區內的本鄉彌生町（今東京都文京區）作調查的考古學者，在挖掘中發現一種中間鼓脹的圓形土器，其形狀與迄今發現的繩紋土器均不相同。之後在全國各地陸續發現這一類土器，並在其周邊發現了農耕的跡象，為了區別原先的繩紋土器，便根據最早的出土地，將其命名為「彌生式土器」。考古學家在彌生式遺跡內發現了碳化了的稻穀，又發現了石刀、銅鐸、銅劍、銅鏡等，證明這一時期的文化與繩紋時期有極大的不同。爾後，人們便將金屬和農耕傳來和發展的西元前三世紀左右至西元三世紀前後的時期稱為「彌生時代」。

彌生時代是日本文明史上第一個重大轉折期的開始，與外界差不多隔絕了一萬多年之後，原來處於比較落後狀態的日本列島，開始大規模地接受來自列島之外的先進文明，農耕和金屬就是兩個最典型的標誌，以後在外來大陸文明的刺激或引導下，列島上的文明水準才有了大幅度的提升。甚至可以說，彌生時代才是日本文明史的真正啟幕。

這一講裡，主要展開農耕文明的話題。

西元前四～三世紀前後自東亞大陸傳來的農耕文明，對日本列島的文明進程和文化的發展所產生的影響是革命性的。伴隨著農耕文明的傳來，中國大陸和朝鮮半島的部芬人民相繼移居至列島。這些外來的移民，除了徐福東渡的史實與傳說之外，還有春秋時的吳越一帶，常有海民為避戰亂而冒險出海，或許有些人幸運地登上了列島，而可能性更大的是來自朝鮮半島的移民。西元前一千年左右，中原地區的青銅器已經傳入半島，黍子、高粱、粟等逐漸開始種植，而後自中國江南一帶傳來的稻米耕作也在半島南部的平原地帶傳開。春秋和戰國時期，一部分人為避戰亂而向東遷徙至半島，衛滿朝鮮的建立就是漢人的勢力在半島擴張的實例之一。後來漢武帝消滅了衛滿朝鮮，在半島北部設置樂浪等四郡，大陸文明進一步傳來。這一時期來自大陸的漢人和半島上的原住民又陸續向南，渡海來到日本列島。於是，自西元前四～三世紀開始，先在九州的北部，後陸續擴展到東部，出現了青銅器和鐵器的金屬文明和作物種植的農耕文明。

根據一九七〇年代至一九九〇年代的考古發掘研究，證實了長江中游地區是世界栽培稻及稻作農業的搖籃，至晚距今九千年前定居的稻作農業已經開始。歷史上應有多個稻作起源地，印度恆河流域的稻作也可能是獨立產生的。儘管如此，長江中下游地區至少是世界上最早的起源地之一，稻作的歷史最為悠久。

那麼，日本列島上的稻作文明究竟從哪裡傳來的呢？從目前的考古成果來看，日本的農耕文化開始於九州北部的玄海灘沿岸地區。早期的遺跡，基本上是在唐津平原到福岡一帶的沿海地區發現，年代大約在西元前四、五百年。一九七八年，在福岡縣板付遺跡中發現了伴有繩紋時代最末期陶器的水田。兩年後，又在九州境內的佐賀縣發掘出菜田水田遺跡，在村落附近的地方發現木製農具和陶器，在年代上較板付遺跡更早些。這說明列島上農耕文明的出現比先前所認為的始於彌生時代（西元前三百年左右）要早些。

九州北部距朝鮮半島的南端最近。據近年來韓國的考古成果，西元前五百年左右，韓國南部的稻作文明已經成立。而這一時期朝鮮半島正處於「無紋陶器」文化的時代，與日本彌生陶器的特徵基本是一致的，也許，日本無紋陶器的大量使用，與來自朝鮮半島的文明傳播有關。有日本學者認為，朝鮮半島「無紋陶器文化的開始與日本的彌生時代一樣，意味著朝鮮半島農耕文明正式開始的時期，差不多與日本的繩紋時代晚期成平行。也就是說，朝鮮半島的農耕文化成立之後，幾乎立即就傳到了我國（指日本）」。

但是，無論是朝鮮半島還是日本列島都沒有任何野生稻的跡象，這兩個地區的稻作都是自別處傳來的。那麼，來源地是印度一帶的東南亞呢？還是中國長江中下游地區呢？實際上稻米的種類可以分為兩大類：一類是沒有黏性的細長粒「秈稻」（在來米），就是所謂的「印度型」（Indica），主要生長在熱帶地區；另一類是具有黏性、顆粒比較短壯的「粳稻」（蓬萊米），被稱為「日本型」（Japonica），生長在較耐涼的溫帶地區。地處熱帶或亞熱帶、海拔較低的地區，大多栽種秈稻，而溫帶地區大多栽種粳稻，今日雲南境內的秈、粳稻分布是垂直的，海拔一千五百公尺以下種植秈稻，一千七百至二千公尺以上種粳稻，中間地帶則粳、秈稻交雜。長江中下游地區，大部分處於北緯二十九～三十度之間，粳、秈稻都有栽種，愈往北，粳稻的比重就愈大，北緯三十度以上，基本上都是粳稻了。而朝鮮半島南部和日本的水稻，基本上都是粳稻。透過對考古成果的分析和對歷史文獻的研讀以及較合理的推斷，朝鮮半島上的稻作文明是從長江流域傳過去的大致上是可以確定的，傳播的途徑有兩條，一是經現在的江蘇、山東，自山東半島越海傳入朝鮮半島南部；另一是經華北至東北從陸路傳入半島北部，再輾轉擴展到南部。這兩條路線都有可能。而且稻作的傳播在很大程度上是伴隨著金屬文明（青銅器和鐵器）一起傳入的，這也被考古成果所明證。

這樣看來，日本的稻作文明有一支應該是從朝鮮半島南部傳來，但傳播的路線沒那麼單一。自山東半島或遼東半島越海傳入朝鮮時，很有可能向東直接傳入日本。

還有一個應該引起高度重視的地區，就是稻作起源地之一的長江下游地區（江南地區），很可能是日本稻作文明的傳播地之一。有中國學者曾非常有說服力地闡述了日本的稻米耕作來自浙江東部、尤其是舟山群島的可能性，主要理由一是當時浙東一帶稻米種植已經相當普遍，而其品種與日本廣泛種植的粳稻型是基本一致的；二是越民、特別是舟山群島的居民已有相當的航海技術，經常在諸島嶼之間來往，順著季風和海流，應可抵達日本列島。有位中國學者經過比較研究後，非常堅定地認為，水稻傳播的始發站在江南，橫渡東海直達日本的是一條主線，同時在北上和南下的過程中，形成多條粗細不等的支線，經由朝鮮半島或琉球諸島等抵達九州。總之，日本是江南水稻向東傳播的終點。

現在的日本學者比較認同從朝鮮半島南部和中國東部沿海傳入的可能性。日本的考古學權威寺澤薰在所著《王權誕生》中指出：「探究日本水稻種植的來源，可以追溯到長江中下游流域，這一點看來不會有錯。」

稻作在日本列島的傳播路線大致是以九州北部為中心，逐漸向南和向東擴展，到了西元三世紀左右，已經傳到四國和本州的大部分地區，最後沿著日本海沿岸直接傳到本州的最北端。從此，稻米就成了列島居民的主食，日本也開始了真正的農耕文明。

第6講 巨大的古墳：二千六百年前就有日本天皇？

奈良或奈良西南部的大阪一帶[1]，至今還留存著好幾處巨大的古墳或古墳舊跡。這些古墳面積很大，有上千或幾千平方公尺，大多呈現出前方後圓或上圓下方的形態，並往往形成多個古墳集聚的古墳群，根據部分的考古研究，這些巨大的古墳大約是西元三～七世紀的時候修建，關於這些古墳，幾乎沒有相關的文字文獻保留下來。後來管理皇室事務的宮內省說，這些都是歷代天皇的墳墓，不可隨意挖掘。日本歷史分期上，把彌生時代之後的幾百年稱為「古墳時代」。留存到今天的日本歷史第一部著作《古事記》（七一二年）以及《日本書紀》（七二〇年）上說，西元前六六〇年（中國春秋時代），誕生了第一代天皇——神武天皇。

這些真的是天皇的墳墓嗎？日本到底什麼時候開始有天皇呢？根據今天學者們的研究，大致得出的結論是：七世紀末，日本才首次出現了天皇的稱謂，日本的國名也是這一時期誕生的。也就是說，七世紀末，世界上才真正有了名叫日本的國家，日本人的國君叫天皇。以前的列島只有「倭國」的國王，或者大和朝廷。

那麼，《日本書紀》等怎麼會說距今二千六百多年前就有天皇呢？而且一代接著一代，萬世一系，這到底是怎麼回事呢？

如前所述，西元前三百年前後（中國戰國末期和秦帝國時代），東亞大陸的稻作文明剛剛傳入列島，如果真有神武天皇，那時農耕文明還沒有開始，當然也不可能形成有規模的大型村落，更沒有像樣的部落，應該不會有部落國家（更不會有王權國家），就這樣的歷史杜撰是那個時代日本人的自娛自樂。日本留存到今天最早有文字的文獻，就是《古事記》和《日本書紀》。七二〇年時記錄西元前六六〇年的事情，時間相隔約一千四百年，如果沒有確鑿的文獻記錄和考古成果（那時自然沒有考古學），只能憑藉口口相傳和神話傳說。

中國的文獻倒是比較注意對周邊國家的記錄，特別是漢代以後，大一統的王朝確立，定期會有些周邊小國來朝貢，於是有了國際交流的記錄。中國對列島的記載，非常明確的是《後漢書・東夷列傳第七十五》中有一段比較可靠的記載：「建武中元二年（西元五七年），倭奴國奉貢朝賀，使人自稱大夫，倭國之極南界也。光武（劉秀）賜以印綬。」之所以說這段文獻比較可靠，一七八四年在今福岡縣誌賀島上挖掘出這顆金印，金印上的文字是「漢委（倭）奴國王印」。所謂「倭國」的名稱也是從這裡來的。據今歷史學家的研究，那時的列島上還沒有出現一個統一列島的政權，列島上同時有大大小小不少個部落政權，向光武帝劉秀朝貢的應該是其中一個比較有實力的部落政權。

另據《三國志・魏志倭人傳》記載，三世紀時，列島上出現的幾個小國中，有個名叫邪馬臺的國家算是個大國，由名為卑彌呼的女王統治，二三九年（魏景初三年），卑彌呼派了名曰難升米的大夫做為使者，來到此前由漢設置在半島上的帶方郡，表示想向魏國的魏明帝進行奉獻，帶方郡太守劉夏便將難升米送到都城洛陽。同年十二月，魏明帝下詔，冊封卑彌呼為「親魏倭王」，並授予金印紫綬，封了難升米為率善中郎將，還賜予卑彌呼一百枚銅鏡。翌年（二四〇年），帶方郡太守派了建中校尉梯儁將魏明帝的詔書和印綬帶到倭國。後來標有「景初三年」等字樣的銅鏡分別在大阪和京都被挖掘出來，說明這段歷史是真實的。中國南北朝時期的南朝劉宋時代，與列島的交往比較密切，《宋書・夷蠻傳》記錄倭五王遣使來朝貢的歷史，分別賜予「安東將軍倭國王」等封號，說明卑彌呼以後，日本出現了比較強大的國家，現在一般認為是大和政權或說大和朝廷的早期形態。總之，五世紀時，列島上確實形成了一個相對強大的國家。

不過，或許是中國局勢動盪，五〇二年起，列島與中國之間中斷了一百餘年的官方交往，這一時期的列島幾乎沒有任何記載。倒是日本本國的史書，特別是《日本書紀》，開始對這段歷史有了相對較詳實的記載。透過這些文獻記載和考古發現，大致可以了解，這一時期在今奈良一帶，有個叫「大和」的王朝逐漸取得對列島大部分地區（不包含今北海道和沖繩）的統治，其統治集團一般認為就是後來的天皇家族（還沒有出現天皇這一名稱）。六世紀末，列島上誕生了稱為聖德太子的人，日本史書上稱他為「廄戶皇子」，不過，那時沒有天皇稱號，只能稱王子而不是皇子，後來他的叔母推古女王（日本史書稱女皇）掌握了政權，推舉他為太子，由他攝政。據說他學問很好，通曉儒學和佛學，在上層推行憲法十七條和冠位十二階，核心就是儒家「德、仁、禮、信、義、智」的思想。

據《日本書紀》記載，六〇七年，聖德太子派遣以小野妹子擔任正使的使者團去長安，帶了一份致隋煬帝的國書，國書上說：「日出處天子致書日沒處天子。」他沒說自己的國名叫什麼（日出處），也沒說國君的頭銜是皇帝還是國王（天子）。不過從中可看出，他已經不接受以前賜封的倭國國王或安東大將軍這類稱呼了。隋煬帝雖然不開心，還是在第二年吩咐官員裴世清隨小野妹子一起到列島去。列島後來又兩次派使者過來，就是所謂的遣隋使。二〇〇七年，日本為了紀念遣隋使活動一千四百週年，由大阪府出面，舉辦二十一世紀遣隋使和還禮使活動，邀請西安和上海兩地的青年人和媒體記者去日本訪問，還原了當時的場景，我做為訪日團顧問一起參加，還穿上當年的唐裝，在奈良的河面上放流紙船和孔明燈。大阪市南部還保留聖德太子和小野妹子的墳墓。

六四五年，日本發生了大化改新，是一次宮廷政變，從此，模仿唐的文化、採用唐的法律政治的大和朝廷徹底確立了。六七三年，後被稱為天武天皇的人即位掌權。日本歷史學家認為正式的天皇稱號從這個人開始，在此之前所有文字記錄（包括銅器銘文、刻寫文字、木簡等）中，從沒出現過「天皇」這兩個字，一般是稱「王」，目前所能看到「天皇」兩個字第一次正式登場是六八九年實施的《飛鳥淨御原令》，而最初的天皇指的就是天武天皇。嚴格來說，天武天皇及以後的日本國君才可稱為天皇。

同時，正式出現了「日本」的國名。如果沒有對外交往，國名本身沒有太大的意義，它是針對他者才需要使用的。之所以使用「日本」為國名有各種說法。根據《古事記》記述，天皇家族的皇祖神是日照大神，就是太陽神，太陽神的子孫所在的地方就是日邊，因而稱為日本。同樣，天皇的稱謂也和太陽有關。中國的道教體系中，與玉皇大帝等相對應的也有一個天皇大帝，但似乎與太陽沒有關係，主要是象徵北極星的天神。日本的天皇這一稱謂，很有可能受天皇大帝這一名稱的影響，但它的內涵卻表示他是個降臨在人世的天神，或說是一個人格神，與列島早期的創世神話攪合在一起。

據文獻記載，列島第一次對外正式使用日本國號，是七〇二年派遣使者到長安時，向當時主掌朝政的武則天稟報的。《舊唐書・列傳第一百四十九・東夷》記載：「日本國者，倭國之別種也。以其國在日邊，故以日本為名。或曰：倭國自惡其名不雅，改為日本。或云：日本舊小國，並倭國之地。其人入朝者，多自矜大，不以實對，故中國疑焉。」從《新唐書》開始，就專門設置了〈日本傳〉，以後中國官方史書上就改稱列島為日本了。不過，開始時日本一直沒有向中國說清楚他們的國君叫天皇，因為當時以朝貢體制為主體的東亞國際秩序中，只有中原王朝的君主可以稱皇帝，其他只能稱王或國王，如果日本公然宣稱君主叫天皇，顯然是挑戰中國皇帝的權威了，因此對外還是不敢公開用天皇，以後在寫給朝鮮和蒙古的官方文書中，落款還是日本國王。可以說，近代之前，天皇的稱謂主要局限在列島的範圍內。

1 奈良以前被稱作「畿內」，現在的大阪一帶被稱作「近畿地方」，畿這個詞的意思是王城方圓五百里的地方，近畿就是靠近王城的地方。

第7講　神道的緣起：日本本土的泛靈多神信仰

一踏入日本的國土，我們就會看到大大小小形態不一、名稱各異的神社：平安神宮、明治神宮、伊勢神宮、春日大社、天滿宮、八幡神社、八阪神社等，建築樣式多姿多彩，比如伊勢神宮是一種華人很陌生的樣式，原木結構，屋頂兩端各有一個稱為「千木」的大叉形狀裝飾，但更多神社則是我們比較熟悉類似佛教寺院或道教宮觀的樣式。大一點的神社，每年都有規模不小的祭祀活動，而每到新年（以前是陰曆，現在是陽曆）元旦，幾乎家家戶戶都會去神社參拜。那麼，神道到底是什麼呢？它是日本人的本土宗教嗎？日本人都信神道嗎？日本人應該是個宗教性民族吧？

這些問題有點複雜。世界上很多事情都挺複雜，特別是年代久遠的，往往包含了複雜的歷史演變進程，真不容易簡單下定論。這裡只能大概地說：神道的最初形態是種原始宗教，後來融入了各式各樣的元素，又和日本人許多日常生活習俗結合，在今天，神道與其說是一種純粹的宗教，倒不如說是日本人的一種民族身分認同、文化認同。

在中國和臺灣，常稱呼日本的宗教為「神道教」，但日語裡沒有「神道教」這個詞，神道不是一種純粹的宗教，它沒有統一的神祇，沒有崇拜的偶像或者固定的具象物體。神道是一種人們對於世界的泛靈論、泛神論的認識，即世界上可以有無數神靈存在，神靈能以各式各樣的形態出現，也可以沒有形態。

根據我的理解，世界上的宗教大致可分為兩種形態，一種是自然宗教，它是在某一民族或族群中漸漸地、自然地形成，沒有明確的創始人，沒有有體系的經典，沒有嚴密的團體組織，主要是祖先崇拜的神靈崇拜。這種自然宗教在人類早期族群文明中，幾乎都有。另一種是創制宗教，大抵是由某個人或某些人創造出來，有專門的經典和比較有系統、對於世界的解釋，日後會形成比較嚴密的宗教組織，比如大家熟悉的佛教、基督教、伊斯蘭教等。

從類型上來說，早期的神道屬於自然宗教的一種，人們對於風雨雷電等突變性自然現象懷著恐懼，對於高大的樹木、巨大的石塊和巍峨的高山懷著敬畏，而一個族群成長的歷史中，往往會有些創世的神話被想像出來，這些神話中的英雄人物受到人們的崇敬，大自然的山石巨木受到人們膜拜。早期的神道也是這樣。

當然，神道這個詞是後來創造出來的。神道在最初並沒有廟宇一樣的建築，人們只是對著村口前的一棵大樹或河邊的一塊大石進行膜拜，後來把一棵大樹砍下來，做成一塊自然形狀的木頭，簡單地圍起來，成了祭祀膜拜的對象。直到六世紀中葉以後，佛教傳入日本，佛教寺院建築給予日本人很大的刺激，於是在日本民族早期的建築樣式上造起神社，今天的伊勢神宮或出雲大社，還留有一些日本早期建築的模樣。後來佛教興盛以後，神社就和佛寺建在一起，神社的外觀向佛寺靠攏了。鎌倉時代以後，有些日本人覺得佛教、道教都有經典，於是炮製出一些理論，編了一些書，根據這些理論分成了兩部神道、伊勢神道、吉川神道等若干個宗派，但一般民眾搞不清楚。如今，神道如果離開了神社，大概就不存在了，所以，神社以及圍繞著神社展開的一系列祭祀活動，就是神道的具體體現了。

佛教基本上是一神教，以釋迦牟尼為中心，也有藥師佛、彌勒佛、觀音菩薩等偶像，那是從釋迦牟尼衍生出來的；基督教就是上帝或耶穌基督了；伊斯蘭教則是真主穆罕默德。那麼，神道到底祭拜什麼？前述，早期的神道是種泛靈泛神論，祭拜的對象真是五花八門。就神社的地位而言，當然是祭祀天皇家族的祖先（皇祖神的神宮）最高了。比如位於三重縣的伊勢神宮，規模並不宏大，外觀並不起眼，但祭祀的是皇祖神的天照大神，差不多就成了日本人心目中的聖地。其他比如名古屋的熱田神宮，祭祀的也是和皇祖神相關的神靈。還有後來建造的平安神宮、明治神宮，都是用來祭祀相關天皇的，雖然規模很宏大，不過因為歷史不悠久，地位不算太崇高。

除此以外，其他祭祀對象真是形形色色、五花八門。比如天滿宮，祭祀的是平安時代中期的文官菅原道真，漢學造詣很深，編寫過不少史書詩文，被認為是個大學問家，後世人們就把他當作天神供奉了。如今學生在考試前都要到天滿宮拜一拜，祈求考個好成績，進入理想的大學。再比如在大阪城旁邊的豐國神社，祭祀的是暴病去世的豐臣秀吉。類似的還有日光的日照宮，祭祀的是江戶幕府的開創者德川家康，是他的孫子建造的，建築樣式繁複華麗，色彩金碧輝煌，德川的陵墓也在那裡。

有次我到山口縣名為萩的小城市旅行，山口縣以前是長州藩，明治時期首相伊藤博文的出生地，在那裡見到了曾做過伊藤博文老師的吉田松陰的神社，祭祀這位江戶末年的重要人物，當時神社門口居然插著兩面日本國旗。舉這些例子，為的是說明很多神社祭祀歷史上實有的人物，有點類似華人社會的關帝廟、孔廟、武侯祠，只是一種民間信仰，與宗教沒有什麼關係。我還看過一些讓人忍俊不禁的神社，比如京都下鴨神社裡，有個河合神社的門口掛了一塊木牌，用漢字寫著「女性守護　日本第一美麗神」，女性如果想要平安、健康、美麗，特別是想要美麗，可以到裡面拜一拜。還有一座東京大神宮，它的功效就是男女結緣，希望得到男朋友、女朋友的，可以去祈求。更有一座今戶神社，祭祀的竟然是招財貓！大部分的神社為了招徠祭拜者，也為了賺一點錢，都有出售一種叫「繪馬」的小木板，可以在上面寫上自己的心願，掛在神社指定的地方，有神靈保佑，願望就會實現了。

大家不妨再想想，神道到底是什麼？神社裡祭拜的是什麼？真的不是一兩句話說得清楚。從最嚴肅的皇祖神祭拜到招財貓的登場，可說是五花八門。雖然祭拜的對象形形色色，所有的一切卻都和日本、日本歷史、日本傳統、日本人的日常信仰相關，因此，它成了日本人對民族的一種文化認同。媒體上曾報導過一項調查結果，即便你擁有日本國籍，即便你會說流利的日本話，但若對神道不了解，對由神道衍生的種種文化一無所知或知之甚少，日本人依然不認同你是個日本人。

再對神社做一點解說。神社雖然五花八門，信奉的神靈各不相同，但它有非常明確的地位。歷史上曾對神社列出了一個「官幣社」的格，明治時代又重新加以分封。所謂官幣社，就是有皇室提供資金支持，又分為大社、中社、小社和別格神社，當然官幣大社是最高的。除了官幣社之外，還有國幣社，由政府出資支持，同樣有大中小之分。更多神社則沒有資格被列在其中。神社的規模，大的如東京的明治神宮，面積如同巨大的公園，而很小的則是某幢建築物下面設置一個簡單的祭壇而已。無論是大還是小，無論是哪種建築風格，門口必有稱為鳥居、略呈井字形的牌坊式大門，鳥居究竟起源於何時，來自於哪裡，日本人至今沒有搞清楚，但已成了神社最重要的象徵。如前所述，神社是沒有偶像崇拜的，無論是祭拜豐臣秀吉還是德川家康，拜殿裡都沒有任何畫像或塑像，人們只在拜殿外向門口的「賽錢箱」裡撒幾個硬幣，再合掌朝拜即可，沒有燒香，沒有燭臺和香爐。此外，任何神社、任何時候，祭拜都不必買門票。

前幾年，日本各都道府縣做過一項調查統計，根據各神社的申報，日本共有神道信仰者一億一千五百六十萬人，差不多接近日本全國總人口數。然而被問到有沒有宗教心時，七〇%人回答說沒有宗教。調查解釋，這裡沒有宗教指的是並非特定宗派的信徒。這是一項非常有意思的調查結果。幾乎所有的日本人都覺得自己與神道密不可分，但有七〇%的人並不認為自己信仰某種特定的宗教。

話題回到一開始所說，根據我對日本文明的理解，神道對於一般日本人來說，主要是一種民族身分的認同、文化的認同，而不具有伊斯蘭民族所信奉的伊斯蘭教那樣的地位。因此，大致可做出一個結論：從根本上來說，日本不是一個宗教性民族。

第一輪大飛躍：接納東亞大陸文明

第8講　漢字與儒家倫理：日本文明的奠基石之一

我小時候腦子裡一直朦朦朧朧有個疑問，外國人的姓名都是根據他的外文發音翻譯的，比如托爾斯泰（Lev Nikolayevich Tolstoy）、莎士比亞（William Shakespeare）、麥克阿瑟（Douglas MacArthur）、尼克森（Richard Milhous Nixon）等，但是日本人的名字，比如田中角榮、大平正芳等，除了是四個字以外，怎麼不像是外國人名字呢？他們的名字是怎麼翻譯過來的呢？後來才知道根本沒有經過翻譯，他們的名字原來就是這麼寫的。但是日本人的名字怎麼會是漢字呢？進大學學習日文後，才知道日文差不多有一半是漢字組成的，年代愈久，日文裡的漢字詞語就愈多。後來讀了一些書，慢慢了解，原來列島的居民最初雖然有自己的語言，但一直沒有文字，來自中國大陸和朝鮮半島的居民，跨海來到列島，帶來漢字和漢文，以及用漢字漢文撰寫的中國典籍，列島上的人就接受這些先進文明，學習漢文的閱讀和寫作，使日本人第一次有了書寫的文字，留存至今日本最早的文獻，分別是完成於七一二年的《古事記》和七二〇年的《日本書紀》，全用漢字漢文書寫。之後大概五、六百年裡，日本人說的是日本話，寫的卻是漢字漢文。

漢字漢文以及中國典籍是什麼時候、以怎樣的方式傳到列島的呢？

大約西元前三、四百年前，從中國大陸或透過朝鮮半島傳來稻作文明和金屬文明，金屬文明主要是青銅器和鐵器。中國古代，青銅器主要用作禮器（祭祀器具），在大型禮器（比如鐘鼎）上會鐫刻一些文字。由於運輸問題，大型禮器極少被帶到列島上，倒是考古發現了一些較小的金屬物品如銅鏡等，有些刻有裝飾性文字，但沒有引起日本人的充分注意。

西元五七年，東漢光武帝劉秀賜給日本一顆金印，當然是用漢字鐫刻的，不知他們是否能看懂。《日本書紀》上記載，應神天皇十六年[2]，有個叫王仁的五經博士，應日本王室之邀從朝鮮半島的百濟來到日本，從姓氏來看，王仁很可能來自中國或漢人後裔。王仁帶來《論語》十部和《千字文》一部。因《千字文》是五世紀下半葉至六世紀前期的梁朝人周興嗣奉梁武帝之命編寫，如果王仁確有攜來《千字文》，實際年代恐怕要更晚些。總之，五世紀時，已有中國典籍傳到日本，而且當時的王太子還拜王仁為師，學習中國典籍。中國正史《宋書・倭國傳》轉錄了四七八年日本倭王武給南朝宋順帝的上表文，是用比較漂亮的漢字駢文體寫成，表文中有「王道融泰」、「以勸忠節」等字句，顯然已有儒家的影響。不過，一般認為這篇文章出自移居日本的漢人手筆，土生土長的日本人似乎還不具有這樣的作文能力。

當時傳過去的漢字漢文典籍似乎沒有對當時的日本社會立即產生很大的影響。主要是因當時日本社會和中國社會在文明發展階段上還存在著相當大的差異。中國社會較早進入了農耕時代，較早創製出青銅器和鐵器，並在三千多年前發明了文字，建立起較成熟的大一統王朝國家，形成相應比較成熟的文明形態。而日本的文明發展進程差不多比中國晚了二千餘年，西元四世紀前後，中國處於文化相當繁榮和成熟的南北朝時期，而日本才擺脫帶有濃重巫女色彩和母系社會痕跡的卑彌呼女王的統治不久，王仁等將《論語》等著作帶到日本之後，只在宮廷和上層貴族間有限地流傳，他們恐怕無法充分理解，只能費力地習記漢字，再努力理解這些相當陌生的思想。漢籍傳入的近二百年中，儘管王室曾多次從百濟招來講讀漢籍的博士，但各種文獻和考古發現似乎都無法表明這一時期儒家思想已為日本社會所普遍接受，或者說獲得了廣泛的共鳴。直到六世紀末、七世紀初出現了聖德太子以後，這情形才發生了明顯的轉變。

聖德太子是用明天皇的兒子（當時天皇名稱還沒誕生），後被登基的推古女王立為太子，日本史書上稱他聰穎慧明，博聞強記，少時跟從高麗僧人和百濟博士學習佛教和儒學，當時朝鮮半島文化可說與中國文化是一脈相承的，因此，聖德太子從小接受的教育，大部分都來自中國文化，他的漢學修養很好，不僅能熟練地閱讀漢字漢文典籍，也能用漢文書寫。他執政的時期，又非常自覺而積極地汲取和推行了以隋、唐為代表的政治制度和文化思想，可說在日本第一次掀起了學習中國文化的高潮。

從聖德太子推行的一系列措施中，可以非常清晰地看到儒家思想對於聖德太子以及日本政治文化的影響。他要建立以王權為核心的中央集權體制，政治上首先要廢除氏姓世襲制，而建立以能力而定的官吏位階制。於是六〇三年十二月制定了《冠位十二階》，這十二階冠位按照儒家的德目命名，其順序是德、仁、禮、信、義、智，每個德目又分為大小兩階（如大德、小德等）。而「德」以下的仁、禮、信、義、智，西漢時將儒學奉為獨尊之術的董仲舒在〈舉賢良對策〉中定為「五常之道」，認為是「王者所當修飭也」。由此可見，影響聖德太子的除了孔孟等原始儒學外，還有西漢以來經歷代統治者和儒學家改造過、適應中央集權統治的後期儒學思想。聖德太子在六〇四年四月公布《十七條憲法》，表現了相當濃厚的儒家倫理思想。「憲法」一詞似乎未見於此前的中國古籍，也許是聖德太子的獨創。這裡的憲法不同於今日的憲法，不是國家大法，而是對官吏的道德訓誡。是用古漢語寫成，不妨引錄數條來看看具體內容。第一條就是「以和為貴、上和下睦」，其他諸如「以禮為本」、「懲惡勸善」、「信是義本」、「背私向公」和「使民以時」等。這些表述不僅明顯反映出儒家思想的影響，而且遣詞造句上不少直接取之中國典籍，據學者統計，這十七條中有十三條二十一款的文字，取自《尚書》、《左傳》、《論語》、《詩經》、《孝經》和《昭明文選》等典籍。

六三〇年，日本向中國派遣遣唐使，仿效學習唐代的政治和文化。天武天皇即位不久，六七五年開設了培養官員的「大學寮」。大學寮是模仿唐朝的國家教育機構國子監而建立，一開始設儒學科的明經道和數學科的算道，後加設教授詩文史籍的文章道和學習法律的明法道，以講授儒學的明經道學生最多，定員四百人，約占學生人數的八〇%左右，整個學校的人數比國子監少得多，但專習儒學的學生比率卻比國子監高很多，由此可見日本朝廷對於儒學的重視。

唐朝的科舉考試和國子監原則上都是對平民開放的，但當時日本社會的門閥貴族氣更為森嚴，只有相當階位以上的貴族子弟和高官子孫才可進入大學寮學習。明經道採用的教科書是儒家經典，稱為九經，即五經之外還有《儀禮》、《孝經》和《論語》，後兩者是必修經典。學生經考試合格後准予畢業，被稱為「舉人」，再於中央的式部省接受任官考試，合格者依成績高低被授予不同的官職。除了國家級教育機構大學寮之外，在地方上，每一國[3]設一所國學，學生數按國的大小而定，從二十人至五十人不等，學習內容與大學寮明經道相同，都是儒家經典。生源一般為地方官吏子弟，目的是培養地方官吏，畢業生可升入大學寮深造。

與中國的國子監自隋一直延續至清，持續了一千多年的悠久歷史相比，日本大學寮和國學的壽命是比較短的，大概到平安時代中期以後就慢慢衰弱了。日本雖然接受了漢字漢文和儒家文化，卻一直沒有採用中國的科舉制度。這一時期儒家思想的影響，主要在中上層的官吏階級，似乎還沒深入到一般民眾社會。但漢字漢文以及儒家思想的傳入，卻為後來日本文明的發展奠定了堅實的基石，漢字成了日文的最主要的元素，直到一八九〇年代左右，漢文教育是中層社會以上的人士必備的基本素養。

2 按原先的推算法為二八五年，但現在一般認為是四〇五年左右，那個年代還沒有天皇的稱謂，應是大和政權的一個王。

3 國為日本古代至江戶時代的行政區劃單位。

第9講 佛教傳入對日本意味著什麼？

到日本最早的古都奈良走走，會發現佛教寺院遠多於神社。西邊有法隆寺、藥師寺、唐招提寺，東邊有興福寺、東大寺等，這些寺院差不多都初建於九世紀中葉之前，即中國盛唐時期，有些塔或堂還是原來的建築，有些雖經後世修建或重建，仍大致保留了當年的風貌，且基本都是木結構。在今日本大部分地區，時時會邂逅佛光塔影，處處可聽到晨鐘暮鼓，佛教依然占據著十分重要的地位。處於亞洲浩瀚大洋最東端的日本，佛教是從西面傳來的，歷經一千五百年，已深深滲透在日本人的精神生活和日常生活中，成了日本文化不可或缺的重要元素。

如果說漢字漢文的傳入使日本人開始有了書寫的文字，出現記錄民族活動的歷史文獻，儒學的傳入使日本人樹立了人倫道德和治國理政的觀念，那麼，佛教的傳入使日本人第一次有了膜拜的偶像，有了置放佛像的建築——寺院，並由佛像、寺院建築、佛教繪畫、用金屬製作的佛具，使日本人進入了具有高度技術、高度藝術的世界，可以說，日本人的美術史是佛教傳入之後才翻開了真正的一頁。之前的日本列島，除了粗拙的偶人外，既沒有像樣的雕塑，也沒有真正的繪畫，連像樣的建築也沒有。佛教的傳入極大地提升了日本文明的水準，豐富了它的內涵。知名日本歷史學家家永三郎出版《日本歷史》古代部分第二卷中，說了一句非常中肯的話，他說：「佛教是日本人吸收大陸文明的培養基，佛教對於日本而言，不僅是一種宗教，而是一種綜合的文化和藝術。」

那麼，佛教在什麼時候、以怎樣的方式傳到日本呢？

佛教是六世紀前半期從中國大陸經朝鮮半島傳到日本。佛教並不起源於中國，大約在東漢初年由印度、尼泊爾一帶傳到中土，後來與魏晉時期興起的玄學相交雜，逐漸與中國本土文化融為一體，形成了以大乘思想為主的漢譯經典體系，之後向東傳到朝鮮半島。日本的佛教直接傳自朝鮮半島的百濟，有公傳和私傳兩種情形。

先說私傳，就是民間傳入。據文獻記載，五二二年前後，有個叫司馬達等的漢人是技術很高的馬具工匠，在百濟時已信奉佛教，帶了一尊小佛像來到日本關西地區，搭建了一間簡陋的草堂安置佛像，虔誠地禮拜。他雖然沒有到處傳播佛教，不過可以看作佛教最早傳到日本的證據。稍後的五三八年（有一說是五五二年），朝鮮半島的百濟王派人獻給大和國君主（《日本書紀》上寫作欽明天皇）金銅的釋迦牟尼佛像一座，幡蓋若干以及經書若干卷，這是透過官方的途徑傳入，歷史上稱為「公傳」。而百濟或朝鮮半島上的佛教則是六世紀初時，當政的百濟國王聖明王從梁武帝時代的中國南朝學來的。

那時百濟與大和朝廷的交往比較密切，於是聖明王派人將佛教經書等傳到列島。

佛教傳入日本，做為一種全新的外來宗教，在主持國政的權力核心階層激起了軒然大波，形成支持和反對截然相對的兩派。主管對外交往和移民部落的大伴氏和蘇我氏等對大陸文化有較多接觸，相對比較開明，主張迎入具有無邊法力的佛教；而主管祭祀的中臣氏等則表示反對，認為列島原有祭拜的天地神靈，引入外來的神佛會觸怒本來的神靈。日本國王一時拿不定主意，猶豫之後，決定讓蘇我氏一派禮拜試試，於是蘇我氏先將佛像迎入家中，又按照漢人的做法建立向原寺，把佛像供奉在寺內禮拜修行。不料這年恰逢日本瘟疫流行，很多人染病死亡。反對一派便趁機攻擊說外來神觸怒了本土神祇，現在神靈來報復了，趕緊毀棄佛像，以免招致更大的災禍。於是國君下令焚毀佛寺，將佛像投入江中。佛教在日本的傳播一開始遭到了失敗。

後來崇佛的蘇我氏一派主掌了實際政權，擊敗排佛的另一派，佛教重新得到宣導。不過正式確立佛教官方地位的是聖德太子，他自幼學習儒、佛兩教的經典，接受儒家思想並貫穿政治實踐的同時，還篤信佛教，精研各種佛學經典，並在朝廷中為群臣講釋佛經，後來還對《維摩經》和《法華經》等加以注疏，用漢文撰寫傳存至今的《三經義疏》，最後一部的完成年代在六一五年，比日本最早的史書《古事記》等還早一百年左右，是日本人撰寫最早的漢文典籍之一。當然，這部書的真偽現在有不同的看法，但佛教在聖德太子時代正式得到確立，應該是事實。聖德太子不僅講經著書，還創建了四天王寺、法隆寺等七座寺院，據《日本書紀》記載，至六二四年，日本有寺院四十六座，僧人八百一十六人，尼姑五百六十九人，共一千三百八十五人，雖然與當時中國的「南朝四百八十寺，多少樓臺煙雨中」的規模不能相比，但至少已經相當成氣候了。

佛教在早期對日本的影響，不是深奧的教義、教理，那時的日本人還不大能理解。產生重大影響的是佛寺的建造和佛像的塑造這些物質性、技術性的東西，具體來說，就是佛寺建築、佛像、佛畫、佛具等。佛教傳來之前，日本還沒有宏大的建築和真正的美術作品，除了銅鐸[4]之外，很少有工藝複雜的金屬製品。

現留存在奈良的法隆寺就是佛教東傳的瑰麗結晶。初建於六〇七年（隋朝時），六七〇年被大火燒毀，現在的建築是燒毀之後到八世紀初，陸續重新建造的，說起來有一千三百多年歷史了，其中的五重塔、金堂等主體建築，被認為是世界上年代最久遠的木結構建築，基本上是中國六朝時期的建築風格。七世紀初的日本人應該還不具備建造如此宏大建築的經驗和技術，營造師和工匠、佛像的塑造者和佛具的製作者，大多來自百濟，而其中以漢人占多數。

佛教傳入之前或傳入初期，日本的神道處於原始神道階段。早期日本人對神靈的祭祀活動相對比較簡單，沒有專設的廟宇，最初只在認為神靈有可能棲息的山嶺下臨時設立祭臺膜拜祭祀，後來逐漸過渡到在山腳下的某個地方劃定區域，樹立起巨大的木柱子，四周用簡易的柵欄圍起來，人們對著這根木柱子叩頭膜拜。八世紀時，法隆寺、藥師寺這樣宏偉的佛教寺院出現，對日本神道產生了極大的刺激和啟發，被認為建造於八世紀中後期的伊勢神宮或稍後的出雲大社，從建築樣式來看，與佛教寺院還是有較大的差異，大致體現了列島居民早期的建築模樣，正殿為人字形屋頂的建築，茅草修葺，不施任何油漆和色彩的梁柱以及木質的板壁，建築內地板距地面有一人多高的空間，可沿木製臺階拾級而上。屋頂比較有特色，頂部兩邊各有形似風車葉片的木製裝飾物翹起（日語稱為「千木」），沿屋頂脊檁依次排放著十根堅魚木。這種建築樣式大概延續了古墳時代的風格，在後期的日本建築中已很少見到。

但是隨著佛教寺院的大量出現，日本的神社建築明顯受到了寺院樣式的薰染，甚至可說，平安後期的神社建築已有意地模仿寺院樣式，設置門樓和回廊等，並突出外觀上的裝飾性，看上去宛如中國式廟宇，已洗去了早期的素樸，呈現出與伊勢神宮迥然不同的風格。八世紀後期出現的「八幡造」樣式就是代表之一。現在日本絕大部分的神社都是八幡造的樣式。

在原始神道階段，不僅沒有偶像，連嚴謹的教義和理論化的經典也完全沒有，儒教、道教，尤其是佛教傳入後，這些外來文化的先進性無疑大大促進了神道的發展，後來神道慢慢有了一些理論色彩，都是在佛教經典的刺激下形成，佛教、道教和部分儒教的思想漸漸滲入神道中。若沒有佛教等外來文化的傳入，很難想像今天神道會是怎樣的面目。從這一意義上來說，佛教的傳入對於日後日本文明的發展，幾乎具有革命性的促進作用。

4 銅鐸（どうたく）是日本彌生時代特有祭祀禮器，由青銅鑄成。

第10講 遣唐使角色的奇妙轉換

具體展開這個話題之前，我想先說說一般人不清楚或有些誤解的兩個事實。

第一，「遣唐使」其實是個日文詞語，不是中國原有的說法。說起遣唐使這個詞，在中、日兩國的歷史文獻中，都可以找到相關的記錄，但是遍尋各種《舊唐書》、《新唐書》等中國官方文獻，就是找不到「遣唐使」這三個字。當然。遣唐使這個詞也不是現在的發明。原來，遣唐使是日本使用的，而中國則把同一個事實稱為「朝貢使」，當時的唐朝把日本的使節團看作來向大唐朝貢的冊封國，而日本並不認同這樣的地位。使用詞語的不同，就表明彼此的立場存在著很大的差異。現在一般把它稱為遣唐使，只是我要說明，這是當時日本官方《日本書紀》、《續日本書紀》的說法。

第二，一般人都認為，日本向唐朝派遣使節團，目的是為了學習中國先進的政治制度和文化、技術等，可是最初遣唐使的使命，主要是出於國際關係的目的，即努力與中國修好國家間的關係，避免大唐興盛的勢頭，轉向對日本列島的進攻。文化學習的目的是其次的。

為了把這一觀點說清楚，我先把遣唐使的概況稍稍梳理一下，就能看出其中的一些奧祕了。日本第一次派出遣唐使是在六三〇年，唐朝建立於六一八年，唐太宗做皇帝是在六二六年，也就是在唐太宗坐穩江山之後。最後終止派出遣唐使是在八九四年，十七年以後，唐滅亡。實際派遣成功的總共十五次，時間跨度二百六十四年，平均將近二十年一次，而同時期朝鮮半島上的新羅來到唐朝的使節團，差不多每年一次，與此相較，日本與中國之間的官方交往，說起來不算頻繁。但是請注意，第一次派遣是在六三〇年，第二次在六五三年，第三次在六五四年，第四次六五九年，第五次在六六五年，第六次在六六九年，也就是說，第二次的六五三年到第六次的六六九年之間的十五年裡，平均三～四年一次，尤其是第二次和第三次是每年都來的。是不是日本學習中國的心情特別迫切？好像沒有這麼簡單。

我們來看一下當時東亞的國際形勢，也就是中國、朝鮮半島和日本列島三方的局勢。這十五年裡，高句麗崛起，進攻南方的新羅，百濟也想乘勢消滅新羅，得到試圖在半島上擴展勢力的日本支持，東亞局勢，錯綜複雜。六四三年開始，唐三次遠征高句麗；六六〇年，唐與新羅聯手消滅了百濟；六六三年，日本企圖復活百濟；與其殘存勢力一起對抗唐和新羅的聯軍，在半島的白村江發生激戰，結果日本、百濟大敗。這是歷史上日本與中國的第一次直接交手。第二年的六六四年唐派遣使者來到日本，想要對日本進行冊封，但日本不予接受。六六八年，在唐和新羅的夾擊下，高句麗滅亡。

從以上的史實可以了解到，當時中、日之間處於比較微妙甚至是緊張的狀態。在這段時間裡，日本頻頻向中國派遣使者，主要的目的是進行修好活動，緩解或者修好兩國之間的關係，以避免中國的勢頭轉向列島，向日本發起進攻。看來第六次的遣唐使活動，基本上穩定了兩國之間的關係，所以第七次的派遣挪到三十三年以後的七〇二年，以後差不多都是相隔二、三十年才派遣一次。因此，我認為前面的六次派遣，主要的目的在於緩和、修復、穩定兩國之間的政治關係。以後，才主要是學習唐的先進文化，遣唐使的角色發生了奇妙的轉換。

前面講到，最晚在六〇七年，當政的聖德太子派出以小野妹子為大使的遣隋使團來到中國，六一四年，最後一次向隋派遣了使者。後來隋亡唐興，留在中國的日本留學生惠日和留學僧惠濟在六二三年經過新羅回到日本，將大唐興起的消息告知當局，並建議日本應該經常向唐派遣使者，密切兩國的關係，同時學習唐的先進政治和文化，因此才有了以後十五次的實際派遣（總共計畫了十八次，終止了三次）。

現在說起中、日兩國，人們往往會用一衣帶水的鄰邦的說法。其實，在造船和航海技術不發達的古代，橫亙在兩國之間的這一片水域，實在是一片浩瀚寬闊的大洋，乘坐木船越洋過海來到對方的國家，真不是一次輕鬆的海外旅行。有關遣唐使乘坐的船隻情況，目前留下來的文獻中沒有翔實的記錄，比照稍後中、日兩國的考古發掘和歷史記錄，大致可推算出木船的大小大概載重量只有一百噸左右，長度在四十公尺左右，寬度大約七公尺左右，帆船，基本上依靠風力行駛。日本這邊大都是從難波（今大阪）附近出海，主要有南北兩條航路，北路主要沿著朝鮮半島沿岸行駛到今山東省登州一帶，有點繞行，但風浪較小，相對比較安全；而南路則是直接越過海洋來到長江口附近，距離較短。兩者都需要再從陸路北上長安。光是在海上行駛的時間，單程差不多要一個月左右，如果碰到不順，甚至要兩、三個月，一路風浪顛簸，真的是相當艱難，好幾次遇到海難，船上的人都葬身魚腹。

那麼，遣唐使的規模有多大呢？每一次都有些不一樣。前幾次，主要是為了修好兩國的政治關係，外交斡旋，因此只是一艘船或兩艘船，每一艘船可乘坐一百二十人左右，其中至少有一半是船夫，還有其他一些僕役等，其次是一些官員，文化技術人並不多，從政治關係穩定後的第七次遣唐使開始，學習就成了主要的目的，船隻增加到四艘，人員相應增加到五百多人，最後成行的一次，人員有六百多人。除了船夫和官員等之外，很多是被稱為留學生和留學僧的人，前者主要是學習文化技術，後者主要是學習佛法佛理，他們在中國的逗留期間，長短不一，最長的有四十年，還有像著名的阿倍仲麻呂，他乘坐的回國船隻被海流漂到中國的最南端，結果未能回歸故里，客死在中國。有的則在第二年就隨同遣唐使的船隻回國了。

還有一點比較有意思的是，六〇七年日本派遣遣隋使時，聖德太子讓使者小野妹子帶去一份國書，稱自己是日出處天子，而中國是日沒處天子，當時隋煬帝十分不開心。後來日本大概也覺得惹惱了中國，又不敢對中國公然稱自己的國君是天皇（天皇這個詞的正式出現，應該在七世紀末），然而日本又不願意接受冊封，成為中國的屬國，於是後來遣唐使過來，就不帶國書了，故意把兩國的關係搞得模模糊糊的，而中國則一直認為日本是來朝貢的，自唐以後，一直把日本的國君稱為日本國王，近代以前，從來沒有用過天皇這個詞。

除了早期的遣唐使主要是出於政治外交的目的之外，中後期的遣唐使則是為了學習各個領域的先進文化。具體我想在後面的空海和最澄這兩個人物敘述中展開。這裡講最主要的一點，就是遣唐使對這一時期日本最重要的意義是什麼？現代日本最傑出的東亞歷史學家島崎定生認為，其最重要的意義就是遣唐使從中國完整地學習消化了以律令制[5]為主體的唐的政治制度和法律體系，然後日本在六四五年成功地進行了以政治制度變革為中心的大化改新，七〇一年和七一八年分別制定了《大寶律令》和《養老律令》，從而徹底建立以律令制為法律保障的中央集權王朝國家，天皇的權威由此真正建立起來了。這也是日本文明史上第二次大飛躍，即接受中國大陸文化後，形成自己本民族文明進程中最大的一次壯舉。

5 律令簡單解釋一下，律主要是刑法，令則是行政法。

第11講　平城京與平安京的誕生

二〇一〇年，日本花費了不少功夫和錢財，在奈良市中間偏西的地方，復建當年平城京王城內最主要的建築大極殿和南端的朱雀門，以此隆重紀念平城京建城一千三百週年。那一年我正好在神戶大學任教，在風和日麗的五月天，專程去了那裡。大極殿寬四十四公尺，高二十七公尺，進深二十公尺，有直徑七十公分的朱色廊柱四十四根，周邊一片空曠，在藍天的映襯下，顯得巍峨壯麗。即便以今天的視野來說，也足夠氣派宏偉。

平城京就是奈良，日本歷史上第一座留存至今的京城，定都奈良的七一〇～七九四年間，歷史分期上稱為奈良時代。七九四年，遷都至平安京（今京都），之後直至一一八五年鎌倉幕府建立前的這段歲月，歷史上稱為平安時代。

在奈良之前，日本幾乎沒有格局完備的都城。為什麼以前沒有，而後來有了奈良和京都兩座古都呢？這兩座都城的建立在日本文明史上意味著什麼？

日本原來的文明水準不怎麼高，中國的稻作文明傳來後，陸續出現村落，以後形成大的部落，出現部落國家，到了四～七世紀逐漸形成大和朝廷，與中國和朝鮮半島交往過程中，逐漸有了國家意識。他們原來的朝廷沒有很固定的王城，天皇（最初的稱謂只是「王」，七世紀中葉以後，才產生了「天皇」）的居所就稱為某某宮，比如位於奈良的飛鳥淨御原宮等。說是宮，其實當時的建築比較粗陋，規模也不大，甚至是茅草屋頂。七世紀以後，日本多次向中國派遣遣隋使和遣唐使，見識到都城長安的宏偉整齊，於是六九四年在距離現在奈良不遠的地方，模仿唐代的長安，營造日本歷史上第一座京城藤原京。根據後來考古的研究，藤原京有相當規模，東西四・八公里，南北五・二公里，正中間是天皇居住的藤原宮。這是一座完全模仿長安條坊制格局營建的都城，根據史料復原合成的圖像來看，相當氣派。今日除了挖掘出來的一部分地基之外，整個藤原京已經蕩然無存了，只是一片空曠的荒原而已。不知為了什麼，建造才十幾年，朝廷就決定廢棄不用，在現在奈良的地方，重新建造一座規模更宏大的平城京。

根據歷史學家繪製的平面圖來看，平城京可說是縮小版長安城，東西四・三公里，南北四・八公里，整座城市的正北端是稱為平安宮的皇宮，其中最重要的建築就是近年重新復建的大極殿，是天皇即位、會見外國使節的重要場所，也是當年平城京內最壯麗宏偉的建築。大極殿正中向南是一條寬廣的大道，稱為朱雀大道，大道最南端便是皇城正門——朱雀門，重簷歇山牆式樣，正面有六根朱紅色廊柱，端莊氣派。這條大道和朱雀門如今也修復了。整個城市有九條東西向大路，從北到南，分別稱為一條到九條。有意思的是，平城京在接近四方形的城市東北端，還建造了一座外城，東西一・六公里，南北二・一公里，與方整的內城連成一體。著名的、已被列為世界文化遺產的東大寺和興福寺就在外城東邊，而赫赫有名的西大寺（現已不存）自然是在內城的西北邊，唐招提寺則在西大寺南邊。經過一千三百年的歲月滄桑，平城京的舊貌已大大改觀，當年整個舊城格局很難捕捉。我們如果去奈良觀光，除了奈良市政府和奈良縣政府前那條東西向大道外，整個城市都找不出一條像樣的大街，西大寺車站附近還有些許繁華的景象，整個城市更像一座巨大而散漫的公園，當年整齊的王城格局已被歲月分割得支離破碎了。

而七九四年建都的平安京，同樣經過一千多年的漫長歲月，至今仍然大致保留條坊制的格局，在全世界都是較為罕見的存在，相比中國古都長安、洛陽、汴京（開封）或六朝古都南京，甚至是歷史短得多的北京，當年的古都風貌只能在今天的格局中依稀尋訪。

是不是日本特別太平，沒有戰亂和災害，因而京都舊貌得以幸運地留存至今？事實並非如此。遷都到平安京之前，七八四~七九四年，日本曾把都城從平城京遷到今京都西南面的長岡京，十年之後，再度遷到平安京。整個城市的格局再度模仿了中國長安，而且地點的選擇上完全信奉道家「四神相應」的風水理念，即東青龍、西白虎、南朱雀、北玄武。青龍是水，京都東面有一條鴨川；白虎是大道，這裡有一條山陰道；朱雀是窪地，以前京都南面有一個面積很大的巨椋池；玄武是丘陵，京都北面有一座船岡山，整個京都的地勢是北高南低，背面仰靠逶迤的山巒，南邊則是低窪的平川。雖然今天京都的城區有一點東移，南邊的巨椋池也不復存在，但大致的風貌還是一如往昔，條坊制的九條大路不僅清晰可辨，連路名也留存至今，比如今京都最繁華的街區是四條河原町，距離祇園很近，去過京都的人想必都去過那裡，這四條指的就是四條大路。

不過由於戰亂，尤其是一四六七年爆發、長達十年的應仁之亂，把早期的皇城完全燒毀，早年建築蕩然無存，京都城三分之一變成廢墟。江戶時代，京都發生兩次巨大火災，一次是一七〇八年三月，皇城（日語稱為禁裏御所）再次被焚毀，幾萬家民居和幾十處寺院神社也被大火吞噬。一七八八年大火再度光臨，這次的災情更嚴重，大半個京都城籠罩在熊熊大火中，德川將軍居住的二條城和天皇居住的御所也未能倖免，城內大部分寺院成了一堆灰燼。因此，今天看到的日本古都，古老的東西剩餘有限，雖說古都的基本格局大抵留存至今，但並非建築物本身，除了少量舊物之外，今天所看到的皇居、二條城或大部分寺院，大多是一七八八年大火後重新建造的，至於大家耳熟能詳的金閣寺，一九五〇年被一個有些瘋癲的僧人燒毀，如今看到的建築是一九五五年重建的。

上千年來，日本人的審美眼光依然沒有太大的變化，建築風格大多較接近初創時期，後來禪宗傳來，禪思禪意被融入到日本人的日常生活，意蘊就更深厚了。以我個人的觀察，京都大部分老建築保留宋代的建築風貌，沒有飛簷翹角，不加濃彩豔抹，大多是粉牆黛瓦，或木材原色，顯得古樸而莊重，給人一種古色蒼然的歷史滄桑感，而當年條坊制留下來的小巷，幽僻深遠，在夕日的斜照中，彷彿凝聚了一部古老的日本史。

日本後來出了三個幕府時代，將軍的政權中心一度移到鎌倉和江戶，但天皇始終居住在京都，京都做為日本都城的地位一直沒有改變，直到一八六九年，十七歲的明治天皇被倒幕派迎請到江戶，這一年江戶改名為東京，才結束了京都做為日本京城的歷史，但是其古都風韻未曾絲毫褪去，川端康成的長篇小說《古都》，使這層風韻顯得更加雋永。

第12講 鑑真是中日文化交流的使者嗎？

經過報刊雜誌和教科書的宣傳，鑑真和尚做為中日文化交流友好使者的形象，想必已深入人心。我特別想把他列為一講，因為在其他場合說起鑑真時，人們往往有三點疑惑：第一，日本為什麼一再邀請鑑真過去？第二，鑑真為什麼在十一年內六次答應、並意志堅定地去日本？第三，鑑真東渡對於日本文明史的發展、或說對於日本佛教的發展究竟具有怎樣的意義？

先說第一點，佛教是六世紀中葉經朝鮮半島南部百濟傳到日本，後經聖德太子的宣導，慢慢在日本落地。外來的宗教或文化如果沒有最高當局的鼓勵和宣導，很難在民間真正生根，佛教在日本也是一樣。日本好幾代天皇（如奈良時代的聖武天皇等）之所以熱心佛教、播揚佛教，最重要的目的之一，是認為佛教具有鎮護國家、凝聚民心的功能，就是把佛理、佛法應用到鎮護國家、維護統治上。其中最努力推廣佛教的是七二九～七四九年間在位的聖武天皇，在他的推動下，七四一年在各地建立的國分寺，全名叫「金光明四天王護國寺」。

在日本，僧人受到國家的抬舉，又可避免賦稅和勞役，很多人願意當和尚，但佛教還處在初級階段，各種戒律都不完備，尋常人當和尚沒有嚴格的受戒程序，當了和尚也不嚴格遵守戒律，一時間情況有些亂。為解決這一問題，首先要有具淵博佛教知識、擁有授戒資格的高僧，而日本本土缺乏這樣的高僧，於是朝廷吩咐隨同遣唐使去中國的僧人，物色及延聘合適的人選到日本，主要是制定戒律，舉行受戒儀式，想當和尚的人得透過一定的程序獲得資格。

日本僧人榮叡在七三二年隨遣唐使去中國，在洛陽大福先寺尋訪到高僧道璿，邀請他到日本弘法授戒。後來道璿確實來了，在東大寺落成舉行大佛開眼儀式時，發揮不少作用。後來道璿說自己身體不好，到比叡山上隱居，因此，日本還是無法找到能夠進行授戒的高僧。

榮叡和普照繼續在中國尋訪高僧，最後在揚州大明寺尋訪到鑑真，獲悉他是位精通南山律宗的大師，早已受過正式的具足戒，於是執意懇請他東渡日本。據日本真人元開完成於七七九年的《唐大和上東征傳》記載，兩個日本僧人對鑑真說：「佛法東流至日本國，雖有其法，而無傳法人。本國昔有聖德太子曰：兩百年後，聖教興於日本。而現在正是兩百年之後，佛教將大興於日本，請您東渡，傳播律宗，傳授戒律，整頓日本的佛教界秩序。」

鑑真為何會答應、並經數次劫難堅持要去日本呢？鑑真是位道德高尚、佛性真切的高僧，他十四歲時，隨父親進入揚州大雲寺，見到莊嚴慈悲的佛像，大為感動，立志出家為僧，以後在學佛途中，兢兢業業，勤懇精進，成為名聞遐邇的律宗高僧，弟子無數。對於鑑真而言，弘揚佛法是最高的事業。此前他聽說日本有位長屋王曾製作一千件袈裟，托遣唐使贈送給中國，就覺得這個國家遵奉佛教，如今聽兩位僧人如此一說，更覺得佛教事業將在日本大興，自己有責任去推波助瀾，於是毅然決然答應前往日本。

後來很多文章和論述把鑑真描繪成中日文化交流的友好使者，但從歷史文獻來看，鑑真當年應該沒有兩國文化交流的使命感，他只是僧人，並沒有強烈的國家意識，也不負有促進兩國友好的使命，他決定東渡日本的動機就是弘揚佛法，促進佛教，尤其是律宗在日本的興盛，他的目的在於佛教本身。正因他有弘揚佛法的使命感，不惜在一次又一次的失敗之後，甚至在雙目失明之後，依然堅毅地開啟了第六次航程，終於在六十六歲高齡（七五四年）踏上了日本的土地。

那麼，鑑真的東渡對日本佛教史或更大方面的日本文明史，具有怎樣的意義呢？

首先，鑑真在日本開啟了授戒儀式。他是律宗大師，所謂律宗，強調僧人對於戒律的踐行，就是透過授戒的方式來規範僧人的日常言行，並從內心來引導信佛的人積極向善。鑑真一行抵達日本後，受到僧俗兩界的隆重歡迎，來到平城京時，被引接到兩年前剛剛落成的東大寺，暫時在此居住，他到達第二天，宰相、右大丞等百餘位官員來拜見，天皇派了曾到過中國的高級文官吉備真備來宣布詔書：「大德和上，遠涉滄波，來投此國，誠副朕意，喜慰無喻。朕造此東大寺，經十餘年，欲立戒壇，傳授戒律，自有此心，日夜不忘。今諸大德，遠來傳戒，冥契朕心。自今以後，授戒傳律，一任和上。」並授予鑑真「傳燈大法師」稱號。這一年農曆四月初，在東大寺大佛殿前設立了戒壇，天皇、皇后、皇太子等所有皇室重要成員和朝廷百官共四百四十餘人接受了鑑真的授戒，此壯觀的場面在日本歷史上從來沒有出現過，對日本佛教史來說，是個具有里程碑意義的大事件。不久大佛殿西面又建造了一座戒壇院，重要的受戒儀式在此進行。此後，日本正式建立受戒儀式和規矩，都是由鑑真親手制定。整個日本佛教界從此建立了井然的秩序，不經授戒，不得為正式的僧人。

其次，鑑真一行帶來了大量經書，《大方廣佛華嚴經》、《涅槃經》、《四分律》等，還有一部玄奘法師的《西域記》。這些經書為佛教在日本的進一步傳播提供最珍貴的文本。鑑真以及隨行的弟子都是各寺院的高僧，學問精湛，知識淵博，他們在日本傳播了佛法，尤其是律宗。因而鑑真被認為是日本律宗的創始人、第一代開山之祖，律宗成了日本南都六宗之一。

再次，七五九年開建的唐招提[6]寺，是唐代高僧興建的，因而冠名為「唐」。唐招提寺位於奈良市西面偏南，交通有些不便，周邊相當安靜，我曾兩度造訪。據說寺內的建築大都是鑑真創建時的原貌，尤其是做為主殿的金堂（那時沒有大雄寶殿的說法），古樸莊嚴，有大唐的氣象而無皇家的排場，與皇家興建雄偉宏大的東大寺形成鮮明的對比。還有講堂、經藏和舍利殿等，都被列為日本國寶。

唐招提寺是日本律宗的總本山，不過該寺的營造，功勞當然不能算在鑑真一人身上，那時他已失明，不可能在圖紙設計上一一仔細指導和策劃，但大格局一定是他制定的，且隨他而來的僧人大多學富五車，可說是出色地體現唐代寺院建築的精華。寺院所體現的文化藝術不僅是建築，還有繪畫、雕塑、音樂等，佛像的製作、佛畫的描繪，都是一座寺院的有機存在，唐招提寺是唐代文化的優秀典範。

據說，鑑真一行還帶去了包括麝香、沉香在內的中草藥，鑑真透過嗅聞的方式為皇后調配療效良好的藥物，中國的中草藥大概是這時正式傳到日本。《唐大和上東征傳》記載第二次東渡時帶去的諸多物品詳細清單，但是第二次航行未能成功，第六次抵達時究竟帶了什麼，書中沒有詳細列明，但日常用品肯定不少，在後來衍生許多傳說，說鑑真把醬油、豆腐的製作法帶到日本，是日本醬油和豆腐的創始人，於是他的形象愈來愈高大，光環愈來愈多，如今成了中日文化交流的象徵性人物，很多故事是後人附會的，並無真憑實據[7]。

鑑眞即將圓寂時，他的弟子忍基決定爲他製作一尊木製坐像，這座採用「脫活乾漆」技術製作、高八十公分的木像，已經成爲日本的國寶，被安放在唐招提寺內的御影堂，每年對外開放一次，每次三天。

最後簡單的總結。鑑眞是位偉大的僧人，東渡日本只爲傳播佛法，並無其他宏願，他最大的功勞是在日本創建律宗，制定嚴格的戒律和授戒的程序。至於促進中日文化的交流，是個客觀的結果，他當初並沒有這樣的使命感。但日本人非常感激他，許多有關且充滿想像力的傳說，是在日本衍生出來的。

6 「招提」是梵文的音譯，意思是佛教寺院、道場。

7 中國的醬油和豆腐誕生於宋代，鑑真的時代還沒有出現。

第13講　話說空海和最澄

隨遣唐使去中國的日本留學僧中，有兩個熠熠生輝的名字，就是空海和最澄，前者回日本後在高野山創建了真言宗，後者在比叡山創建了天台宗，他們同是日本密宗創始人，其文化命脈一直沿承至今。

在大學讀日語時，就知道空海是位了不起的書法家，但對他的進一步認識，卻是緣於一九九一年初冬訪問日本，那次有機會到香川縣西部的善通寺市[8]遊覽，市內有間出名的善通寺[9]，占地達四萬五千平方公尺，正殿氣勢頗為宏大，寺內的五重塔掩映在綠蔭叢中，精巧中透出典雅。它的有名不在於規模的恢宏，而是日本家喻戶曉的空海大師誕生地[10]，同時也是空海創立真言宗的大本山。

空海俗名佐伯真魚，自幼聰慧穎悟，被人視為神童。十五歲時跟隨舅父學習儒家經典，讀《論語》和《孝經》等。十八歲時（也有說是十五歲）到京都，進入大學寮明經科繼續攻讀《毛詩》、《尚書》和《左傳》等儒學典籍。某天，空海偶然遇見一位修行者，此人應是位高僧，他向空海傳授了密教經典《虛空藏求聞持法》，空海覺得大受啟發，對佛教萌生濃厚的興趣。為悟得真諦，毅然離開了大學寮，回到四國，步行踏訪各處聖地，在深山幽谷中修行參悟，最後決定出家。二十四歲時寫了頗出名的《三教指歸》，將儒教、道教和佛教的優劣進行比較，認為儒教等雖也是聖人之言，但相比之下宣揚通往解脫涅磐之境的大乘佛教最富有智慧，乃是最高的學問。這一時期他讀了不少佛教經典，其中有一部據云是從唐傳來的密教經書《大日經》，裡面夾有一些梵文詞語，空海覺得難以盡解其意，而周圍的人也無法解答疑惑，他決定渡海入唐去尋訪名師，同時搜求各種佛教典籍。

空海與最澄乘坐同一批赴唐的船隊，即八〇四年七月出航的遣唐使船隊，不過乘坐的船隻不同。船隊在狂風大浪中被吹散，空海所在的木船偏離航線，經過三十四天的海上顛簸後，往南漂到福州長溪縣沿岸。福州不是日本來使的傳統登岸港口，當地官員初見這些不速之客，頗感疑惑，對他們反覆盤問，並登上木船檢驗查核，使得船上的日本人甚感不快，領隊的大使囑咐空海寫一篇申辯文，即用駢體文寫成的〈為大使與福州觀察使書〉，通篇文采絢爛，言辭暢達，由此可見空海深湛的漢文造詣，當時福州觀察使閱讀此文後大加讚賞，立即准允入港，並報奏長安朝廷，還供給他們食物等所需物品。不久，朝廷的敕令傳到，他們獲准前往長安，於是一行二十三人水陸兼程，經過一個多月的長途跋涉，於同年十二月二十一日抵達，入住唐朝廷安排的官舍。後來遣唐使等回國時，空海繼續留在長安，周遊各處寺院尋訪名師，最後拜在青龍寺惠果的門下。

惠果是密教第六祖不空的嫡傳弟子，其時惠果已經年老體衰，當他得悉空海是專程不遠萬里越洋過海到這裡求學密教，頗為感動，加之空海長得氣宇軒昂，有穎悟聰慧之氣，便決定將衣缽傳授予他。八〇五年六月，空海入「學法灌頂臺」，先後自惠果受胎藏界密行法和金剛界密行法等灌頂，同時跟隨惠果學習密教典籍和修行儀規。惠果擔心密教典籍晦澀難懂，囑人繪製有關解讀的圖像，並將這些圖像和《金剛頂經》及各種法器等贈送給空海，囑咐他在日本傳播。這一年十二月，惠果圓寂，經眾人推舉，空海為惠果撰寫長篇碑文。此後，空海成為惠果的正式傳人，即密教第八祖。

從惠果處傳得衣缽後，本可在中國長期逗留的空海急於傳承惠果的遺志，回日本傳播密宗，此時恰有遣唐使判官高階遠成要啟程歸國，空海便上書請求同船東歸，得到唐朝廷的准許後，於八〇六年八月搭乘遣唐使的船隻回到日本。回日本時，空海帶了卷帙浩繁的典籍及大量的佛像、法器和詩文、字帖等，其中有新譯佛經一百四十二部二百四十七卷，大部分是密教經典，梵字真言贊等四十二部四十四卷，論疏等三十二部一百七十卷。第二年天皇下敕招他進京，他又獻上法器等物，天皇准予其傳布密教。

空海回到四國故鄉，將父親佐伯善通的宅第改建為寺院，六年後竣工，以此做為真言密教道場，我在一九九一年初冬遊訪的就是這座寺院。此後，得到當時嵯峨天皇的敕准，先後在京都北部的高雄山寺和奈良的東大寺修法傳教，正式建立了真言宗，並為最澄等人施行灌頂儀式。後來又在高野山建寺造像，規模宏大，由此，高野山與天台宗的比叡山一起成了平安初期的山嶽佛教據點。八二三年，嵯峨天皇將京都的東寺賜給空海做為真言宗的根本道場，他將從中國帶回的佛舍利、曼荼羅和法器等都存藏於此。

空海是個絕頂聰明的人，不僅在佛教上成為真言宗開山祖，而且自幼受過良好的漢文教育，對中國文化的造詣很深，作詩著文，文采斐然。在唐一年多，除了潛心修學密教外，對詩文書畫多有涉獵，結交不少書家騷人，他也擅長書法，精於筆墨，所書寫的〈風信帖〉等流傳至今，為世人所稱道。恰好嵯峨天皇對中國文化頗為傾心，雅好舞文弄墨，與空海和另一名曾留學中國的橘逸勢並稱為「日本三筆」。空海曾向嵯峨天皇呈獻在唐所得王昌齡《詩格》、歐陽詢真跡等多種詩書珍品。由此可見，空海真是具有慧眼。最讓人感佩的是，空海依據中國六朝和隋唐許多詩論，撰寫了一部六卷本《文境祕府論》，具體論述詩文的聲韻格律和對偶文意等，至今仍具有相當價值。

八五三年，空海在高野山去世。九二一年，醍醐天皇賜予「弘法大師」的諡號，後人習慣稱他為弘法大師，至今在四國各地有八十八處弘法大師的靈場，每年都有不少虔誠的香客背著黃黃的香袋，拄著拐杖，男女結隊，從一處處膜拜過來，成了四國地區寺院中一道有趣的風景。

最澄於七六七年出生在比叡山麓的古市鄉，最澄是其法名，俗姓三津首，十二歲時入近江國分寺，三年後正式剃度，十九歲在奈良東大寺受具足戒，成為國家公認的正式僧人。在東大寺時，最澄讀到鑑真和尚從中國帶來、藏於該寺的天台經疏，覺得天台經疏精義深博，在其他各宗之上，於是抄錄了《法華玄義》、《維摩廣疏》等書中經文。不久，他攜帶這些經書突然離開奈良，來到平安京郊外的比叡山，獨自隱居在山林中研讀修行。八〇二年，第一次下山，應邀在京都高雄山寺主講《法華玄義》等法華三大部，受到廣泛好評。但他研讀天台經疏時，仍覺無法深刻領會內中的意趣，於是決心到中國訪師求學。這一年，已經被尊為「內供奉十禪師」的最澄向朝廷申請入唐留學。

最澄的奏請獲得朝廷的批准，八〇四年七月，他隨遣唐使船隊向西出發，經歷了狂風大浪之後，九月一日到達明州（今寧波）。最澄到此行的主要目的是探尋天台宗奧義，在明州待了幾天，就獲准向南往臺州，拜見臺州刺史陸淳，獻上黃金十五兩和其他從日本帶來的筆墨等禮品，陸淳收下物品而返還黃金。最澄表示想用這些黃金購買紙張抄寫《天台止觀》，於是陸淳介紹了臺州龍興寺天台宗第七祖道邃和尚，道邃安排了人手為他抄寫。最澄便跟隨道邃學習天台教義，並獲授大乘菩薩戒，道邃還為他書贈〈道邃和尚付法文〉及〈道邃和上書〉，做為最澄以後在日本傳播天台法脈的印信。

為報答祖庭之恩，最澄出資建造一所「傳法院」，後來在唐武宗的毀滅佛教鎮壓風暴中遭到毀壞，約五十年後入唐的日本名僧圓珍為繼承先師遺志，在國清寺內重建了「止觀堂」。當我漫步國清寺僧堂時，腦海中不覺浮現出最澄等人在天台山一帶修行的情景，雖然歲月滄桑，物是人非，甚至國清寺的建築也不盡是當年的風貌，但深厚的歷史積澱卻不是歲月風塵可以輕易抹去的。最澄當年不僅修學天台宗，還在禪林寺隨翛林禪師學牛頭禪，在越州（今紹興一帶）的龍興寺學密教，短短八個多月，到處訪師求學，虛心問道，並留心收集各種佛教經典，在臺州輯得一百二十部三百四十五卷，在越州搜尋到密教典籍一百零二部一百一十五卷，一併帶回日本。這些漢文佛教經典的傳入，對最澄以後在日本創立天台宗具有極其重要的意義。他還從中國帶回灌頂用具，歸國這一年九月，在高雄山寺施行日本第一次灌頂儀式，換句話說，最澄為日本佛教界帶來了灌頂儀式。今日天台山國清寺內，專門建立了一座碑亭，一塊巨大的石碑上鐫刻了最澄來此學佛的詳細經歷。

最澄在日本幾經努力，創建了與當時勢力強盛的南都六宗平起平坐的日本天台宗，並試圖建立大乘戒壇，雖然他生前未能實現這一願望，但去世之後，大乘戒壇的建立終於獲得朝廷的許可。他去世四十四年後，清和天皇追謚為「傳教大師」，是日本獲得傳教大師謚號的第一人。

8 善通寺市是座很小的城市，人口不足四萬，大多是兩三層低矮的屋宇，幾乎看不見現代化高樓。

9 其寺名來自空海父親的名字——佐伯善通。

10 七七四年空海便出生在此地。

從「唐風」到「國風」：日本的中古時代

第14講 平安時代：從「唐風文化」到「國風文化」

定都平安的時代，日本歷史上稱為平安時代，時間從八世紀末到十二世紀末。由於平安時代長達四百年左右，一般將這段歷史分為前期（八世紀末～十世紀）、中期（十一世紀）和後期（十二世紀）三個時期。前期在形式上還是律令體制時期，以天皇為中心的中央朝廷基本上掌控了政權，但藤原家族已經崛起，早期的莊園開始出現，「普天之下莫非王土」的公地制和律令體制逐漸瓦解。中期時，藤原家族以外戚身分插手政權，並以攝政和關白的地位控制朝廷。後期是已退位的上皇重新掌控政權的時期，以期對抗外戚專權，同時，莊園制經濟蔓延到全國各地，武士階級嶄露頭角，開始在政治舞臺上叱吒風雲。

整個平安時代在日本文明史上是個重大的轉折期，簡單地說，就是文化從中國影響占壓倒性優勢的「唐風時代」，轉到本土文化崛起的「國風時代」。從平安時代十世紀前後開始，遣唐使的派遣早已停止，大唐也已滅亡，趙宋王朝建立以後，雖然文化上相當燦爛，但國勢和疆域已不能與大唐同日而語，在東亞區域的影響力也有很大的萎縮。

再來說說這一轉折的具體展開。

平安初期，沿承奈良遺風，唐的影響依然非常熾烈。奈良時期，王公貴族吟詩作賦蔚然成風，七五一年已誕生日本第一部漢詩集《懷風藻》，那個時代說到詩一定是漢詩，本土詩歌稱為歌。平安初期，皇室出了一位喜好中國文化的嵯峨天皇，書法詩文皆有深湛的造詣，他當政期間，文運昌盛，敕令臣下編撰兩部漢詩集《文華秀麗集》和《凌雲集》，以後又出過一部《經國集》，除了漢詩，還收錄了序、策等漢文，取名《經國集》，想必是受了曹丕「蓋文章，經國之大業」的影響。八四四年，白居易《白氏文集》由日本僧人慧萼抄錄後帶回日本，一時廣為傳誦，白居易的詩名在日本如日中天，聲震遐邇，朝廷內外，對他的詩作趨之若鶩。

不過，隨著遣唐使的廢止和唐的沒落，日本對外交流基本上處於停滯狀態，於是，慢慢咀嚼消化大陸文化的同時，早先土著文明的元素開始發酵、滋長，借助外來先進文化的形式或內涵，產生了日本本民族的獨特文化，歷史學家稱為「國風」。那麼，這一時期的國風文化，有哪些具體的表現呢？

第一，八～十世紀期間，假名文字的出現和普及。日本列島原住民的語言和大陸傳來的漢字漢文，在發音和表述的語序上都相距較遠。於是借助漢字來表情達意的同時，漸漸地利用漢字的草書和楷書的偏旁，衍生出假名這日本人獨有的文字。由於大陸傳來的語文極大地豐富了日本人原來的語彙，因此這些語彙（尤其是名詞）依然由漢字（也稱為真名）來表達，就形成後來漢字與假名交雜的日語形態。

第二，假名的出現使得十世紀初誕生了用假名和漢字記錄的日本人歌集，即《古今和歌集》。這部二十卷的和歌集收錄了大約一千一百首長短歌，多為對春夏秋冬四季變遷的詠嘆和離情別愁、羈旅感傷的抒發，大體具備了長歌和俳諧的體裁，與純然是漢字連綴的《萬葉集》相比，具有更加濃郁的日本風情。

第三，由女性或借助女性的筆觸、用假名和漢字交雜的文字來記錄人生閱歷、人生感悟的隨筆體、日記體的文學在平安中後期開始興盛。濫觴之作當推紀貫之作於十世紀前半期的《土佐日記》，假託女性的口吻，記述自己旅途的勞頓和痛失愛子的苦楚，由此開啟了日本日記文學的先河，之後又湧現出《蜻蛉日記》、《更級日記》等一大批在日本文學史上熠熠閃光的優秀作品。其中最為出色的當推《枕草子》，作者清少納言是位女性，生活在平安中期，在和歌和漢詩兩方面都有頗為深厚的學養，《枕草子》這部隨筆集記錄了她對諸種人生的細密觀察，有很多深切的人生感悟，文筆秀麗，充滿了雋言儷句，對後世的影響很大，以至在鎌倉後期還出現了根據其描述繪成的《枕草子繪卷》，成為日本藝術的瑰寶之一。

第四，物語文學的興起。物語大致可以理解為故事、傳奇、小說，主要有兩個源流，一是口頭傳承的民間故事，較早成書的有《竹取物語》，大約產生在九世紀末至十世紀初，另一是由和歌的詞書演變而來，早年的代表作是《伊勢物語》，差不多是多個短篇的連綴。這些早期的物語和日記文學的基礎上誕生的是不僅在日本文學史、且在世界文學史上也享有盛譽的《源氏物語》[11]（十一世紀初），作者紫式部是位長期生活在宮廷的女子，作品表現中上層貴族的男女生活，尤其注重情感的表述，做為一部長篇小說而言，結構也許有欠嚴謹整飭，但描寫相當綿密細緻，詞語華麗豐富，內容不少涉及詩歌、繪畫、音樂等藝術領域，顯示出作者在這方面深湛的學養，只是氣勢比較柔弱，場面比較狹隘，顯示出平安中後期文學的特性。不管怎麼說，《源氏物語》的出現，標誌著日本文學在記事敘述方面，已達到非常成熟的水準。

物語文學方面還有個比較突出的成就是平安末期（約十二世紀）完成的《今昔物語集》，作者和具體的年代不詳，內容較龐雜，分為天竺（印度）、震旦（中國）和本朝（日本）三大部分，有佛教故事、神靈應驗故事和因果報應故事以及世俗故事等多種類型，範圍寬廣，人物繁雜，三教九流紛紛登場，都邑鄉村輪番出現，有點類似唐宋傳奇和明代集成的「三言二拍」，近代有不少作家將其中部分故事演繹成具有現代色彩的短篇小說，有些還被移植到銀幕上，可見其影響深遠。

以上敘述多為文學領域，事實上，平安中期以後，藝術（尤其是美術）上，出現甚為濃郁的日本色彩，其標誌性作品便是大和繪。上文曾提到唐繪，即由中國傳來、或受中國影響的繪畫樣式，到了平安中期時，日本本土的繪畫漸趨成熟。其時日本貴族的居所，多為寢殿造的樣式，據研究，寢殿造的建築樣式主要傳自十世紀初在東北亞地區崛起的渤海國，屋內的房間頗為廣大，往往用屏風、隔扇等根據實際的需求加以區劃，貴族們便延請一些高明的畫師在屏風和隔扇上繪製畫作，於是誕生了大和繪。與中國畫主要以人物、花鳥、山水為題材的畫作不同，大和繪主要描繪四季景物的變化，而且往往不是單幅的製作，春花、夏草、秋月、冬雪，注重的是人們對四季變遷細微而敏銳的感受，這類畫人們稱為「月次繪」，除繪畫外，往往配有和歌，類似中國題畫詩，此外還有物語繪卷，主要注重物語（故事）的演繹，有各色人物，有內外場景，有四季風物，最為著稱的是《源氏物語繪卷》，至今留存了相當的部分，從中可窺見物語繪卷的基本畫風，同時可以感覺到裡面人物的模樣神態與唐繪已經大相徑庭，具有明顯的日本風味。

最後，想跟大家說個詞語「公家文化」。所謂公家，就是宮廷貴族的意思。平安中期以後，朝廷政權操縱在外戚的攝政和關白手中，宮廷的王公貴族和擁有巨大莊園的豪族們則優遊歲月，沉湎於管弦絲竹，徜徉於林泉山水。遊園、宴飲、吟詩作歌，差不多成了貴族們的主要生活。由此積聚和滋生的精神，大致有兩方面，一是感受的纖細精緻，往好的方面說，是優雅；另一是氣象的狹小萎靡，甚至帶有柔弱的病態。雖然誕生於宮廷中的公家文化對下層庶民的影響是有限的，但上層文化往往是一個民族的菁英文化，上層階級往往掌握了文化的主導權，以後透過各種形式逐漸向中下層滲透蔓延，對日本人的審美意識產生了巨大的影響，與後來幕府時代出現的武家文化，一起構成大和民族精神文化最重要的兩方面。

11 《源氏物語》有幾個中文譯本，個人覺得豐子愷的譯本最佳。

第15講　日本語文的誕生

這裡的語文是指書寫的語體文，不是口說的語言。哈佛大學教授杭亭頓說：「任何文化或文明的主要因素是語言和宗教。」世界上有幾千甚至上萬個民族或族群，構成某移民或族群的最基本要素就是語言，可以說每個民族或族群都有自己的語言（當然有些民族在被同化的過程中喪失了自己的語言），但世界上具有自己文字的民族大概只有百分之一左右。文字是一個民族的文明演進到較高的程度後出現，日本列島也是這樣。

我不是語言學家或語文研究家，只懂一點日文，加上看過一點書，把自己積累的一點小知識和大家分享。

日本列島的最早居民大概是過去島嶼和半島或大陸部分相連時，從東北部或其他方向陸續遷移過去的，慢慢形成一種大抵能通用的語言，後來彌生時代又有大批半島和大陸的人渡海來到列島，進一步豐富和發展了當地的語言，並把大陸已相當成熟的文字以及這些文字書寫的文獻也帶到日本。好幾個世紀裡，島上居民與大陸和半島的人交往，就是依靠漢字漢文的工具，他們要草擬本國的官方文獻、記錄本國的歷史，一開始也是用大陸傳來的漢字漢文，最早的史書《古事記》和《日本書紀》等，就是用漢字漢文書寫的。

奈良時代和平安時代前期，日本朝野都傾慕遣唐使帶來的大唐文化，創作漢詩、吟誦漢文成了王公貴族和高層僧侶顯示風雅、風流的一種主要方式，於是奈良時代的七五一年，誕生了日本最早的一本漢詩集《懷風藻》，將八十年以來六十四人創作的漢詩按照年代編纂，詩風受六朝和初唐的影響較大，內容主要是宴飲遊樂，夾雜著孔孟和老莊的語句。到了平安時代前期，又根據天皇敕令，在九世紀前期編纂了三本著名的漢詩文集，分別是《凌雲集》、《文華秀麗集》和《經國集》[12]，作者人數、詩文數量都遠遠超過最早的《懷風藻》。

但是，日本人畢竟不是中國人，他有自己的語言，在歷史的長河中，特別是遣唐使停滯派遣的幾百年裡，在大陸文化的基礎上，慢慢地孕育出自己的文學，最初的主要形式便是和歌，就是日本人吟詠的本民族詩歌。然而這些和歌卻很難用漢字漢文來記錄，尤其是和歌，不運用漢詩的韻頭韻腳，其語言節奏主要來自音節，即採用五個或七個音節，比如著名的俳句詩人松尾芭蕉的名作，舉例：古池や 蛙飛び込む 水の音。又例：秋深き 隣は何を する人ぞ[13]。這樣的和歌無法用漢字寫出來。

後來人們取部分漢字詞語的意思，另把一部分漢字當作表音文字，勉強編了一部日本最早的和歌集，就是大約誕生於平安時代早期的《萬葉集》，文字依然是漢字，然而按照漢詩文的讀法卻看不懂，原因就在於裡面很多漢字被捨去原來的詞義，成了表音文字，用日語式讀音來表示口語中原有的詞語，即使是當年的日本人，讀起來也覺得雲裡霧裡，對現今日本讀者來說，必須要有專家學者的詳細注解甚至翻譯，才能看得懂。當時為了表示有些漢字只用來表音，就把表音功能的漢字用草書書寫，以示與表意功能的漢字區別。這種用來表示日語發音的漢字，便被稱為「萬葉假名」。為什麼叫假名呢？因為假具有假借、暫借的意思，相對於假名的是真名，真名就是漢字，是具有本身詞義的漢字。

人們發現漢字可以有表音功能，就想是不是可以從草書體漢字發明一種日本的文字呢？經過了歷年的努力和演變，從草書的漢字，或說是借用漢字的草書體，日本人發明了本民族的文字——平假名。不過那時，日本已經廣泛深入地接受了來自中國大陸的文字文化，漢字詞語已深入人心，並成為日語口語詞彙的一部分，若要完全捨去漢字詞語，日語就沒法成立。因此，有相當的漢字詞語就成了日本語文的一部分，並且是非常重要的一部分。只是根據不同時代傳進來不同的漢字詞語，日本人根據傳入時的發音，在漢字的右旁（那時都是豎寫）用漢字的楷書偏旁注上讀音，慢慢地，就從漢字楷書的偏旁發明出一種發音與平假名相同的片假名，主要用作漢字的注音和比較特殊詞語的書寫，於是，片假名也誕生了。在今日，片假名主要用來標注外來詞語（大多是西方詞語）發音的所謂外來語。十九世紀以後，隨著西方外來語的大量湧入，以片假名出現的詞語與日俱增，現在用來表示動植物的詞語，也多用片假名來書寫。

再來聊聊漢字在日語中的發音問題。幾乎所有認識中文的人初讀日語時，一定會一喜一驚，然後是苦惱。一喜是，原來日語中有那麼多漢字，學起來省力多了。可是馬上就會發現，除了個別的幾個字之外，幾乎所有的日語漢字都有兩個或兩個以上、甚至多達六、七個發音，在不同組合、不同場合會有不同發音，對初學者來說，往往覺得沒有規律可尋。其實，同樣的現象，不僅對使用中文的外國人麻煩，即使是日本人，同樣是個苦惱的問題。

漢字在日語中的讀音，為什麼會那麼麻煩呢？原來，漢字詞語是不同時代陸續傳入日本的。中國最初與日本的官方交往，有文獻記載的是西元五七年，那時列島原住民基本上還不認識漢字。三國時的魏以及南北朝時的南朝，和日本有比較頻繁的交往，六世紀初時，從朝鮮半島正式傳入《論語》和《千字文》。那時和中國交往的地區主要在長江流域或江南一帶，傳入的發音就帶有南方口音，在日本被稱為「吳音」。此後一、兩百年之間沒什麼交往。到了隋、唐，日本重新開啟遣隋使、遣唐使，那時政治文化中心在長安一帶，遣唐使基本上都在北方，從那裡傳入大量的書籍文獻，於是新傳入的漢字詞語發音差不多是那時北方的發音。

照理，那時的漢字發音應該稱為「唐音」。可是日本人覺得中國人是漢人，而且已經有漢字的說法，就把那時漢字的發音稱為「漢音」。唐滅亡前後一百多年，日本和中國沒有交往，宋以後，交往主要限於民間，大多是僧人之間，南宋時更加活躍，禪宗和茶文化普遍傳入就在這個時期，而那時中國的中心已在江南一帶，新傳入日本的書籍主要以佛教經典為多，新傳入的詞語主要和佛教或寺院相關，其發音大多是浙江一帶的發音，日本人把這時期漢字的發音稱為「唐音」。光是依據中國大陸傳來的發音，就分為「吳音」、「漢音」、「唐音」三種。還有日本人把自己當地的語言用漢字表示的，就是今日接觸到既有漢字和假名混在一起的詞語，這個漢字的發音就完全依據原住民日語的發音了。如此一看，日語中的漢字發音還真是五花八門。

話題回到日本語文。假名誕生後，就產生了像《古今和歌集》這樣完全可以用假名記錄、用日語發音的文學作品。平安中後期，女子在宮廷中扮演著重要的角色，原本王公貴族的詩文吟誦，影響到了後宮，於是，一種純粹用假名或漢字與假名混合書寫的女性文學產生了，紫式部的《源氏物語》就是代表作。很多人使用這種新型文字來記錄或抒寫對日常生活的感受，於是日記體和隨筆體文學興盛，比如《土佐日記》、《蜻蛉日記》、《紫式部日記》等，隨筆則有清少納言的《枕草子》、吉田兼好的《徒然草》、鴨長明的《方丈記》等，後來日本的物語文學大多也是用假名書寫，比如《竹取物語》、《伊勢物語》、《平家物語》等。一個民族成熟的語文往往是透過優秀的作家、優秀的文學作品來建立，比如英國十四世紀喬叟（Geoffrey Chaucer）的《坎特伯雷故事集》（*The Canterbury Tales*）、義大利十四世紀但丁（Dante Alighieri）的《神曲》（*Divine Comedy*）和德國十八世紀歌德（Johann Wolfgang von Goethe）的文學作品等。日本也是一樣，假名發明後，就利用長期積蓄的漢字漢文營養，創作出一系列優秀的文學作品，而日本的語文在這一過程中，逐漸成熟發展，最後形成目前的形態。

12 因是天皇下令編撰的，歷史上稱這些詩集為「敕撰漢詩集」。
13 古池や 蛙飛び込む 水の音（讀音：ふるいけや かわずとびこむ みずのおと）。
秋深き 隣は何を する人ぞ（讀音：あきふかき となりはなにを するひとぞ）。

第16講 什麼是日本的幕府政權？

說起來，幕府是源自中國的漢字詞語，原本的意思是將軍在外作戰安營紮寨的地方（將帥的營帳），秦、漢以後漸漸演變成一種幕府制度。我們要說的是日本的幕府政權，即幕府變成了一種政權，且從十二世紀末期直到十九世紀中葉，它成了實際統治日本的政權。日本歷史上出現三個幕府政權，分別以所在地命名，即鎌倉幕府、室町幕府和江戶幕府，而且幕府政權實際統治時，天皇竟然仍代代世襲相傳，名義上，中央朝廷從來沒有被推翻過，用的年號都是歷代天皇的年號，這實在是日本獨有的政治現象。

我們來探討幾個問題，第一，幕府政權是怎麼出現的？第二，什麼樣的人可以出任幕府政權的統治者？第三，幕府政權和天皇的中央朝廷是怎樣的關係？

先來說第一個問題，簡單地說，幕府政權就是地方上有權勢的豪族羽翼豐滿之後，透過武力爭鬥建立朝廷之外的實際政權。中國政權的更迭都是改朝換代，上一個政權因暴戾或無能而衰敗，有能耐的人便揭竿而起推翻他，建立一個新的朝代，比如李家的唐打倒了楊家的隋，唐滅亡後，趙家的人建立了宋等。而日本天皇家族自從建立朝廷以後，就一直沿承至今，因此日本人說天皇家族是萬世一系，實際上卻有天皇大權旁落七百年的幕府時代。

日本的朝廷政治有些與中國相似的地方，比如皇帝柔弱時會有外戚專權（皇后的親戚干預政權），往往是皇后的兄弟獲得類似宰相的「關白」官位，幾乎把持主要朝政。日本沒有宦官，卻有兩個中國沒有的現象，一是好端端的天皇即位不久就不想做了，禪位給自己的兒子，但實際上他並不想放棄權力，就在天皇正院後面另設後院，直接操縱朝政，年幼或年輕的兒子徒有天皇虛名，操縱政權的老天皇被稱為「上皇」，這樣的狀態一連持續好幾代，在日本歷史上稱為「院政」。二是好端端的天皇做沒幾年，突然出家做和尚了，幾年後俗心萌發又回來，依舊操縱朝政，被稱為「法皇」。一來二去，真正的天皇反倒沒了權力，喪失了權威，於是中央朝廷愈來愈衰敗，這時地方的豪族勢力就漸漸抬頭了。

中央集權最鼎盛的奈良和平安時代初期，可謂普天之下莫非王土，私人幾乎不可擁有大片土地，中央向地方派遣稱為「國司」的官員去管理當地的地租、稅收、財政等，地方豪族被中央權力壓著，漸漸產生了不滿。這時有許多新土地被開墾出來，這些土地落在私人手裡，隨著皇權的衰敗，原屬於皇族的土地漸漸被分割了，有權勢的寺院和神社也擁有自己的土地，十世紀以後，類似私人大農場性質的莊園慢慢形成，莊園主為了保衛或擴張利益，豢養了一批武裝力量。

這一時期的日本，朝廷之外最有權勢的是平氏和源氏兩大家族，也是最大的莊園主[14]。平氏和源氏後來分成好幾個支流，但很長一段時期一直很有勢力。在朝廷權威跌落的情況下，平氏和源氏兩大豪族不斷地爭權奪利，最後源氏家族的源賴朝勝出，第一次把朝廷晾在一邊，建立鎌倉幕府。

源賴朝家族長期在關東地區經營，勢力主要集聚在關東，就把政權機構建立在鎌倉[15]，後人把這一政權稱為鎌倉幕府。標誌著鎌倉幕府正式建立的是一一九二年朝廷賜予源賴朝「征夷大將軍」稱號，實際上是源賴朝迫使朝廷給他這個稱號。以後的室町、江戶兩個幕府的統治者，同樣從朝廷獲得這個稱號。十二世紀末期，源賴朝已完全掌控日本，並把稅收等財政大權捏在手裡。從此，日本歷史上第一個武家政權橫空出世。

由武家掌權的幕府也是世襲制，一代代傳下來，一般而言，每個幕府政權由某個家族掌權，姓氏都一樣。第一個鎌倉幕府卻成了例外。開創者源賴朝自然是個驍勇善戰、很有手腕的能人，他集聚關東地區各路諸侯，與另一個很有勢力的北條家族聯姻，擊敗與自己同一家族的競爭者和強大對手——平氏家族，可是五十二歲那年，他從馬上摔下死了。他的長子在二十歲時接掌政權，卻身體病弱，一年後就把名義上的權力讓給其年幼的兒子和弟弟，實際上的權力已掌控在源賴朝的妻子北條政子和她家人的手裡了。源賴朝家族的人試圖驅逐北條家族，結果源賴朝的岳父北條時政出手把他們全幹掉了，於是北條家族實際掌控了鎌倉幕府。

那時，朝廷對於鎌倉幕府非常不滿，不甘心政權旁落在他們手裡，一二二一年組織了力量前去討伐，結果遭到北條家族掌控的幕府強勢反擊，朝廷軍隊被打敗，上皇和天皇被流放到荒遠的地方或島嶼上，屬於上皇的土地財產竟然被幕府沒收，幕府還派出一個機構去監視朝廷的動向，如此一來，朝廷也被捏在幕府的手中，此後，以王公貴族為代表的公家政權徹底喪失權力，咄咄逼人的武家政權一統天下。不過名義上，朝廷依然沒有被推翻，天皇還是一代一代地世襲，只是嘗到反抗的苦頭後，再沒有心思和力量來與武家政權抗衡了，只能乖乖地蝸居在京都，頂著天皇的名義，冬天晒晒太陽、夏天納納涼，差不多成了傀儡朝廷。

簡單地總結。到了十二世紀初，以天皇為首的朝廷對全國的統治力已愈來愈弱，因莊園制而興盛的地方豪族勢力愈來愈強盛，最後互相較量，群雄逐鹿，豪傑或梟雄的源賴朝打敗對手，建立了武家政權鎌倉幕府，源賴朝死後，政權被他妻子的家族（即北條家族）奪取，並擊敗試圖消滅幕府的朝廷武裝力量，一舉控制了整個日本，由此日本真正誕生了由武將全面掌控權力的幕府政權。

14 他們最初是皇族的後代，後來被皇室賜姓。什麼叫賜姓？天皇家族只有名而沒有姓，現今依然如此，被賜姓後就降為平民了，相對於在朝的天皇，他們不再是親戚，而是臣下。但好處是可以做其他皇室成員不能做的事情，比如經營莊園和勢力範圍。在血緣上依然是皇族，容易依託朝廷的聲勢來擴展自己的勢力。

15 鎌倉在今東京西南大約八十公里左右的地方，十三世紀建成的鎌倉大佛很有名。

第17講 禪宗傳人榮西和道元

榮西和道元這兩個人的了不起，在於把中國禪宗傳到日本，榮西傳的主要是臨濟宗，道元傳的是曹洞宗。為什麼了不起呢？因當時傳統的佛教（比如天台宗和真言宗等），勢力相當強大，竭力排斥新來的宗派，並對此進行壓制，榮西等人的傳教很辛苦、很艱難，最後毅然決然地堅持下來。事實上，鎌倉時代以後，禪宗對日本文化乃至日本人日常的生活，影響是巨大的，如果沒有中國禪宗傳入，恐怕今天日本人的文化生活將是另一個面貌。

二〇一五年在京都大學做研究的半年裡，我專程到位於祇園西南部的建仁寺[16]造訪了兩次。祇園已成了觀光區，幾乎終年都是人頭攢動的遊客，小巷內人來人往，熙熙攘攘。但是坐落在西南一隅、由榮西和尚創建的建仁寺相對安靜。

榮西是什麼樣的人呢？他在平安時代末期的一一四一年出生於今岡山縣的神官家庭，後來卻沒有在神社供職。自幼聰慧穎悟，讀過不少佛教經典，十三歲出家，到京都比叡山[17]受戒，正式成為和尚。榮西在那裡跟從名師學天台宗，幾年之後，在顯教和密教兩方面都已有一定造詣，在學佛的過程中，接觸到唐本《法華經》，覺得應該到中國進一步學習。那時，中國處於南宋時期，雖然偏安一隅，政治、軍事上比較窘迫，社會卻相對安定，長江流域經濟富庶，文化興盛。日本與南宋之間雖然沒有官方往來，民間貿易卻比較頻繁，一一六八年四月，二十七歲的榮西搭乘日本商船從九州博多（今福岡）出發，來到明州（今寧波）。在明州登岸之後，榮西遇到另一位從日本來的僧人重源，他們結伴遊歷天台山，他在那裡看到天台宗新章疏三十餘部六十卷，同時接觸到禪宗，但要與重源結伴回國，未及深入探究，即在當年九月搭船回國，將天台宗新章疏帶回日本，呈送給天台座主明雲，自己則在比叡山潛心研究天台和密教的教義。

研讀天台宗書籍時，榮西發現曾到唐代的最澄、圓仁等人的著述都提及禪宗，於是重新燃起對禪宗的興趣，決定再次入宋學禪，並試圖西遊印度。一一八七年三月，榮西再次坐船來到中國臨安府（今杭州）拜見有關官員，希望准予到西域巡禮，但當時南宋王朝已失去對西北地方的控制，西夏人和蒙古人等占據了西域的交通要塞，官員無法開具通行文書。無法西行，榮西便潛心在中國認真習禪，跟隨臨濟宗黃龍派第八代傳人虛庵懷敞在天台山萬年寺參禪，後又跟隨至天童寺，前後約四年。一一九一年，懷敞覺得榮西已有相當的造詣，便授予法衣、臨濟宗傳法世系圖譜及柱杖、寶瓶等器物，並贈一書，囑他歸國傳法，這一年七月榮西回到日本長崎的平戶。

榮西在日本傳播禪宗，一路受到不少阻力，起初只在九州一帶開建一些小寺院，後來在福岡香椎神宮旁建了一座稍有規模的報恩寺，傳禪的聲名漸起，結果遭到當地僧人的反對，慫恿京都比叡山的傳統佛教勢力上告朝廷，鼓動朝廷下令禁止禪宗。榮西心想只有設法借助國家的力量來傳播禪宗，於是一一九八年寫了一部洋洋灑灑的《興禪護國論》[18]，詳細介紹禪宗的基本教義，向朝廷表示傳播禪宗的目的乃在於護國。這樣一來暫時消除朝廷的疑慮，也堵住反對派的嘴。

後來禪宗得以在全日本傳開，並成為風靡全國、最具影響力的佛教宗派，還有個更深刻的政治背景，就是此時中央朝廷的力量已急劇衰弱，源氏家族控制了實際政權，在遠離京都的鎌倉建立了第一個幕府政權。剛掌握政權的幕府執政者不僅要取得各種政治勢力和民眾的支持，還要贏得極具影響力的佛教勢力支撐，鎌倉幕府便有意地扶植親近自己的新宗教勢力。榮西的新興禪宗因此受到幕府的青睞，而他也想借助新崛起的幕府政權來擴展影響，於是，禪宗首先在遠離傳統佛教勢力中心的關東地區傳播開了。幕府請他擔任法會上的修法導師，還把源氏家族的一處宅地贈予榮西，他在此建造了壽福寺，以此為據點，將從中國傳來的禪宗傳授給幕府的要人和相應的武士階級。

榮西在關東站住腳之後，又向京都一帶出擊，在幕府的支持下，在京都東南部建造了一座建仁寺，因朝廷的干涉，這座寺院不是純粹的禪宗式伽藍[19]，除了禪門一宗外，還建置真言和天台兩院。因京都佛教界還是比叡山天台宗的天下，榮西不得不做出妥協。但正是從此開始，宋朝樣式的禪風寺院建築逐漸在日本出現，在傳播禪宗方面，榮西是第一大功臣。

榮西傳來的是禪宗的臨濟宗，而另一個極為重要的宗派曹洞宗則是道元傳來的。道元一二〇〇年出生於京都，雖然孩童時就先後失去了父母，卻受過良好的漢文教育，並對佛教產生濃厚的興趣，十三歲那年來到比叡山請求出家，第二年在戒壇院由座主公圓為他剃度削髮，正式受菩薩戒，成為僧人。道元是個善於動腦筋的人，在比叡山修學中，對佛書上的內容產生了一些疑問。當時在日本影響深遠的天台宗和真言宗都主張一切眾生皆有佛性，生來與佛無異，可是三世諸佛為什麼要再發心以求覺悟呢？他請教山內外的高僧，都無法獲得滿意的解答。於是十八歲那年投到榮西所開建的建仁寺，跟隨榮西的高足明全修習。

一二二三年，道元跟從明全到宋朝遊學。他們的登岸地點也是明州，上岸後來到天童寺，在太白山麓的晨鐘暮鼓中，跟隨臨濟宗揚岐派的無際修學了兩年，雖然學識大有長進，但道元仍覺得不滿足，於是獨自離開天童寺，去了阿育王寺、徑山寺和榮西曾待過的天台山萬年寺遊歷，遍訪天下高僧，擴展眼界。後來又回到天童寺，這時無際已經去世，曹洞宗洞山下第十三代如淨禪師主掌天童寺，道元立即拜在如淨的門下，期望獲得教誨。如淨對道元愛護有加，允許他不管晝夜皆可到方丈室問法。一次如淨的日常話語中，道元頓然醒悟「只管打坐，身心脫落」的禪法要旨，並獲得如淨的印可，以後道元便將此做為曹洞宗默照禪的要旨來加以傳播。

一二二七年秋天，道元在中國修行五年之後，向如淨辭行。如淨送給他芙蓉道楷禪師的法衣、曹洞宗開創者洞山良價的著作等，並贈送了自己的肖像畫，可做為傳法的憑據。

道元回到日本後，在建仁寺居住了三年，撰寫《普勸坐禪儀》一卷，論述從如淨處習得的默照禪要旨，奠定了日本曹洞宗禪法的理論基礎[20]。一二三六年，道元在京都創建了一座興聖寺，在此說法傳教十三年，名氣愈來愈大，來參禪的人日益增多，結果受到傳統佛教勢力的迫害，毀壞了興聖寺，幸好當時有個地方諸侯很敬重道元，將在越前國（今福井縣）境內的一處領地贈予道元，後來道元在那裡創建了一座永平寺，我曾專程去那裡踏訪，格局和建築一如宋朝時的禪寺樣式，成為日本曹洞宗的大本山，而浙江的天童寺則被日本人認為是日本曹洞宗的祖庭，每年都有許多信徒來參拜。

榮西和道元傳來的禪宗，對日後日本的文化產生了巨大的影響。

16 創建於鎌倉時代初期的一二〇二年，可說是京都最早、也是全日本最早的一座禪寺，而禪宗，尤其是臨濟宗，是榮西第一次完整地從南宋時代傳到日本。

17 比叡山是遣唐使時代在天台山國清寺留學回來的最澄創建天台宗的名山。

18 這是日本第一部介紹禪宗的著作。

19 梵語saṃghārāma音譯的簡稱，即寺院。

20 禪宗在唐代末年和五代時形成的五宗，到宋代中葉只有臨濟宗和曹洞宗還有相當影響力，其他宗派相繼消亡。曹洞宗的「默照禪」主張靜默坐禪，休歇身心，使煩惱欲念在身心平靜的狀態下自然消除，將人所具有的清淨本性自然顯現。道元師從的如淨就是默照禪的高僧，道元在日本所創立的道元禪——或說是日本的曹洞宗，便是以默照禪為根本依據。

第18講 擊退蒙元真的靠神風嗎？

二〇一八年，我去日本北九州市參加主題為「蒙古來襲與十三世紀蒙古帝國的全球化」國際會議，會後參觀了福岡市的「元寇史料館」，和面向博多灣一處石塊堆壘起來的牆垣，據說是當年為了阻擋蒙元軍登陸。那天來到海邊時，天空下著大雨，海面上風急浪高，還真有點當年蒙元軍襲來的感覺。

近代以前，日本沒有遭到任何外來武力的征服；但沒有被征服，並非沒有遭到入侵。事實上，一二七四年和一二八一年，蒙元軍曾聲勢浩蕩地組成龐大的水軍，兩次攻打日本九州北部。蒙元軍隊為什要遠涉重洋來攻打日本呢？自十三世紀以來，先後消滅了金國、西夏、大理、南宋，逼使高麗屈服並遠征南洋的蒙元大軍，一路摧枯拉朽、所向披靡，為何獨獨沒有打下日本呢？日本人說是神風保佑了這個神國，這是真的嗎？

一二六八年，忽必烈透過被征服的高麗王朝向日本派遣使者，並攜來一份用漢字漢文書寫的國書，署名是大蒙古國皇帝，書寫的對象是日本國王。這時鎌倉幕府早已建立，主掌實權的是北條家族，朝廷雖然還在，但已失去號令的權威。忽必烈大概是透過高麗，知曉了隔海有個名叫日本的國家，也知道以往日本與宋朝和半島的關係。這封國書後來被東大寺的宗性和尚抄錄下來，抄本現藏於東大寺內。忽必烈這封信寫得還算客氣，大意是希望日本像高麗一樣向蒙古（那時元朝還沒成立）稱臣，彼此就可保持友好關係（「通問結好」）。國書送到朝廷，朝廷反覆商議，拿不出主意，就把國書轉到實際掌權的鎌倉幕府，當時幕府的最高執政是北條時宗，只有十七歲，剛被推上這個位置，不知是年幼不諳政事，還是別人給他出的主意，就把這封國書擱在一邊了。忽必烈的使者在九州的太宰府等了五個月，依然沒有等到回覆，就黯然回去了。

忽必烈在中國大陸攻城克地，但一直惦記著日本，一連派了三次使者，傳達的都是一樣的意思，希望日本能夠識時務，成為大蒙古帝國的屬國。一路狂勝的蒙古大軍沒碰到強硬的對手，對島國日本也沒有領土野心，只要臣服就行了。那時日本很久沒有和外國打交道了，不太了解海外局勢，也不清楚蒙古帝國到底怎麼回事，對於忽必烈幾次派來的使者，只把他們晾在太宰府，既不允許覲見天皇，也不允許見幕府將軍，顯然惹怒了忽必烈。一二七一年，蒙古人已定都北京，建立大元，忽必烈決定懲罰日本。

一二七四年農曆十月三日，西曆十一月九日，由蒙古人、高麗人、被蒙古人打敗的金國女真人、漢人組成的大軍約二萬八千人，總指揮是蒙古大將忻都（忽必烈在高麗的代理人），分坐九百艘小船[21]，從高麗的合浦出發，浩浩蕩蕩向九州北部的博多（今福岡）進發。這支水軍在海上一路順風，十一月二十五日進入博多灣，進攻的第一個目標是太宰府（今太宰府市），距離福岡約半小時車程。一日早晨，蒙元軍隊發起全面進攻，在博多灣西部一線登陸。

日本方面呢？對蒙古人的進犯多少是有些準備的，但沒料想到真的打過來了。事實上，直到那時，日本歷史上未曾受到異國的進犯。於是緊急調集幕府在九州的直屬武士，總人數約五千人，部署在博多灣沿岸大約三十公里的陣線上。就軍力而言，蒙元軍隊處於絕對的優勢，蒙元軍隊的打法也讓日本人很不適應。日本傳統戰法是兩軍分別列陣，由各自一員大將單獨戰鬥，若己方大將獲勝，則軍隊跟著將軍向前衝鋒追擊。但蒙元的軍隊不玩這一套，他們是集體往前衝。更讓日本人不習慣的是，蒙元軍隊出陣時，奮力擊鼓鳴鑼，真可謂鑼鼓喧天，日本人所騎的馬被響徹雲霄的鑼鼓聲驚嚇到，亂了陣腳，趁此之際，蒙元軍迅速突破日軍的防線，大批水軍紛紛登陸。

在武器上，蒙元軍也處於領先地位，他們使用的雖是短弓，發射距離卻有二百二十公尺，而日軍弓箭的發射距離只有一百公尺，顯然處於劣勢。再說蒙元軍的箭頭往往塗有毒藥，即使沒有射中要害部位，也會致對方於死地。然而日軍還是奮力抵抗，英勇作戰，只是人數上無法與蒙元軍正面較量，只能且戰且退。蒙元軍登陸後，向前衝進了博多和箱崎，一路燒殺。日軍的主要陣地被攻破，向太宰府潰逃。

令人費解的是，蒙元軍沒有乘勝追擊，停留在沿海一帶，當夜就準備撤退。據《元史》和朝鮮史書《東國通鑑》記載，蒙元軍的計畫就是教訓日本，讓他們領教蒙元的厲害，然後撤兵。或許是他們歷經海上的長途跋涉，有些疲憊，無心戀戰。不料撤退當晚遭遇大風，只能乘坐三十人的小木船在大浪中紛紛傾覆，很多人因而葬身魚腹。有幾艘船漂流到志賀島，被趕來的日軍發現，二百二十名左右的蒙元軍官兵遭到日軍斬殺。

這場大戰到此偃旗息鼓。一二七六年，蒙古人攻破杭州，消滅南宋，建立龐大的蒙元帝國。忽必烈對日本似乎沒有太記恨，一二七八年就許可日本商船來做生意，並在一二七九年又派了一名使者到日本，重申原來的意思，不料鎌倉幕府不僅不給回音，還殘酷地把使者給斬了。見派去的人一去不復返，忽必烈不知怎麼回事，再派使者過去，又被日本人給斬了，總共派了八次，去了以後都杳無信訊。

這次忽必烈火了，一二八一年農曆五月，分頭從朝鮮半島和中國大陸派去兩支水軍——四萬東路軍和十萬江南水軍，總共十四萬大軍。當時，跨洋過海的十四萬軍隊，絕對是大軍了。按照忽必烈的意思，這次不是教訓，而是要踏平、長久地占領日本。可是如此龐大的水軍兵分兩路，當時完全沒有任何無線電聯絡設備，在協調和聯繫上肯定有很多紕漏，彼此會合的時間相差了一個多月。東路軍先去攻打博多，這次日軍已做好充分的準備，動員了九州北部所有的壯勞力，沿海灣壘起了一道高二公尺的長石牆，使朝鮮過來的東路軍無法上岸，經過七天戰鬥，依然無法登陸，只得撤離，轉而進攻今長崎縣平戶附近的鷹島，並與江南軍會合。

照理十幾萬大軍拿下鷹島是不在話下的，可是不知為何，苦苦鏖戰了一個多月，始終沒有攻破。或許是大陸士兵不習慣海戰，海上的漂泊和顛簸讓他們感到體力嚴重下降，或許無論是朝鮮人還是漢人，都在蒙古人的逼迫下來作戰，本來就沒有高昂的士氣，總之戰鬥陷入了膠著狀態，而蒙元軍大部分依然待在海上的船隻上。西曆八月十七日夜晚，超強颱風襲擊了九州西北部，四千餘艘蒙元軍木船在狂風巨浪中幾乎一夜之間傾覆或毀壞，由主將范文虎率領的江南水軍僅有一萬八千人躲過一劫，劈波斬浪勉強撤回到大陸，一部分士兵留在鷹島上，後來遭到日軍的掃蕩，戰死在異國他鄉。

後來，日本人據此編出了一個神話，說日本是個神國，若有外敵入侵，神風一定會保佑日本。蒙元軍的兩次進攻都被神風擊潰，其實一二七四年的戰役並沒有颱風，只有冬季的風雨而已。但這種神國神風思想，很長時期內成了日本人的精神支柱。因而二戰時美軍進攻日本，日軍就組織了一支神風特工隊頑強抵抗，但依然沒有挽回失敗的命運。應該說，當初蒙元軍遭遇的兩次大風，完全是個偶然。

---

21 九百艘木船都是命令高麗人製造的，船夫、艄公大多數是高麗人。

第19講 「一天二帝南北京」：日本也有南北朝

十四世紀的日本出了一本有名的軍事小說《太平記》[22]，作者無法完全確定，應是同時代的小島法師或玄惠和尚。江戶時代，人們根據這個本子來講故事[23]，《太平記》在日本的地位幾乎等同於《三國演義》，可謂家喻戶曉。

《太平記》說的是什麼事呢？就是以後醍醐天皇為中心的十四世紀日本的一段南北朝歷史，雲遮霧罩，翻雲覆雨，天玄地黃，甚是熱鬧。這期間，掌權的鎌倉幕府在一波三折之後倒臺了，實權旁落的天皇終於重新撐起朝廷的天地，可是不久又被足利尊氏趕下臺，狼狽逃到吉野的鄉下重立朝廷，在相距一百公里的地方，竟然出現了兩個天皇，南北對峙，就是所謂日本的南北朝時代。論規模，論年數，和中國南北朝時代相比，實在是小巫見大巫。不過，這段歷史在整個日本文明史上，實是一段有聲有色、令人津津樂道的歲月，如同東漢瓦解後的三國時代，充滿了強烈的戲劇性。

人們的印象中，日本天皇大多是缺乏雄才大略或雄心壯志的窩囊人物，當年建立大和朝廷，後來的天皇一代一代地沿承下來，難以見到諸如中國歷史上秦皇漢武、唐宗宋祖的偉大人物。其實，日本歷史上也出過幾位很有抱負、很想有作為的天皇，後醍醐天皇就是這樣一個人物。

鎌倉時代的朝廷，天皇雖已失去實權，但宮廷的爭權奪利並沒有因此減弱，皇室內形成「持明院統」和「大覺寺統」兩大派系。後醍醐天皇的尊治並不是太子，是後宇多天皇的第二個王子，因緣際會即位做了天皇，在派系上屬於「大覺寺統」。

從平安時代後期開始，日本宮廷內形成一種很莫名的風氣，繼位的天皇做了沒幾年，就把皇位讓給他的兒子，可又不肯放權，坐在後院實際掌控皇權，前院的天皇幾乎是個傀儡，這樣的情形延續了兩、三百年，在日本政治史上稱為「院政」，相當於中國的垂簾聽政。

後醍醐天皇即位時已經三十一歲了，他的父親還要操控，讓他覺得很不爽。而實際主政的鎌倉幕府不喜歡「大覺寺統」的人，也不看好他。後醍醐天皇就謀劃推翻幕府，有朝一日恢復天皇的實際統治。

一三二一年，他的父親停止了「院政」，他終於獲得朝廷實權，力圖恢復天皇親政，這時他又覺得一言一行處處受到幕府的掣肘，意識到如果幕府存在，就無法真正施展宏圖大略。於是與兒子和幾個親信商議，準備抬出象徵皇權的三種神器，即八尺鏡、天叢雲劍和八尺瓊勾玉做為神力，糾集武裝力量，推翻鎌倉幕府。那時，鎌倉幕府為了監視和干涉朝廷事務，在京都設立了「六波羅探題」機構。後醍醐天皇的計畫被「六波羅探題」的人知曉了，幕府就推舉「持明院統」的親王來當下一任天皇，試圖剝奪後醍醐天皇的皇位。一三三一年，「六波羅探題」的武裝人員衝進朝廷，準備對後醍醐天皇採取行動，天皇匆忙中帶著三種神器倉皇出逃，來到京都南郊的笠置山，糾集力量準備舉兵攻打幕府，結果敗給幕府的軍隊。而率領這支軍隊的首領就是創建室町幕府的足利尊氏，當時是鎌倉幕府北條執權下的將軍。

想想天皇真是慘，堂堂一國元首竟然成了階下囚。一三三二年，後醍醐天皇被徹底廢黜，流放到遙遠的隱岐島上。而他的兒子護良親王和武人楠木正成則潛伏糾集武力進攻幕府，後醍醐天皇趁機逃離隱岐島，發布詔書號召全國民眾推翻幕府。幕府再次派遣足利尊氏率軍鎮壓，不料足利中途變卦，反戈一擊，背叛幕府而倒向天皇，把持日本實際統治權一百五十年的鎌倉幕府在一三三三年轟然倒臺，北條家族大大小小八百餘人全部集體自殺了。倒幕勢力擁戴後醍醐天皇重新回到京都，把親幕府的「持明院統」皇族勢力逐出宮廷。

後醍醐天皇覺得好不得意、快活，被幕府壓制的朝廷終於在自己的手裡恢復了統治，而宮廷的對立勢力也被踩在腳下。他把年號改為「建武」，重振旗鼓，壯大朝廷，匯聚全國財政，大興土木，建造宮殿，重振天皇號令天下的權威。歷史上，把他的舉動稱為「建武中興」。可是好景不長，一來大興土木，勞民傷財，使得本來已十分疲敝的財政更加困窘；二來，當年推翻鎌倉幕府，大半是靠倒戈的武士，一旦皇權重新建立，這些出了力氣的武士卻沒有獲得應有的論功行賞，對天皇的不滿就日益膨脹。最要命的是後醍醐天皇得罪了大功臣足利尊氏，他覺得沒有受到天皇的厚遇，心裡憋著一肚子不快，於是一三三六年與他人聯手，打倒後醍醐天皇。

後醍醐天皇沒想到又遭此重大打擊，匆忙間再次出逃，先去了京都東北部比叡山，後來接受足利提出的媾和條件，交出象徵皇權的三種神器。足利得到神器後，就把後醍醐天皇撇在一邊，擁戴新的光明天皇，並在京都稍北的室町創立了室町幕府，實際掌控了全國統治權。後醍醐天皇被排除在權力中心之外，不肯甘休，向南逃到今奈良縣南部的吉野，那裡山高林密，地勢險要，不易攻取。後醍醐天皇把名為實誠寺的寺院改造成皇宮，另立朝廷，與北部京都的朝廷分庭抗禮，形成了一片天空下兩個朝廷，兩個天皇都自認為正統，從而開啟了日本歷史上的南北朝時代。

其實，兩個朝廷、兩位天皇都一樣沒有實權，權力掌握在足利尊氏的室町幕府手裡，一心想恢復天皇親政的後醍醐天皇，折騰了近二十年，還是竹籃打水一場空，只能在偏僻的吉野苟延殘喘，既缺乏得力的左臂右膀，又沒有實際的強大兵力，三年後一三三九年，孤家寡人的他帶著遺憾和痛苦過世了。他的後人雖試圖重新奪回權力，無奈回天乏力，最後都遭到失敗。一三九二年，南朝終於難以為繼，不得不向北朝低頭，於是，一場有點像鬧劇的南北對峙局面終於畫上了句號，日本從此正式進入室町幕府時代。

時隔五百多年後的明治四十四年（一九一一年），明治天皇當政末年，突然為後醍醐天皇平反，認為南朝才是正統，皇家的系譜，北朝不算在內，後醍醐天皇一脈才是皇室的真正傳人。於是吉野當年留下的一些古跡，又受到人們的尊崇，成了遊客觀光的地點。

22 與其說是小說，似乎更像一種報告文學式歷史記錄。

23 日語稱為「講談」，有點像中國北方的說書或南方的評話。

第20講　明朝冊封的「日本國王」

日本在西元五七年開始受到中原王朝冊封[24]，斷斷續續維持到六世紀初。六〇七年，聖德太子派遣使者到隋朝時，遣隋使所持國書上卻稱「日出處天子致書日沒處天子」，表示彼此處於平等地位，不再是從屬關係，當然引起隋煬帝的不快。後來的遣唐使為了避免稱謂上的糾紛，就不再攜帶國書，雖然中原王朝仍把日本看作臣屬國，日本卻自認已脫離朝貢冊封體系，與中原王朝是平等來往，但卻從來不敢對中原王朝稱自己的君主叫天皇，而中國認定日本的君主只是國王而已。

從九世紀中葉開始，日本實質上沒有再派過遣唐使，兩國的官方往來處於停滯狀態，十三世紀下半葉，蒙元兩次攻打日本，彼此關係交惡。可是室町幕府時出了一個認可明朝冊封的「日本國王」，並以朝貢名義與明朝展開轟轟烈烈的「勘合貿易」，這是不是意味著日本重新回到冊封體系呢？

一三六八年，朱元璋推翻蒙元的統治，建立大明王朝。為了向海內外宣示新王朝成立，朱元璋當年就向日本、高麗、安南、占城（今越南中南部）派出使者，除了日本，其他三國都在第二年派遣使者來朝賀。日本為什麼沒有反應呢？那時它們正處於南北朝時期，明朝的國書送到九州北部太宰府，太宰府的當政者是後醍醐天皇的兒子懷良親王，但南朝正與北朝爭鬥，自顧不暇，沒理會明朝國書。朱元璋見日本沒反應，第二年派遣使者前往以嚴厲的語氣昭告，不料懷良親王把正使扣留了三個月，還把隨從人員殺了。直到明朝第三次派來使者，太宰府才認識到與明朝交往的重要性，派了以僧人為首的九個人到南京朝賀進貢。

朱元璋雖然感到滿足，但從使者那裡了解懷良親王並不是日本國王，不免有些失望。於是第五次派遣以僧人祖闡為首的使者團去日本，經過一番艱難曲折，終於聯繫到實際主政的室町幕府第三代將軍足利義滿，從九州前往幕府的所在地京都，待了幾個月後在第二年輾轉從北九州回到南京，同船的還有南北朝兩邊的使者，朱元璋接受北朝的貢品而拒絕南朝的進貢。

這一時期，日本南北朝之間的紛爭尚未落幕，九州豪族紛紛趁機與明朝建立關係，偽造日本國書示好，希望在貿易中獲取巨額利益。朱元璋被弄得一頭霧水，下令要真正的日本國王來聯繫，並共同整治沿海的倭亂，一三八一年發布禁海令，禁止民間與海外私通貿易。

一三九二年，足利義滿以武力迫使南朝的後龜山天皇交出象徵皇權的三種神器，南北統一，他成了整個實際統治者。足利義滿是室町幕府第二代將軍側室所生的兒子，九歲時，父親去世，幼年的他繼任將軍位置，一開始有人輔佐，二十一歲時，自覺已長大成人，親自主持政權，平定了幾次地方武裝叛亂後，逐漸建立權威，顯示出不同凡響的統治才能，並穩固了幕府的統治基礎。他是個有政治野心的人，年少時熟讀《孟子》，服膺孟子的民本思想，認為真正有才能的人可以取代天皇，建立新的朝廷。

消滅南朝以後，他的威望可說是如日中天，獲得極高的待遇，得到相當於宰相的太政大臣最高官職，他真有點平步青雲的感覺了。躊躇自得的他卻在這時把將軍位置讓給他的兒子，學宮廷裡的太上皇，在後院垂簾聽政。過了一陣子，又出家做了和尚，取名叫道義，卻不肯好好做和尚，仍然控制著幕府政權。這時足利義滿了解到，與明朝進行朝貢貿易，可以從中賺取很大的利益，如果官方之間不展開貿易，民間的走私貿易就會盛行，海上打家劫財的倭亂就會猖獗起來。

一四〇一年，他派了九州商人和一個親信和尚帶了日本國書和豐厚的貢品前往明朝首都南京，表示願意與明朝展開朝貢貿易。這時朱元璋已去世，繼位的明惠帝對海外貿易不怎麼感興趣，只是給了日本二十匹錦綺。第二年，送日本使者回去時，明惠帝派兩個僧人攜帶國書一同去日本。坐穩江山的足利義滿這時考慮的是財政問題，如何使幕府的金庫有充足的盈餘，他已了解透過與明朝的貿易可賺取大量的利益，因此，對於明使的來到，表現出高度重視的態度。

明使一行一四〇二年七月在博多登陸，一路東行，八月到達京都，住在法住寺。九月五日，足利義滿在新建的北山新邸（今金閣寺）所在地，隆重歡迎明使一行。對兩位使者帶來的明惠帝詔書，表現出極大的恭敬，梵香叩拜，表示臣屬的姿態，然後跪坐啟封拜讀。明使第二年三月啟程回國時，又派了天龍寺高僧做為日本使者隨船通行。此時他已知曉燕王朱棣有可能取代明惠帝，於是寫了兩封國書讓使者帶去，一封給明惠帝，一封給可能掌權的朱棣，強烈表示日本希望與明朝開展朝貢貿易的意願，落款都是日本國王臣源[25]。或許足利義滿並不願向明朝稱臣，也不願讓日本重新納入以中原王朝為主導的朝貢冊封體系，但是武家出身的他，卻是個清醒的現實主義者，不惜以一時的稱臣來獲得明王朝的歡心，以此換得日本與明朝官方貿易的展開，從中獲得巨大的利益。

果然，乘坐著中、日使者的木船在一四〇三年九月到達寧波時，朱棣已在南京成了永樂大帝，當他看到日本使者呈遞的祝賀即位國書時，大為喜悅，立即答應了日本提出簽訂《貿易條規》的要求。但朱棣是很有頭腦的帝王，很清楚朝貢貿易中，獲益的都是來朝貢一方，因為按照歷代王朝的慣例，還禮總是比貢品多好幾倍，以顯示泱泱大國的氣派。因此條規上明確規定：「詔日本十年一貢，人止二百，船止二艘，不得攜軍器。」

為了防止日本民間有仿冒的官方商船過來，實行嚴格的勘合貿易制度，製作以日和本字命名的勘合各一百道，日字的留在中國，本字的交給日方，船隻到了中國後，兩道勘合符號要對得起來才是經過官方批准的。日本一一予以答應。一四〇四年四月，日本使者回國，明朝使者一同前往日本，帶去給予日本的大量回贈品和給足利義滿個人的禮品，分乘五艘大船，浩浩蕩蕩抵達兵庫港（今神戶）。朱棣的國書稱足利義滿為「日本國王」，並按慣例，賜給他一顆「日本國王」金印。

為了獲得實際利益，足利義滿一時間又向中國稱臣，暫時回到東亞朝貢體系。日本貢獻或說出口給中國的物品主要有銅、刀劍、漆器、硫磺、金等，中國回贈或出口到日本的物品主要有洪武通寶、永樂通寶等銅錢、生絲、棉、陶瓷器、紡織品、書籍、香料等。名義上是朝貢貿易，因此沒有任何關稅，且日本人在中國的一切費用都由中國承擔，所以日本每次貿易所獲得實際利益，都在貢品的五、六倍以上。

不料，一四〇八年足利義滿過世後，繼任的第四代將軍不願意繼續向明稱臣，就中斷了此貿易管道。到了第五代將軍時又在一四二九年重新啟動這一貿易，斷斷續續持續到一五四七年，期間日本總共派了十八次，五十艘船。後來國際及國內形勢發生變化，官方貿易就停止了，與此同時，倭寇在海上的活動卻猖獗起來了。

總之，足利義滿執政時代，日本曾有一個時期明確地向中國稱臣，回歸到傳統的東亞朝貢體系。後來又不了了之。此後，日本就再也沒向中國稱臣，繼續游離於朝貢體系之外。

24 冊封原意是拿著冊子分封爵位，在古代中國主要是指天子對臣下和諸侯分封爵位和土地等，做為制度，始於漢代。後來擴展到對臣服於中原王朝的周邊小國的冊封，每當這些小國的君主有變動時，新的君主必須向中原王朝稟報並得到冊封正式批准和認可，新的君主才具有法理的正統性，冊封往往與朝貢連在一起。

25 臣是表示臣服明朝的意思。

第21講　「北山文化」和「東山文化」：日本文化的成型

說起「北山文化」和「東山文化」，很多人都感到陌生，若去過京都的人，說起金閣寺和銀閣寺[26]，一定就很熟悉。就建築或有形文化遺產來說，金閣寺和銀閣寺分別是北山文化和東山文化的代表，兩者在一九九四年都被列入世界文化遺產。縱然不太懂北山文化和東山文化內涵的人，從金光燦燦的金閣寺和狀若茅屋的銀閣寺外觀，多少能感受到兩者的些許差異。

簡單來說，由室町幕府早期的第三代將軍足利義滿和中期的第八代將軍足利義政所奠定的北山文化和東山文化，真正形成今日所熟悉的日本文化所有的內涵，它是在長期積澱、包含自中國傳來的大陸文化和列島本土文化的基礎上結出的豐碩果實，而在兩百年以後的江戶時代，達到空前的高潮，呈現絢爛多姿的日本文化全景圖。

前面曾提到，十～十二世紀的平安時代，日本文化經歷從唐風到國風的演變時期，然而所說的內容幾乎都局限在文學的範疇[27]，但文化不僅是文學，人類用各種形式創造的精神活動，諸如戲劇、建築、庭園、繪畫、雕塑、音樂等，都包含在裡面。無論是北山文化還是東山文化，都不僅是文學，而是這些精神活動的綜合體，這些綜合體後來又經過一段歲月的沉澱和發酵，在江戶時代達到絢爛的樣態，深深影響或規定著日本文化的基本內容。

切入北山文化和東山文化主題之前，想稍微說說我對日本文化基本內涵的認識。我認為後人理解的日本文化，大致由三大部分組成。

第一是公家文化。公家主要指的是平安時代的王公貴族，他們大多具有遣唐使帶來的大陸文化素養，精通漢詩漢文。他們優遊歲月，沉醉在吟詩作歌、笙歌宴飲中，或禮儀作法的講究中，對於四季的景物變化具有纖細的感受力和敏感的體悟力，逐漸養成對美好事物的品鑑和審美能力。但他們對於外界世事紛擾、民間疾苦知之甚少，也很少做健全的運動，造成羸弱的身體甚至病態的心理，一般都不具有開闊的心胸和豪邁的氣概，在優雅的同時，柔弱也是其重要的一面。結果朝廷最後喪失實權，成了被擱置在一旁的傀儡。這一種文化被稱為公家文化。

第二是武家文化。十一世紀左右逐漸在莊園制基礎上形成武士階級，又以若干豪族為核心，形成若干武士集團，依靠自己的武力掌握實權，建立以幕府為形式的政權。武家文化的特點就是勇猛、果敢、忠誠、樸素，具有責任心，重視名譽，因此也有凶狠、頑強、粗獷、講究實際利益的一面。後來的武士道，以及對外侵略戰爭中軍人表現出凶猛堅韌的行為，都可追溯到武家文化。鎌倉時代是日本武家文化發達的時期。

第三是禪宗文化。禪宗是鎌倉時代（即南宋時期）由僧人榮西和道元帶過去的，在鎌倉時代中後期開始在地方和中層社會廣泛傳播，後來在京都等文化中心站住了腳，因而影響力遍及社會各階層、中央和地方，融入到日常生活中，在一定程度上左右了日本人的生活態度和審美意識，以至於後來成為日本文化十分重要的元素，超過中國本土。

這三者在室町幕府時代達到高度融合，因執政者本身是武士階級，武家文化是其基本屬性，而室町幕府地處京都，而京都是朝廷和王公貴族的地盤，是公家文化最繁盛的現場，恰好此時，禪宗的臨濟宗和曹洞宗的影響力達到高潮，在這三種元素的滋養下，誕生了北山文化和東山文化。簡單來說，十五世紀初成立的北山文化，在日本歷史上第一次完成公家文化和武家文化的完整融合，同時參入諸多禪宗元素；而十五世紀中期完成的東山文化，武家文化的色彩已經較弱，更多的是公家文化和禪宗文化，禪宗文化甚至占據主導地位。

一三九二年，南北朝時代結束後，足利義滿徹底坐穩江山，室町幕府政權已完全鞏固，於是他將位於北山的一處貴族別莊進行大規模的擴建，於一三九七年完成北山殿，將住所和政權中心從位於京都中心的花之御所遷移到北山殿，這是一個占地宏大、擁有舍利殿[28]、天鏡閣、護摩堂多處建築和廣大庭園的所在。在建築和造園上，受到十四世紀中期的禪僧夢窗疏石的絕大影響。但是從現存金閣寺金光燦燦的外觀上，依然可看到武家文化在審美上喜好靚麗耀眼的一面。

北山時代形成或成熟的其他藝術樣式，還有能樂、日本風格水墨畫、五山文學等。能樂又可分為能和狂言兩大類，是一種戲劇表演形式，由足利義滿所寵幸的世阿彌和觀阿彌父子將民間低俗的猿樂改造而成，既保留了詼諧、幽默的成分，又加入宮廷舞蹈和民間歌謠吟唱的元素，從而形成可在舞臺上表演的戲劇形式能，和幕間插入表演的狂言。這兩種表演形式在江戶時代走向了進一步的成熟。

至於水墨畫，故鄉自然是在中國，宋代開始傳入日本，元四家的影響更為廣泛，一開始日本人只是欣賞和模仿，後來慢慢形成日本特色的水墨畫，其畫作不僅是畫在紙上，更多是畫在具有裝飾意義的屏風上，十五世紀初期名叫如拙的畫家，可謂是日本水墨畫的開拓者，他畫在座頭屏風上的《瓢鯰圖》，現在是日本國寶。關於建築、造園和五山文學部分，後面再專文講述。

足利義滿過世後，繼任者對北山文化依然有所繼承和發揚，但發生一定的演變和衰敗。到了第八代將軍足利義政即位後，又滋生出另一種文化，即東山文化。一四八三年，喜好藝術又痴迷於禪宗的足利義政在東山山麓[29]建造了別莊東山殿，他過世後按照其遺囑改建為寺院，稱為慈照寺，如今留下的建築只剩銀閣和東求堂，俗稱為銀閣寺。

相比北山文化，東山文化最大的特點是弱化了武家色彩，融入更多禪宗文化，無論是建築、庭園還是藝術品，都一掃北山的華麗和燦爛，呈現出簡素、枯淡、寂遠的面目。

簡單來說，東山文化在建築上誕生了後來日本民居最主要的樣式「書院造」，銀閣旁邊的東求堂是它最早的體現；造園上出現了最具日本特色的枯山水；繪畫上形成了大和繪領域最具影響力的兩個流派：土佐派和狩野派，前者沿承平安時代以來的宮廷風格，優美典雅，後者則較多地顯示了武家文化，色彩較為濃豔而富有裝飾效果。做為大和繪，這些畫作主要以日本風景、四季變化甚至每個月景色變異為題材，其形式體現為屏風畫，一年十二個月的風景變化就用十二面屏風來一一展現，已經顯出與中國畫較大不同。在茶道領域，宣導茶禪一味的村田珠光已初步開創侘茶，為以後茶道的完成奠定基礎。在花道領域，池坊專慶創建富有禪意的池坊流花道，至今仍是全日本影響力最大的花道流派。

可以說，絕大部分體現日本傳統的文化樣式，在北山文化和東山文化中已釀成了成熟的形態。更重要的是，十五世紀後期日本又出現政治動盪和戰亂，很多上層人士和大批受庇護的藝術家，紛紛離開動亂中心的京都而流向地方，帶動這些文化向地方的傳播，並滲透到民眾層面，上下互動，進一步塑造了日本人的精神世界。

因此可說，在北山文化和東山文化中，我們所知曉的日本傳統文化才真正定了型。

26 到日本觀光的人，若有一天時間，必定會去看金閣寺；若有一天半或兩天時間，必定會去看銀閣寺。

27 即從中國傳來的漢詩漢文，慢慢演進到用假名和漢字共同書寫的和歌、隨筆和物語，日本人在表達思想和情感時，已不必再受漢字漢文的桎梏了，可以用假名自由地書寫用日語發音的詞語，或重新組合創造出各種新語彙，創製各種新文學樣式。

28 今天所見到的金閣寺就是當年舍利殿的遺風。

29 京都的東面是一長溜逶迤綿延的山巒，稱為東山。

第22講 織田信長：只差一步完成統一

西元前五世紀初到前二二一年，秦實現大一統之前，中國曾有近兩百年的戰國時代，可謂群雄逐鹿，戰亂迭起。日本差不多在一千七百多年之後，也出現長達百餘年的戰國時代[30]，以現在的名古屋地區為中心，各路豪傑梟雄紛紛揭竿而起，互相征戰，爭權奪利，談不上正義與非正義，勝者為王，敗者為寇，實際上是爭強好勝的動物性在人類身上的體現。但是國家如果長期陷於戰亂，結果是生靈塗炭。這時如果有個相對賢明的英雄人物能夠平定天下，使國家重新恢復和平安寧，就是人民的福音了。織田信長就是具有領袖風采的梟雄，可惜，發生了「本能寺之變」，戰亂依然未能打上休止符。

日本的戰國時代怎麼開啟的呢？織田信長是個怎樣的人物呢？所謂「本能寺之變」又是怎麼一回事呢？

前文說到開創東山文化的第八代將軍足利義政，他有點像南唐李後主或北宋宋徽宗，本人雅好文藝，富有較高的藝術鑑賞力，卻是個不善治國理政的君主，在他手裡，文化十分興盛，武備卻日漸鬆弛。足利義政婚後有十年一直沒有子嗣，就決定把將軍位置讓給弟弟義視。結果義視做將軍的第二年，他的兒子義尚出生了，足利義政就改變主意，決定由兒子來繼任將軍，這下義視和擁戴義視的一群人不開心了，而另一群人則認為足利義政有了兒子，兒子繼承父親的位置是天經地義的，於是幕府裡就分成兩派，支持足利義政和他兒子義尚的稱為東軍，支持義視的一方稱為西軍。兩軍為了繼承人問題在一四六七年打了起來，還夾雜派系紛爭，這場曠日持久的戰亂中，京都這座古都的大部分建築不幸毀於戰火，戰亂持續整整十年，兩派首領先後去世，足利義政在戰亂中的一四七三年把將軍一職讓給義尚，自己隱居到東山山莊裡，不料義尚是個短命鬼，二十四歲就死了，足利義政不得不重新復出，第二年他也死了，從此，幕府雖然名義上還存在，而實際權力和權威都已墜落了，而各路大名則紛紛割據一方，彼此爭鬥，擴張權勢。

此起彼伏的戰亂中，有個人物逐漸嶄露頭角，就是織田信長。一五四三年出生在今名古屋的他孤獨而頑劣，有點像法國的拿破崙，他的童年和少年時代並未得到周邊人的疼愛。織田信長十七歲時父親過世，他繼承父親的地位，但家族內部為了爭權奪利而紛爭不斷，受到母親偏愛的弟弟織田信行不肯接受兄長的地位，伺機培植勢力，試圖挑戰兄長的權威。一五五六年四月，織田信長強有力的支持者、他的岳父受到親生兒子的攻擊而不幸亡故，織田信行借此機會舉兵，對兄長發動進攻，在稻生地方發生了一場戰鬥。當時信長手下的兵力不足七百人，而信行一邊則有一千七百人。然而信長臨危不懼，深入敵陣，大聲呵斥弟弟的謀反行為，最後戰勝對方。照理，失敗的信行應以自殺謝罪，但在母親的從中斡旋下，免於一死，但他仍然不甘休，第二年試圖再度謀反，事先獲得情報的信長，佯裝生病，對藉口來看望實際上要致他於死地的弟弟，發起先行攻擊，並殺他。情節有點類似唐朝開國初期的玄武門之變。近代民主國家體制建立之前，最高權力層這樣的活劇，全世界都會上演。

青年的織田信長在一系列事變中顯出了才能，統一自己的管轄地尾張國，又在一五六〇年五月，一個風高月黑、風雨大作的夜晚，在地勢低窪的桶狹間地方，以三千精兵突襲兵力多十倍的今川義元老巢，並斬取他的首級，掃除在東海道地區的最大障礙。這場桶狹間的偷襲戰，使他一舉聲名大作，遠近的武將紛紛投奔到他的麾下，他的力量由此獲得壯大。

織田信長為什麼能在群雄中脫穎而出、獨占鰲頭呢？經過歷史學家的研究，有幾點主要原因。

第一，善於審視和處理上下左右的關係。後來成了室町幕府第十五代將軍的足利義昭試圖重新進入京都，恢復室町幕府，信長就主動輔佐他，幫他排除障礙，進軍京都，振興幕府政權，也借此抬高自己的地位。後來雙方發生爭執，互相討伐，最後信長消滅了室町幕府。另一方面，他的出身並不高貴，對於下層武士甚至平民都能以禮相待。根據《信長公記》的記載，一次前往京都的途中，他見到一個殘障者，心生憐憫，給了他不少布匹，委託附近的村民說，希望能把這些布匹換些錢，幫他建造一所小房子，以使日常免於饑寒。在場的村民和他的部下看了很感動，提升了人們忠誠和擁戴的程度。信長或許是出於真心，或許是出於心機，總之，獲得了一定的成功。

第二，對軍事組織進行大改革。當時各地的大名為了守護或擴張自己的利益，都建設武裝力量，但限於財力，平時務農，一旦戰事發生，再臨時組成軍隊，但準備時間匆忙，日常訓練不足，作戰力自然受影響。而信長則是專門養了一支軍隊，實施「兵農分離」，其主要職責就是打仗，平時進行一定的軍事訓練，一旦有事，馬上就能戰鬥，且戰鬥力頑強。當然，前提是必須獲得大量的財稅來供養這樣一支軍隊，而信長透過稅收改革斂聚了不少錢財。

第三，對道路的修建和武器的改良。他為了迅速調集糧草和運輸兵力，從一五七四年開始進行大規模的道路擴建和整修，在河流上架設橋梁，這是一把雙刃劍，敵人占據後也可為其所用，但信長一直控制著這些道路和橋梁，往往能出其不意地戰勝對方。在兵器上，除了冷兵器多採用作戰半徑加大的長槍外，還使用西方傳來的火槍和大炮這些熱兵器，在兵力和殺傷力上明顯占據上風。

一五八二年三月，織田信長乘勢消滅了今山梨縣一帶的武田勝賴，幾乎要平定關西和關東這兩個最重要的地區，實現全國統一。可是同年六月二日爆發了使局勢產生劇變的「本能寺之變」，這一天，織田信長在京都的本能寺遭到他的部將明智光秀的襲擊。本能寺與其說是寺院，不如說是信長在京都落腳的據點，改建後設置了壕溝、牆垣和馬廄等，可以駐紮一定的兵力，具有一定的防守能力。明智光秀是何許人？為什麼要進攻信長呢？光秀是戰國時代的驍將，轉戰南北，後來歸依信長，成為其重要的左膀右臂。

光秀反叛信長有幾個說法。第一，與當時的地方大名較依賴親信的武將不同，信長性格有點剛愎自用，做重大決定時，都不常與身邊的家臣商量，獨斷專行，拉遠了他與家臣的距離。第二，當時各地的大名為了依靠和籠絡家臣，往往把自己的土地或掠取的土地分發給家臣，以換得他們的忠誠。信長雖然也把土地分給他們，但並不讓家臣當土地的主人，只是委託他們管理，還經常把他們從A土地調到B土地去，使家臣們缺乏歸屬感，不能獲得更多好處，由此造成家臣與信長之間的離心離德。對此感到強烈不滿的光秀，不惜鋌而走險，試圖殺死信長取而代之。據說光秀的兵力有一萬三千人，而事發當天晚上，信長的護衛兵只有一百人，自然是寡不敵眾，肩部被光秀火槍隊擊中，慌忙之間逃到屋內，自知這次無法逃脫厄運，於是點火燒了房屋，以此結束了自己的生命。光秀試圖取代信長的位置稱霸，但遭到豐臣秀吉等人的討伐，十一天以後，受到山裡村民的襲擊，自殺身亡。

本來，戰國時代或許可以在織田信長的手上打上休止符，但歷史就是這麼詭譎，「本能寺之變」的發生，使得信長在統一的道路上功虧一簣，戰國史因此還要續寫下去。

30 有關風雲跌宕、刀光劍影的戰國故事，有好幾家遊戲公司製作了各式各樣眼花繚亂的戰國遊戲，不僅吸引大批的男生，甚至有些女生也沉迷其中，彷彿就是中國的一部《三國演義》，舞臺上的主要人物，大家都已耳熟能詳了。當然，遊戲或者演義畢竟不是正史，它能激起我們對某一段歷史的興趣，卻不能代替歷史事實本身。

第23講 豐臣秀吉為什麼要進犯朝鮮？

豐臣秀吉時代的日本曾兩次侵略朝鮮，這段歷史知曉的人不少，卻有一個至今讓人雲裡霧裡的問題：豐臣秀吉為什麼一定要進犯朝鮮？豐臣秀吉在一五九〇～一五九一年平定天下，或者說在日本剛剛站穩腳跟，為何要在一五九二年迫不及待地發動一場空前的海外戰爭進攻朝鮮，並以此占領龐大的中國明朝？而他的舉動背後所冒的風險是非常巨大的。豐臣秀吉真正的動機到底是什麼？

我們試圖來揭開這一謎團。

從豐臣秀吉的經歷說起。一五三六年出生於尾張（今愛知縣）的他，原來家庭的階級是很低微的，他的父親只是織田家做雜役的人，發生戰事時去充當步兵。他原本也是這樣的小人物，後來侍從織田信長，逐漸嶄露頭角，一五七三年，當上近江長濱城的城主，不久成了信長手下一員驍勇善戰的大將。一五八二年，信長在京都本能寺受到部將明智光秀的襲擊時，他正對占據日本的中國地區（今廣島山口一帶）的毛利家族發動征戰，獲悉主君受襲的消息後，立即停止與毛利家族的戰鬥，雙方暫時達成和解，帶領軍隊星夜策馬奔向京都，討伐反叛的明智光秀，後來在山民的協助下，取得光秀的首級，擊潰叛軍，重新穩定織田信長的天下。後來在信長接班人的問題上，與同一陣營內資格最老的柴田勝家發生衝突，柴田勝家一五八三年四月在近江（今滋賀縣）一帶對豐臣秀吉展開進攻，雙方發生激戰，不意豐臣秀吉在遭到進攻的情況下絕地反擊，打敗柴田的軍隊，一舉掃除陣營內最強大的對手，理所當然地成了織田信長的繼承人，並迫使在關東地區養精蓄銳的德川家康加入麾下，東征西戰，一五九〇年平定各地的大名，統一全日本。

一五八五年，豐臣秀吉就獲得關白的稱號，第二年被天皇賜姓豐臣，當上相當於宰相的太政大臣，為了徵收地租稅賦，下令展開全國範圍的土地丈量工作，力圖打破歷來的莊園制下各種特權，增加當局的財稅來源。同時，為了防止天下重新出現動亂，發布了武器收繳令，除了武士之外，民間的各種弓箭刀槍悉數收繳。對於統治者來說，這些都是明智的舉動，目的是建立自己的天下。

按照一般理解，這時豐臣秀吉的當務之急應該是如何確立和穩固政權，建立自己的權威。他卻動員歸依不久的各地大名組織了二十萬左右的大軍，浩浩蕩蕩向大海對面的朝鮮半島進發，而且目的地是中國大陸。對此，日本試圖做出各種解釋，相關研究的書刊近年來不斷問世。

有一種解釋，我覺得奇葩，但在最近日本輿論界（不是學術界），卻有些甚囂塵上。此說法認為豐臣秀吉發動海外戰爭的主要目的是為了阻止西班牙對日本的侵略。大航海時代以後，西班牙透過海路迅速將勢力擴展到東方，已經到達菲律賓呂宋島，建設向外拓展的大本營馬尼拉，接下來的目標就是占領日本和明朝中國。其證據是，十六世紀以來，西班牙等國頻頻透過耶穌會向日本派遣傳教士，除了傳播基督教之外，還處處搜集各種情報，為西班牙的入侵做準備。豐臣秀吉已洞察到新的國際局勢，為了震懾西班牙，便主動出擊朝鮮半島並占領中國，顯示出軍事大國的實力，以此來遏阻西班牙的輕舉妄動。即是說日本的侵略最初目的是為了自衛，但這一說法缺乏強有力的證據。

主張此說法的人舉出的理由是，一艘從馬尼拉出發駛往墨西哥的「聖菲力浦」號商船因遭遇暴風而漂流到日本土佐的浦和，被日方強行沒收了船上所有的貨物，氣怒之下，有人叫嚷說，我們西班牙總有一天會派大軍來征服你們。當地的葡萄牙人又挑撥說，馬尼拉方面派傳教士過來和日後西班牙進攻日本有關，於是豐臣秀吉下令處死了二十六名傳教士和日本信徒。但是，這件事情發生在日本進攻朝鮮四年之後的一五九六年。事實上，豐臣秀吉在一五九一年五月就派了長崎商人原田喜衛門代表前往馬尼拉，強行要求西班牙當局向日本納貢稱臣，西班牙自然不會接受。從歷史事實來說，不是西班牙挑戰日本，而是日本企圖脅迫西班牙。再說，一五八八年發生在多佛海峽的西班牙與英國爭奪海上霸權的大戰中，西班牙遭到慘敗，一百三十艘海船組成的無敵艦隊幾乎全軍覆沒，西班牙海上帝國的地位由此隕落，應該沒有力量再去進攻日本和中國。因此，我個人認為無論從歷史事實還是理論邏輯上來看，這一說法都不成立。

那麼，豐臣秀吉為何要在剛剛站穩腳跟之後，就迫不及待地發動這場大規模的海外戰爭呢？我認為有幾個原因。

第一，領土的擴張欲望。在此之前，日本除了七世紀初期曾在朝鮮半島南部的任那發展過一點勢力之外，還從來沒有越出列島範圍的武力擴張行為。但連續近百年的國內戰爭，刺激了武士階級對領土的擴張欲望，在織田信長的身上就已經體現出來了。據一五六三年來到日本、並待了三十一年的葡萄牙傳教士路易士・佛羅伊斯（Luís Fróis）在所著《日本史》（*Historia de Iapam*）中記載，當年信長曾揚言：「當我成了日本六十六國的君主之後，就立即組成大艦隊，用武力征服中國，把這些領土分封給自己的子孫。」豐臣秀吉繼承了信長的衣缽，早在一五八六年就曾向佛羅伊斯透露，一旦日本平定之後，就謀劃「征伐朝鮮和中國」。當侵朝戰爭旗開得勝時，豐臣秀吉就準備把日本天皇遷到明朝的首都，並打算讓養子豐臣秀次出任大唐的「關白」，而日本則由皇太子繼任皇位。由此可看出，秀吉的領土擴張想法雖然狂妄，卻是早就謀劃了。

第二，實際上與領土野心是一致的，豐臣秀吉最初想透過與中國的貿易來獲取利益，但這一提議遭到後來推行海禁政策的明朝當局拒絕，他試圖透過占領中國的方式來壟斷東亞的海上貿易，或從中國獲取大量的貨物資源。

第三，恐怕還有一個謀算，就是透過戰爭，既可消耗各地領主軍隊的戰力，使其不再對自己的政權構成威脅，又可透過海外戰爭中掠奪的土地做為恩賞，分封給各地的武士，讓他們感恩戴德，效忠於自己。

由於缺乏直接的文獻史料，上述三點原因是我參閱了各種書籍之後的推斷。

至於戰爭的經過，再做個簡單的敘述。

一五九一年五月，豐臣秀吉透過對馬領主向朝鮮國王發出國書，要求朝鮮為日本進攻明朝提供方便，遭到朝鮮的拒絕。當年十二月，豐臣秀吉把關白的位置讓給了他的養子秀次並由他主持內政，自己則擔任太閣大臣，全權指揮對外戰爭，並在今靠近朝鮮的佐賀縣名護屋設立指揮總部。一五九二年三月日本艦隊向朝鮮進發，四月在釜山登陸，由於朝鮮軍備薄弱，釜山在一天之內陷落，一個月以後，日軍憑藉較先進的火槍武器，攻陷了首都漢城（今首爾），國王逃往平壤，又一個月以後，攻陷了平壤。與此同時，朝鮮緊急請求明朝出兵支援，於是明朝軍隊與朝鮮民眾組成的義軍聯手抗擊日本，戰爭一時處於膠著狀態。朝鮮水軍在李舜臣的帶領下，以龜甲艦的銳利進攻，打破了日軍的海上優勢。

中、日雙方在軍事較量的同時，展開了好幾次談判，雙方的談判代表暗中動了手腳，偽造虛假的協議書，雖然導致暫時的停戰；但當豐臣秀吉意識到戰事幾乎一無所獲時，一五九七年再次啟動侵朝戰爭，發兵十四萬，又遭到中朝聯軍的頑強抵抗，而這時從各地召集的日本軍隊，厭戰情緒日益滋長，戰鬥力漸漸衰弱，這時，豐臣秀吉暴病而亡，群龍無首，決定撤兵，這場規模浩大的侵略戰爭在一五九八年十月匆匆宣告結束。總共出動了大約三十萬兵力的海外戰爭，除了勞民傷財、屍骨遍地之外，沒有為日本帶來任何好處，卻給半島大地造成深重的劫難。而豐臣秀吉的統治也因自己的斃命和戰爭的失敗而瓦解了。

第24講 德川家康：江戶幕府的建立者

正因為是戰國，正因為是風雲激盪、充滿刀光劍影、廝殺吶喊、旌旗飄揚的時代，往往湧現出不少運籌帷幄或叱吒風雲的英雄人物，可惜，織田信長在即將功成名就的前夜，遭到部將刺殺，黯然退出了歷史舞臺；豐臣秀吉在雄心勃勃揮師海外的當口，突然暴病而斃命，最後失去江山，都成了戰國歷史的匆匆過客。就在此時，卻有個此前未能嶄露頭角的人物昂然走上了舞臺正中央，在短短六年之後，平定列島的天下，在遠離京都的偏遠江戶，創建日本歷史上最為穩定、最為長久的幕府政權，這個人就是德川家康。

愛知縣這個地方是當年戰國時代英雄輩出的土地。德川家康於一五四二年出生在此地的岡崎城，最初名為松平元康。父親雖是城主，卻沒有太大的勢力，且在德川家康七歲時就死於非命，岡崎城就成了很有勢力的武將今川義元的管轄地，年幼的德川家康做為人質移居到今靜岡市的駿府，外祖母是他的啟蒙老師，又受到今川義元手下一批很有學問的僧人教誨，不僅增長學問，且在耳濡目染中，也獲得不少戰場謀略和兵法的知識。一五六〇年，織田信長以突襲方式擊敗實力強大的今川義元，德川家康因此被解放出來，回到岡崎城的老家，並經舅父的斡旋，加入了織田的麾下，一五六六年，他二十四歲時，正式將姓名改成德川家康。

漸漸地，他成長為一個戰國大名，統一了今愛知縣三河地區，此後一直明裡暗裡輔佐織田信長的大業，出了不少力，與豐臣秀吉分別構成織田信長西邊和東邊勢力的兩大重鎮。一五八二年，織田信長死於非命，豐臣秀吉幾乎接管其政治和軍事遺產，德川家康也在一五八六年臣服豐臣秀吉，很長時期一直蟄伏在關東。豐臣秀吉平定了天下之後，顧及德川家康的勢力，在他設計的權力架構「五大老」中，德川家康位居第一，是個具有話語權的重要人物。豐臣秀吉出兵朝鮮時，德川家康自然是支持，實際卻沒有貢獻多少兵力。

一五九八年，豐臣秀吉病故後，高層的石田三成成了德川家康強有力的競爭對手，雙方最後鬧到水火不容的境地，豐臣秀吉的正房夫人支持德川家康，側房夫人支持石田三成，內部形成了兩大陣營。於是一六〇〇年九月十五日，由德川家康率領的東軍與石田三成率領的西軍在今岐阜縣西南邊的關原發生了激戰，雙方的兵力可謂旗鼓相當，但西軍缺乏強有力的指揮官，再加上西軍大將小早川秀秋中途倒戈，導致瞬息之間全線潰敗，宏大的戰鬥在一天之內就宣告結束了，現在想來，真是如兒戲一般。德川家康獲勝之後，對對手採取了嚴厲的處置，處死領頭的石田三成等三人，另外剝奪了九十一人所有的領地和俸祿，而對有功將領則大加獎賞，從而一躍成了日本的新一代霸主。

一六〇三年，德川家康被天皇任命為征夷大將軍，在江戶開設了新的幕府。二年後，他把將軍的位置讓給了二十七歲的兒子德川秀忠，以確保德川家族權力體制的沿承性。當然，實際操縱政權的依然是德川家康本人。事實上，幕府政權雖已確立，但在西邊的大阪，豐臣秀吉的妻子和兒子依然活著，擁戴他們的勢力依然強大，嚴格來說，德川家康的天下還沒有完全坐穩，兩股勢力一直暗中較量。德川家康心裡明白，若自己去世，年輕的兒子未必能坐穩天下，於是暗中尋找攤牌的機會。

這樣的機會竟然不期而遇。一六一四年，豐臣秀吉的兒子豐臣秀賴建議對其父親創建的京都方廣寺進行重建，新鑄的大鐘上鐫刻了「國家安康，群臣豐樂」八個字，讓德川家康找到了挑釁的口實。前句將他的名字攔腰切斷，等於是斬斷他的性命，後句則把豐臣秀吉的名字鑲嵌在其中，是要恢復豐臣家的天下，無疑是對現有德川幕府的嚴峻挑戰。

一六一五年初冬，德川家康率領大軍浩浩蕩蕩向大阪進發，軍隊裝備了從荷蘭等國傳入的大炮和火槍，在軍事上具有不小的殺傷力，然而豐臣秀賴也聚集了不少英才豪傑，修建了堅固的城堡，德川家康的軍隊雖然帶來強大的威脅，一時之間卻未能攻破，於是雙方展開談判，豐臣秀賴以填埋外護城河為條件，換得德川家康的撤兵。但德川家康把裡邊的一道護城河也填埋了，使得大阪城的防禦能力大大降低。此後雙方在細節問題上再次發生齟齬，當年的舊曆五月再次爆發戰鬥，失去護城河功能的大阪城，難以抵禦德川家康軍隊的猛烈攻擊，雖然豐臣秀賴的武將表現出視死如歸的勇猛精神，終因有人通敵在內部火燒大阪城，德川家康則進一步肆意縱火，整個大阪城陷入一片火海，豐臣秀吉的妻與子自知難逃厄運，焚燒了藏身的倉庫，一代梟雄豐臣秀吉最後連一個家人也沒能留下。歷史往往就是這樣悲壯和殘酷。

德川家康真是個亂世的英雄，治世的能才。在他羽翼尚未十分豐滿時，可以臣服在大人物的腳下，同時暗中積蓄自己的力量，他的忍耐心、忍耐力在日本歷史上十分著稱。一旦有崛起的時機，就把握機會擴充勢力，將各路群雄集結、凝聚到身邊來；在可以消滅對手時，絕不手軟，徹底殺絕，排除一切異己，樹立絕對權威。他又非常注意論功行賞，將一六〇〇年關原之戰前一直跟著自己的大名定為「譜代大名」，封地和俸祿從優，之後倒戈站在自己一邊的大名定為「外樣大名」，待遇和關係的親疏相差很多。透過這樣主君對家臣的關係，德川家康培養一大批忠誠擁戴自己的大名和家臣，穩固了政權。還制定發布《武家諸法度》，奠定幕府與各藩之間的制度關係，發布《禁中並公家諸法度》、《寺院諸法度》，釐清幕府與朝廷和佛教寺院的關係。這一切為江戶幕府長達二百六十五年的長治久安，奠定了最初也最為堅實的基礎。

第二年（一六一六年）一月，德川家康在一次野外獵鷹中突然倒下，臥病三個月後，離開了人世，享年七十五歲。在戰國三雄（織田信長、豐臣秀吉、德川家康）中，他是活得最長的，在開創江山的手段上，他與織田信長和豐臣秀吉可謂各有千秋，而在穩定江山的手腕和能力上，戰國時代可謂無出其右者。

今東京北部兩百多公里的日光，距離風光秀麗的天禪寺湖不遠處，有一處宏大的建築群，一般稱為東照宮。一六一七年，德川家康去世一年後，被遷葬到這裡，一六三六年，他的孫子（江戶幕府第三代將軍德川家光）大興土木，建造了如今留存的建築群，最初稱為東照社，一六四五年被朝廷授予東照宮的稱號，一九九九年被定為世界文化遺產。建築的總體裝飾風格，鑲金鏤銀，精雕細刻，亮光閃閃，體現了武家好大喜功、爭奇鬥豔的審美趣味，與宮廷的優雅素樸形成了鮮明的對比，這也是江戶幕府創世一代人生做派的生動寫照。

第25講 「武士道」到底是什麼？

武士道，這個幾乎無人不知、無人不曉的詞語，說的到底是什麼？如果在日本街頭詢問日本人，恐怕十個人有九個答不出來或答不完全。這種被認為幾百年滲透在日本人骨子裡的武士道，還真不是一兩句話可以說清楚的，它的形成、演變和具體體現，至今仍然是眾說紛紜，還未產生出一個非常清晰的概念，儘管新渡戶稻造在一八九九年用英文寫了著名的《武士道：日本人的靈魂》，第二年被譯成日文，後來被翻譯成世界上各種主要文字出版，但我不得不說，這是一種理想化、意念化的陳述，實際上的武士道或者武士行為，並沒有如此美好和高尚。

今天日本人對於武士道的接受和理解，更多是來自於小說、戲劇和影視作品，往往是一種具象的呈現，比如「赤穗義士」的故事，和根據這一故事改編、上演了百年的歌舞伎《忠臣藏》，以及各種版本的電視劇、電影等，青少年一代恐怕是以戰國事蹟為內容的動漫和遊戲來感知武士生活。而對於西方人而言，二〇〇三年由美國華納兄弟拍攝、阿湯哥主演的《最後的武士》，恐怕是獲知武士道最生動、最直接的教本。然而對中國人來說，武士道夾雜著血腥、日本軍刀、切腹自殺這樣凶殘的圖像。應該說，包括新渡戶稻造的《武士道》在內，上述每種圖像都表現了武士道的某一個或某幾個真實的側面，卻未必是完整的圖像。而今天觀察理解日本人或日本人精神時，武士道是個無法繞開的話題。

要了解武士道，自然應該先了解武士。先說說日本武士的由來。

簡單地說，日本的武士產生於莊園。莊園是什麼？就相當於現在的農場，有莊園當然就有莊園主，有時一個有權有勢的莊園主擁有好幾個莊園，有的莊園甚至相當宏大。那麼，莊園又是什麼時候產生的呢？日本在六四五年發生過一次大化改新，既是一場宮廷政變，也是一場大革新，大和朝廷學習唐朝的政治和法律制度，推行班田收授法，將全國的土地都定為朝廷（國家）的土地，全國的農民都必須為皇家耕作，即所謂「普天之下莫非王土、率土之濱莫非王臣」，將地租的收入牢牢掌握在朝廷手裡，建立較強大的中央集權制度。農民除了繳納地租之外，還要為國家服各種勞役，隨時聽從朝廷的使喚，不堪重負的人紛紛逃離皇家的土地，去荒蠻地方開拓新的土地，以擺脫王權的控制。另一方面，朝廷在各地的土地要派人去管理，這些地方官往往由京城的貴族或皇親國戚擔任，官職被名為「國司」，代表朝廷發號施令。這些人到了地方上時間一久，慢慢形成利益集團，成了地方大老，不斷蠶食國家的公田，占據很多土地，他們在朝廷上也很有勢力，就迫使朝廷透過一系列的法令，承認新開墾的土地永遠屬於該土地的所有者。這樣一來，皇家的公田之外，產生了私田，這些國司或國司手下的人透過巧取豪奪的方式，擁有大片土地。平安時代初期（九世紀左右），這些被兼併的土地形成了大小不一的莊園。各個莊園之間經常發生土地疆界的利益摩擦，往往因此引發武裝衝突，於是有實力的莊園主就培植親信，再組織規模大小不等的武士團，自己直接或透過親信來管理及指揮武士團。

所謂的武士，就這樣產生了，時間大約在十世紀左右。這些大莊園主慢慢成了主君，手下的親信和武士團就成了家臣，與主君關係較親密或地位較高的武士，稱為「御家人」。武士團會進行一些軍事訓練，以適應戰時的需要，而沒有戰事時，就在莊園裡從事耕作，也就是說，這些武士既是軍人，也是農民。主君會根據他們的表現、尤其是戰鬥中的戰功，論功行賞，大致形成底下人為主君出力，主君給其好處的做法或制度，給好處的方法，除了提升他們在集團內的地位之外，主要是賞賜土地，有了土地，就可做個小地主，獲得屬於自己的租稅和利益。

由於朝廷土地和利益被地方上的豪族蠶食和瓜分，朝廷的權力和權威就慢慢下降和弱化，擁有龐大武士集團的地方豪族羽翼日漸豐滿，就不把朝廷放在眼裡了，各自為了利益發生激烈的爭鬥，最大的就是平氏和源氏之間的武力角逐，結果是源氏建立鎌倉幕府。源賴朝去世之後，源氏的後人與源賴朝的妻子北條家族之間又發生劇烈的權力爭鬥，此後是動盪戰亂的南北朝時代，產生新的室町幕府，太平了幾十年之後又在一四六七年發生內鬥和戰亂，到了十六世紀則全面進入戰國時代，經過差不多一個世紀的角逐，最終由德川家康建立江戶幕府，終於迎來長達兩百多年的太平時代。可以說，從第一個幕府政權建立之前，一直到最後一個幕府建立之後，幾百年以來，整個日本基本上就是武士的天下，雖然朝廷一直存在，王公貴族也以頑強的方式體現存在。

可是，武士存在這麼長的時期，從萌芽、發生、發展直到羽翼豐滿、馳騁天下，在江戶時代之前，真正表達武士的規矩、精神和道德的書面性文獻始終沒有出現。武士道這個詞，嚴格來說，是新渡戶稻造的同名著作問世以後，才廣為所知的。武士道一詞，最早出現在江戶時代初期（十七世紀上半葉）由兵法家小幡景憲撰述的《甲陽軍艦》[31]裡，但其意思與新渡戶稻造所表達的內容幾乎沒有什麼關係，武士道從來沒有成為常用詞。一百年後的十八世紀，又有一本關於武士的書籍問世了，由佐賀藩士山本常朝口述、另一個武士筆錄的《葉隱》，主要記敘歷代佐賀藩主的言行，包括佐賀藩以及一小部分其他藩武士的事蹟言行等。這本書表達的重要理念是，身為武士要把生死置之度外，把生命視若浮雲。

江戶時代，地方上各個藩還存在，但已進入了太平年代，戰爭已成過去式，江戶幕府推行的「士農工商」等級制度，雖然把武士階級推到最高層，各地的藩主也被幕府封為俸祿多少萬石的地方領主，但已經沒有開疆拓土的戰爭，沒有攻城掠地的戰果，藩主手下的武士幾乎失去獲得意外獎賞的機會，部分武士對於主君的忠誠心難免出現鬆弛。於是，無論在最高的統治階層，還是地方上的上下關係，希望家臣對於主君忠誠的要求被普遍提了出來。家臣和部下對於主君的「滅私奉公」，家臣和部下守護主君家族榮譽和家族生存繁衍的責任，被提到武士最高的道德要求。而武士做為社會中最高的階級，他的言行對於整個社會的道德形成，都有一種引領的作用。

在這樣的氛圍下，一七〇一年，發生了一件轟動全日本的事。位於今兵庫縣中部的赤穗藩藩主淺野長矩與另一個藩主一起被幕府叫去參加迎接來自京都朝廷的敕使。儀式有一套繁瑣的規矩，幕府便指定名叫吉良義央的資深武士對他們進行指導。也許是淺野長矩給的禮金少了，吉良義央一再暗中刁難，憤恨之中，淺野在將軍所住的江戶城內松廊下拔刀刺傷了吉良。幕府將軍聞訊後勃然大怒，命令他切腹自殺，他的家人一併受到牽連，領地被沒收。如此一來，淺野手下的四十七個武士成了無主的浪人。他們決計報復，為主君恢復名譽。一年之後，祕密潛入吉良的住所，斬下他的首級拿到淺野的墓前祭拜，然後全體去官府自首。對於如何處置他們，在全日本引起了一場大討論，雖然最後這些武士全都切腹自盡，被葬在他們主君的墓旁，但其事蹟卻博得上下的讚美，一齣描寫這一事蹟的歌舞伎《忠臣藏》，一直上演到今天，赤穗浪士的故事感動了一代又一代的日本人，以後又有各種電影、電視劇出現，普通日本人從中感受到什麼是武士道精神——對於主君的忠誠、為了名譽不惜犧牲生命等。

新渡戶稻造為了向西洋人說明日本精神和道德，用英文撰寫了《武士道》，其中雜揉進諸多儒家的「禮義廉恥」元素，把武士道抬舉到很高的層面。與其說是體現了武士精神的原本內涵，不如說是新渡戶稻造希望武士道是這樣的一種道德規範，更多包含了他的期望和理想，而非武士道的實際形態。

近代以後，日本當局透過「軍人敕諭」和「教育敕語」向一般民眾灌輸忠君愛國思想，將武士道變成激勵日本人向海外擴張的精神動力，又為武士道抹上一層灰暗的色彩。

簡而言之，武士階級雖早已產生，但武士道卻是後來的產物。其實，主君與家臣（包括武士），彼此是互相依存的命運共同體。主君或某某家族的武士是靠主君賞賜的俸祿和領地來存活和發展，而主君的領地和家產也必須依靠手下的武士來維護和拓展。長期的共處過程中，逐漸形成一套禮儀作法和處世規矩。下層武士要對上層主君效忠，而主君應對家臣加以愛護和獎賞，武士一旦踏上戰場，就應視死如歸，不畏艱險。這是武士道最初的基本內容。

到了江戶時代，以朱子學為主體的儒學盛行，逐漸滲透到日本各社會階層，於是陸續加入忠信、禮義、廉恥等儒家道德理念，但一直缺乏對是非的辨析和普世的道德判斷，做為個體或集團的武士，雖然具有剛毅、勇敢、將生死置於度外的品質，卻很容易為掌握權勢的集團或統治階級所利用，淪為殺戮對手的工具，在後來的日本對外侵略戰爭中，人們看到的多是盲目無知和猙獰凶殘的面目。

31 這部書主要記述戰國時期武將武田信玄等的戰鬥事蹟，並記錄甲州地區武士的事蹟和想法，重點在於戰法戰術。

江戶鎖國：日本傳統文化的爛熟

第26講 大航海時代開啟與西洋人在日本登陸

十六世紀之前，日本人所接觸的外國人就是中國人和朝鮮人，雖然蒙古人主導了兩次入侵戰爭，但實際上或許連蒙古人的手都沒碰到過。日本所接觸的外來文化，都是以漢字漢文為媒介，決定了之前的日本文明與東亞的密切關聯。但是十六世紀中葉開始，一個完全陌生的異族——西洋人在日本登陸了。

十五世紀末和十六世紀初，由歐洲人主導的大航海時代拉開了大幕。一四八七年，葡萄牙人迪亞斯（Bartolomeu Dias）發現非洲南段的好望角和通往印度的海路；一四九八年，達迦馬（Vasco da Gama）開闢通向印度的航線並到達印度；一八九二年底哥倫布（Christopher Columbus）到達加勒比海地區的美洲；一五一九年，麥哲倫（Ferdinand Magellan）穿過南美洲南端的麥哲倫海峽來到太平洋，一五二一年，抵達菲律賓，由其助手完成環球航行。至此，歐洲人以其探險行為，獲得對世界地理的全域性了解。

之所以會開啟大航海時代，一方面是文藝復興之後，諸如葡萄牙、西班牙和義大利諸國逐漸崛起，憑藉日益發展的新科技、新知識以及強悍的冒險精神，試圖向海外（尤其是東西方）拓展；另一方面是鄂圖曼帝國在一四五三年消滅了拜占庭帝國，並在此後占領巴爾幹半島、北非和阿拉伯世界的大部分地區，控制紅海、波斯灣等通往地中海的交通線，嚴重阻隔新興歐洲國家向東方的擴張，迫使他們力圖找到新的海上航路，於是地球第一次透過海路被打通了。

日本人第一次接觸到西洋人或說西洋物品是一五四三年，這年農曆八月二十五日，一艘中國船漂流到日本最南端的種子島。與中國人的筆談交流中，日本人獲悉船上居然有一個南蠻人（葡萄牙人），這個人帶有幾支火槍[32]，當地首領時堯買了兩支，吩咐鐵匠把它拆開加以仿造，經過幾次嘗試，在第二年過來的外國人幫助下，居然仿製成功，造出幾十支。

第一個真正登上日本國土的西洋人是傳教士沙勿略（Francisco Xavier）[33]。鹿兒島市東部面向錦江灣的祇園之洲公園內，建有沙勿略登陸紀念碑，沙勿略塑像在一根巨大的石柱前，一側是大型浮雕，表現了當年沙勿略上岸的情景，不過是今人的想像了。

沙勿略在印度果阿（Goa，有一說是菲律賓馬尼拉）認識了因殺人而從薩摩搭乘葡萄牙船隻逃出來的日本人彌次郎，彌次郎已向神父懺悔了罪行並接受洗禮。在彌次郎的導引下，沙勿略一行經麻六甲海峽北上，於一五四九年八月十五日在今鹿兒島紀念碑附近海岸登上薩摩，拜見薩摩藩主島津貴久，成了歷史上第一個來到日本的傳教士。據文獻記載，為了傳教，他與當地佛僧展開辯論，沙勿略受到佛教勢力的排斥，翌年前往本州各地，最後來到京都，試圖覲見天皇和主掌室町幕府大權的足利義輝，但天皇在當時已沒有實權，而足利義輝也一時被人趕出了京都，兩個人都沒有見到，不得已折返至山口，見到當地大名大內義隆，呈上印度總督和果阿主教的信函，並獻上帶來的望遠鏡、臺鐘、洋琴、鏡子、眼鏡[34]等物品，大內大悅，准許他在山口一帶傳教，讓他們在廢棄的大道寺內居住，沙勿略開始在此講經布道，兩個月內信仰天主教的信徒超過五百人。天主教在日本的傳播史，就從沙勿略開始。

在日本待了兩年後，沙勿略於一五五一年十一月帶了幾名日本青年信徒回到果阿，並決心前往對日本文化產生極大影響的中國去布道，派遣幾位神父繼續去日本傳教之後，他於一五五二年九月登上位於今廣東省江門臺山市西南海面的上川島[35]，等待進入中國大陸，但一直未獲允許，不幸罹患瘧疾去世，年僅四十六歲，死後被列為聖方濟，在天主教傳教史上具有崇高的地位。二戰以後，日本人開始修築紀念沙勿略的設施，除了鹿兒島紀念碑和紀念公園外，最大的紀念設施要推山口市的沙勿略紀念聖堂，一九五二年的建築後來被燒毀，新的三角錐形狀紀念堂於一九九九年再度聳立，並在周邊鬪建了紀念公園，我曾在二〇〇五年初秋造訪此地，幾乎可用輝煌一詞來形容了。

葡萄牙人和西班牙人受羅馬教皇的指派，組織了向各地傳教的耶穌會，並將澳門做為據點，向中國、日本和東南亞各國傳播基督教。沙勿略來了之後，一五五九年，另一名葡萄牙傳教士加斯帕爾·維樂拉（Gaspar Vilela）一路輾轉來到京都，可是當時的京都正處於戰亂中心，各派勢力都試圖掌控京都，維樂拉很難在動盪的環境中傳教，再加上京都的佛教勢力很大，來自比叡山的阻力幾乎使他寸步難行，不得不轉到地方上去。

一五六八年，織田信長率軍隊進駐京都，他對基督教好像沒什麼成見，一直持較開放的態度。一五六三年，維樂拉來到日本北九州一帶進行布教活動後，一五六九年來到京都，見到織田信長，由此他在日本的傳教受到織田信長的許可和保護，便把傳教活動擴展到名古屋北部地區。還有一個受到織田信長賞識和許可的傳教士是阿列桑德羅·瓦里亞諾（Alessandro Valignano），他出生於義大利的貴族家庭，後來加入耶穌會，一五七三年來到東方傳教，一五七九年做為耶穌會的巡查牧師來到日本，在九州和大阪附近傳教，與另一批傳教士一起被織田信長接見，得到布教許可，並在織田信長的大本營安土城的城下開設了一所神學院。由於得到織田信長的保護，這些傳教士在日本西部地區廣泛傳教，贏得許多教徒，連很有勢力的大名，比如大村純忠等，也成了虔誠的基督教徒，接受基督教洗禮，據估計，十六世紀下半葉，信奉基督教的日本人大概有幾十萬，同時有些西洋商人來到日本，把歐洲或東南亞的貨物販運到日本，並傳來文藝復興時期歐洲的新知識。

一五八二年，發生了一件對於東西文化交流史來說極為罕見的事情——派遣四名日本少年赴歐洲訪問團，來到基督教（或說天主教）的大本營梵蒂岡。此前從來沒有東亞人直接踏上歐洲土地，也從來沒有東亞人前往歐洲與基督教直接往來。為什麼有日本人到羅馬教廷去呢？其實是瓦里亞諾的主意。

西方傳教士雖然得到織田信長的支持和庇護，但他們之中有些人與當地日本人相處得並不好，雙方都有猜忌，瓦里亞諾了解有些日本人信教是基於信教的地方藩主強力推行的結果，應該讓一些日本人實地考察了解基督教和西方的實際情況，即培植親西方派。於是瓦里亞諾建議長崎大村領主大村純忠和大友宗麟等派遣年輕人隨傳教士一起去歐洲，晉見教皇，接受基督教培訓，回來後讓他們擔當日本各地區的牧師，可以更有效地推廣和傳播基督教的影響，也可帶動西方與日本的貿易。於是在神學院學習的少年中選拔了伊東等四個人，洗禮後給他們取了聽起來像外國人的教名，經過一番準備之後，一五八二年二月二十日，跟著幾個西方傳教士從長崎港乘坐一艘葡萄牙船，經過幾個月的海上奔波，終於在葡萄牙里斯本上岸，又來到西班牙馬德里，拜見國王菲力普二世（Felipe II de España）。一五八五年三月，日本少年被帶到羅馬，受到羅馬市民的歡迎，見到宏偉的梵蒂岡教堂，謁見格里高利十三世教皇（Pope Gregory XIII），向教皇遞交了大友宗麟等大名的信函和禮物，教皇授予他們黃金騎士稱號，教廷的重要人員悉數參加謁見儀式，據說場面相當隆重。這些少年在歐洲學習基督教經典和管風琴演奏等，感受到文藝復興時代的歐洲氣象。

這四個日本人在歐洲待了七年，出發時只是十四～十五歲的少年，一五八八年七月回國時已是二十餘歲的青年了。除了《聖經》等之外，還帶了在歐洲學會的小提琴、古鋼琴、豎琴、長笛等西洋樂器回到日本，正準備信心百倍地在日本展開傳教活動，不料日本的形勢已發生急劇的變化。

32 火槍不是冷兵器，而是熱兵器。中國人把這種新式武器稱為「火繩銃」，日本人誇大地叫做鐵炮。

33 沙勿略，一五〇六年出生於西班牙哈威爾城，曾在巴黎學習，結識耶穌會創始人羅耀拉，一五四一年受羅馬教皇保羅三世派遣，做為耶穌會傳教士從里斯本出發，前往當時葡萄牙領地印度的果阿展開傳教活動。

34 據說眼鏡就是由沙勿略首次帶到日本。

35 上川島上留有沙勿略的墓園和小教堂。

第27講 江戶時代如何鎮壓基督教？

具體地說，日本對基督教、傳教士和基督教徒的鎮壓，並不始於江戶時代。前文說到基督教如何在大航海時代開啟後逐漸在日本擴散，和織田信長的許可甚至是鼓勵有很大的關係。織田信長死後，豐臣秀吉掌控日本，但是九州一帶的大名不容易管轄，許多大名信奉基督教，還強使領地內的民眾改信基督教，著名的基督教大名大村純忠還把長崎的地盤供奉給羅馬教皇，讓耶穌會用作傳教基地。豐臣秀吉覺得如果聽憑基督教勢力蔓延，日本傳統的根基會受到動搖，於是在一五八七年六月十八日和十九日連續發布兩道文書[36]，主要內容是禁止傳教士傳教，並將他們驅逐出境，禁止大名信奉基督教。但對於武士和民眾的宗教信仰並不加以干涉，也允許葡萄牙和西班牙商人來日本從事貿易活動。

嚴格來說，這兩道文書不算是禁教令，基督教在日本還可以合法存在。然而，一五九六年，有艘西班牙商船遭遇風暴，漂流到今四國南部的土佐地方，當地官吏對他們進行管制，其中有個人叫嚷說：西班牙軍隊總有一天會占領日本，那些傳教士都是我們的先遣部隊。這話傳到豐臣秀吉的耳裡，他勃然大怒，發布了嚴厲的禁教令，並把在京都的聖方濟會六名傳教士、連同六名日本耶穌會傳教士抓了起來，強行帶到長崎，一五九七年二月五日，將他們連同十七個日本信徒一起處死，這二十六個人在一八六二年被羅馬教皇認定為聖人。

如此一來，基督教勢力在日本大大受挫，但處死傳教士的第二年，豐臣秀吉就暴病死了。企圖奪取日本主導權的各派武將你爭我鬥，好像都無暇顧及基督教的事情，不過，德川家康一六〇三年建立江戶幕府的前一年，曾向馬尼拉的西班牙總督發出文書，表示日本要禁止基督教[37]傳播，但當時還沒有餘暇考慮基督教對自己的政權是否會造成負面影響的問題。江戶幕府確立後，在德川家康以及幕府高層看來，基督教傳播至少在兩點上對其政權構成威脅。

第一，對現有秩序構成威脅。此前，各地領主與家臣訂立主僕關係，或者是各領主建立同盟關係時，都要在寺院神社裡對諸佛或神靈訂立誓約，而在基督教傳入地區，上帝成了超越一切的唯一天主，與日本人原有的神佛信仰嚴重相抵觸。基督教的傳入導致日本人原有的信仰系統紊亂。

第二，各地領主如果以基督教精神為支柱來實行地區統治，就和江戶幕府中央集權的統治形成矛盾，領主信奉天主為最高的神，將會嚴重動搖江戶幕府的權威。

為進一步了解及掌握基督教傳播以及在民間的影響，據說德川家康派出不少祕密偵探到各地暗中調查。獲得的報告是傳教士和教徒不斷在各地擴展勢力，以基督教教義鼓動民眾反抗江戶幕府，並打壓佛教和神道勢力，外國傳教士還設法從國外祕密運進武器等，幫助基督教大名謀反。這些情報有些是真的，有些難免有誇大其詞的部分，甚至根本是杜撰的。德川家康獲悉以後，覺得基督教勢力確確實實正在威脅政權，甚至威脅到日本的安全，一六一二年，他發布禁令，先在直接管轄的區域內禁止基督教傳播和信仰，第二年發布禁教令，在全國範圍內全面禁止基督教，並強制要求已信奉基督教的人放棄原來的信仰。

德川家族的統治穩定後，全面排斥的就是改革前的天主教，因此西班牙、葡萄牙傳教士都不允許留在日本，各藩的大名一律不准信奉基督教，民眾也必須放棄基督教信仰。經過一段時期的禁絕，基督教勢力或說影響力在日本急劇下降，耶穌基督的形象也被妖魔化。

可是，樹欲靜而風不止，太平一陣子以後，今長崎縣島原和熊本縣天草兩個地方，一六三七年突然爆發大規模的基督教信徒起義（或說暴動）。這兩個地方都在九州，相距很近，以前是信奉基督教的大名有馬晴信和小西行長的領地，基督教的影響一度很深，民眾之中的基督教徒不少。江戶幕府成立以後，特別是一七一五年徹底奠定其政權基礎的關原大戰後，兩地的領主都換了人，在租稅和年貢上對農民相當苛刻，對於基督教的鎮壓尤其嚴厲，於是人們開始懷念以前基督教大名統治的年代，與現在的統治者發生衝突，除了農民之外，商人、手工業者、船夫等都加入反抗行列，原先基督教大名手下那批武士成了起義或暴動的首領，參加人數大約在三萬八千人。幕府立即調集兵力前去鎮壓，兵力一度達到十幾萬，並借助荷蘭的商船從海上炮擊，但起義的民眾以島原城為據點，頑強抵抗，幕府的軍隊一時難以攻破，一直到第二年二月，才以壓倒性多數的兵力攻陷島原城，幕府花費四十餘萬銀兩，失去幾千名武士，付出慘重的代價。各地大名為了防止本地區出現類似島原、天草的民眾暴亂，加緊對基督教的取締和嚴禁，這樣一來，基督教被江戶幕府血腥地徹底鎮壓下去了。

為了防止基督教在日本死灰復燃，也為了防止島原起義之類的民眾反抗再度發生，江戶幕府在十七世紀中後期推行兩項制度性措施，貫穿整個德川家族的統治時期。一項是要所有居民向居住地附近的佛教寺院表明對佛教的信仰，並由擔當的和尚出具信奉佛教的證明[38]。一旦發誓信仰佛教以後，就不可再信仰基督教了。另一項是透過各種途徑和方式，對曾信仰基督教的人以及他們的後代進行監督、監視，嚴防他們讀《聖經》，供奉耶穌像以及做禮拜，防止互相串聯。這兩項措施真的很有效，島原起義之後，日本再也沒有發生過任何基督教徒的騷亂，基督教漸漸淡出了人們的記憶。

36 葡萄牙語裡，神父一詞寫作Padre，日本人聽成バテレン，並用日文的漢字發音把它寫作「伴天連」，後人就把這兩道文書稱為「伴天連驅逐令」。

37 這裡的基督教主要是指德國宗教改革家馬丁・路德（Martin Luther）在十六世紀上半葉掀起的宗教改革之前的天主教，當時他的主要基地在歐洲伊比利亞半島上的西班牙和葡萄牙，包含一部分的義大利，主要是由耶穌會傳播的基督教或天主教。

38 江戶時代的佛寺具有地方派出所的功能，幾乎所有居民都有一個自己家族的「檀那寺」，每年定期向該寺院提供一定的施捨，生老病死固定在這家寺院做佛事，死後葬在該寺院的墓地裡，這家寺院有附近居民的名錄，相當於後來的戶籍登記，寺院和尚擔當類似戶籍警察的角色。

第28講　日本為什麼鎖國？

日本在一六二〇年左右到一八五四年被美國人打開國門為止，有兩百多年的鎖國時代。但是，鎖國或鎖國時代其實是後來誕生的名詞，十七世紀末，德國醫生坎貝爾（Engelbert Kaempfer）做為荷蘭東印度公司的醫生，曾到長崎的荷蘭商館待了兩年，後來寫了一本《日本誌》（*De Beschryving van Japan*），全面地向西方人介紹江戶時期的日本，其中談到江戶幕府禁止日本人去海外，也不允許外國人到日本的情形。約一百年後的一八〇一年，荷蘭語翻譯、荷蘭學研究家志築忠雄把《日本誌》其中一章翻譯出來，自己加了標題稱為《鎖國論》，鎖國這一說法就慢慢傳開了。

中國明、清時代曾斷斷續續有海禁政策，為的是防止倭寇的侵襲以及民間貿易的繁盛影響到朝廷的朝貢體制。但江戶時代的日本為什麼要實行鎖國政策呢？其實鎖國政策的目的是為了禁止和消滅基督教，或者說是消滅基督教勢力對幕府政權的威脅。為了禁止基督教的傳教士來到日本，也為了禁止有關基督教的書籍傳入日本，日本索性斷絕與西班牙和葡萄牙的貿易[39]。

每個專制政權都要竭力排斥對其政權構成威脅的勢力。當江戶幕府認定基督教勢力對其政權的鞏固和穩定構成威脅時，就想方設法制定排除這一勢力進入日本的有力措施。於是，江戶幕府一六一二年發布命令，要求除了明朝的船隻之外，其他外國船隻只能在今長崎縣平戶港進入，便於管理和限制是否有傳教士或有關宗教的書籍混入日本。一六三三年發布命令，禁止獲得政府特別許可的船隻（這類商船被稱為「奉書船」）以外的任何船隻到海外，也就是說，不允許日本商船到海外進行貿易等活動，幕府害怕這些船去了海外（尤其是西班牙、葡萄牙領地）後，會受到基督教毒害，外國傳教士會搭這些船偷偷進入日本，或者把傳教的書籍帶進日本。這樣就斷絕了日本與海外的貿易。

一六三五年又發布一道命令，禁止所有日本船隻到海外，不僅如此，還禁止去海外的日本船隻回國，幕府當局害怕海外的日本人受了基督教的毒害，回國後幫著傳播基督教的邪惡思想。這有點不近人情了。這一年，幕府規定即使是來自中國和荷蘭的船隻，也只能指定在長崎進港。一六三七年，九州爆發大規模基督教徒反抗的島原起義，使得幕府當局更加害怕基督教的影響，於是一六三九年又發布一道命令，禁止葡萄牙商船在日本靠岸登陸，而這之前，日本已斷絕與西班牙的貿易。這樣一來，日本差不多與西方世界隔絕了。

日本這一切措施並不是為了禁止與外國的貿易，只是害怕基督教傳教士和基督教的影響滲透到日本。雖說是鎖國，實際上並沒有把日本與外界徹底隔絕。它允許兩個國家做貿易——中國和荷蘭。中國不是基督教國家，雖有少量傳教士留在中國，不過應該不會形成大規模的危害。而荷蘭是西方國家，幕府怎麼會許可它來日本呢？原來荷蘭人很會做生意。

十六世紀末期，重商主義在荷蘭興起，海外貿易大大促進荷蘭國力的發展，十七世紀初時，荷蘭已把觸角伸到東亞，建立荷蘭東印度公司，日本是其重視的市場之一。已改奉基督新教的荷蘭人對日本人說他們不是天主教國家，和西班牙、葡萄牙完全不一樣，絕對不會在宗教上危害日本。當時幕府當局害怕的是基督教，而不是西方，一聽荷蘭人的說法，就答應和他們做貿易，不過還是很小心，限定在長崎與中國、荷蘭做貿易，為了害怕傳教士或有關基督教的書籍混雜進來，還把中國人和荷蘭人的居住區限定在一小塊地方[40]，不允許雙方人員自由出入。

據文獻記錄，一六三四年以後的十年內，每年平均有五十七艘商船自中國來到長崎，每艘船大約有船員五十人左右，這一數字隨著明、清兩代的海禁政策變化有所增減。一開始中國人可以隨便居住在日本人開的民宿或簡易客棧內[41]，後來江戶幕府的鎖國政策漸趨嚴厲，為了減少中國船員與當地人之間的糾紛，於是在一六八九年建立「唐人屋敷」，有點類似今之唐人街。不過「唐人屋敷」是被封閉的，外面建有一條水濠，再用圍牆和竹籬與外界相隔，一般人不得隨意進出，但青樓女子和僧侶可以進入。

據文獻記載，「唐人屋敷」共有三萬六千多平方公尺的面積，裡邊除了倉庫、貨棧等之外，大約有二十棟兩層樓的房子供商人和船員居住，由於往來中國和日本之間相當不易，一般人在此平均居住一百八十天左右。

當時中國的船隻主要來自福建和浙江一帶，帶來的貨物有生絲、紡織品和砂糖[42]，還有皮革、中藥和書籍等。砂糖的原料取自甘蔗，而日本不產甘蔗，江戶中期之前，幾乎全仰賴進口，因而屬於珍稀品。江戶時期之前，中國幾乎是日本唯一的砂糖進口來源，砂糖在品目上原本歸在藥材一類，因此無法確切知曉其進口量，十六世紀末期開始獲得官方特別許可的「朱印船」貿易，從中國進口的貨物品目中，首次出現了「砂糖」字樣。後來，砂糖的進口除了與中國的「朱印船」貿易外，又多了一條荷蘭的管道。

據日本學者研究，一六三七年由中國進口的砂糖為一百六十萬斤，一六四一年為五百七十四萬斤，一六六二年為三百九十三萬斤，而這一時期由荷蘭進口的砂糖每年大約七十萬斤左右，數量不少。另一類是書籍，商人們運送書籍的目的當然不是為了傳播文化，而是中國書籍在日本擁有廣泛的市場，可以盈利，這時期傳入的書籍有中國古典文學書[43]、歷史書、醫學書、本草書等。

除了「唐人屋敷」之外，還有進駐荷蘭商館的「出島」。十七世紀初，荷蘭在東亞的勢力逐漸崛起，一六○二年，正式成立荷蘭東印度聯合公司，一六○九年，羅德萊斯號等兩艘船艦來到緊鄰長崎的平戶，經江戶幕府的許可，荷蘭東印度公司在平戶設立荷蘭商館，正式開始和日本的貿易。幕府當局於一六三六年在長崎西部沿海地帶填海建造「出島」，將葡萄牙人局限在此，僅有一座小橋與市區相連。第二年發生教徒起義的「島原之亂」，幕府索性把葡萄牙人和西班牙人全逐出境外，而具有新教背景的荷蘭人則被允許將平戶的商館遷到出島，成了荷蘭人與日本人貿易的大本營。

「出島」的面積比「唐人屋敷」小得多，僅有一萬三千平方公尺。官府在聯絡橋邊設立檢查站，未經准許，日本人不可入內，荷蘭人也不可隨便出入。一七二○年，幕府解除對宗教書籍之外的洋書禁令，加上荷蘭商館的館長每年一次（後改為五年一次）去晉見江戶的德川將軍，與日本人接觸的機會使西洋的新知識逐漸擴散到日本的知識階層，尤其是醫學和地理航海知識，造就一批通曉荷蘭語的人，於是日本誕生了一門學習研究西洋新知識的學問，稱為「蘭學」。

此外，日本這一時期還和朝鮮有通信使的往來，透過薩摩藩一定程度控制的琉球與東南亞展開貿易。因此，江戶時代的鎖國主要是為了禁絕基督教，在此前提下，還是設法展開與海外來往，並非把國家完全封閉起來。

39 當時，說起西方或歐洲國家，主要是大航海時代中崛起的西班牙和葡萄牙，還有十六世紀末期逐漸嶄露頭角的荷蘭。雖然是西方國家，但對當時的日本來說，他們都是從菲律賓或中國南部海域過來的，因此日本人把他們稱作「南蠻人」，這是受了中國華夷思想的影響，以為周邊都是未開化國家。

40 中國人居住的地方是「唐人屋敷」，荷蘭商館所在地是「出島」。

41 於是啟動了當地的青樓業，形成江戶時代日本三大青樓街之一的「丸山遊廓」。

42 砂糖的大量使用，使得像烤河鰻之類日本料理誕生。

43《三國演義》、《水滸傳》等就是因此傳入日本，對江戶時期的通俗文學產生很大的影響。

第29講 江戶時代為什麼沒有戰亂？

日本的三個幕府時代，江戶時代可說是最為太平的時期了。從一六一五年的大阪之戰以後，直到倒幕運動興起的一八六七年之前，大約二百五十年裡，整個江戶時代雖不能說是盛世，但一直是和平年代。

德川家康建立的江戶幕府為什麼能做到這一點呢？根據對歷史的考察，從內部體制上來說，我覺得有幾個理由。第一，德川家康在決定命運的一六〇三年關原大戰之後，將下屬的各地大名（地方領主）分為兩大類，一類是在關原大戰之前就支持自己的，稱為「譜代大名」，在待遇俸祿上都有優待，以獎勵他們的忠誠；而把關原大戰之後歸順的大名列為「外樣大名」，待遇上自然不如「譜代大名」，德川幕府用論功行賞的方式來鼓勵臣下的忠誠，培養一大批對自己家族忠心耿耿的家臣。第二，用制度化形式建立各地大名晉見江戶將軍的「參勤交代」[44]制度，此留待後續詳述。第三，為了防止各地大名反叛，強使他們把正房妻子和嫡子送到江戶，像人質一樣長期居住[45]，一旦某地的大名反叛，就殺了他的妻子和兒女，由此逼使各地大名規規矩矩，不可有任何僭越犯上、犯上作亂的行為。這三點理由或說德川家族實施的三項措施，聽起來相當霸道和蠻橫，但真的比較管用。江戶時代長達二百五十年的和平年代得以出現或維持，自然是多種原因複合的結果，但這三點應該是比較關鍵的。

先說說參勤交代。氣勢威嚴的獨裁者身邊總不缺乏趨炎附勢、拍馬屁的人。江戶幕府建立以後，就有一些地方上的大名不遠數百里，舟車勞頓地主動來拜見將軍，以表示忠誠和敬意，奉獻各種上好的禮品。做為主君的江戶將軍，自然很享受其效忠和奉承。轉而一想，若用強使各地大名定期來晉見，一方面可顯示自己的權威，另一方面，長途跋涉的晉見可大幅度地消耗各地大名的精力和財力，使他們在擔任各地領主期間，差不多有一半時間消耗在路途上或居住在江戶，這樣一來就沒有精力和財力謀反作亂了。

一六一五年，江戶幕府制定《武家諸法度》，對武家的行為規矩進行了規則化，一六三五年時，德川幕府第三代將軍德川家光在修訂的《武家諸法度》中，把參勤交代做為法規定下來，這一做法一直持續到江戶幕府倒臺為止，最後幾年，幕府的權威降低之後，各地大名對幕府的命令就不一定認真服從了。

參勤交代具體怎樣實施呢？幕府規定各地大名必須每隔一年（兩年一次），從統治地方到江戶晉見將軍。但如果各地大名在同一時期來到江戶，就人滿為患了，於是將外樣大名和譜代大名區別對待，外樣大名在四月分抵達江戶，而譜代大名則安排在四月和八月，住得較近的關東地區大名則在二月和八月，可避免人數過於集中，使得晉見有序地進行。近代以前，交通遠沒有今天發達，日本雖然不算國土遼闊的國家，但是從東到西，還是有相當距離，比如從西南段的薩摩藩（今鹿兒島縣）來到東京，單程需要兩個月時間，而各地大名又不是輕車簡從，大的行列約有幾百人甚至上千人，一路浩浩蕩蕩，還要攜帶著各種禮品和生活用品，且途中要多次住宿，促進了陸上交通，沿途誕生許多供晉見人員住宿的小鎮，由此帶動旅館業。一路人馬到了江戶後，自然要住宿，幕府就在江戶指定地段供他們建造房屋，據說這樣的宅邸最多時有五百餘處，帶動江戶城市的繁榮。這些大名一路往返至少要幾個月，到了江戶總要住上一陣子，兩年中差不多有一年左右住在領地之外，在自己的領地上只有一年左右，這樣的來回折騰，他們在精力和財力上就很難謀反作亂了，再加上妻子、兒子曾一度被做為人質住在江戶，更不敢亂來了。

江戶幕府能安穩統治二百五十年之久的另一個原因是一六三〇年前後實施鎖國政策，除了中國和荷蘭之外，基本上斷絕了與其他國家的往來，而這一時期恰好是西方勢力借著大航海時代打通海路，積極向東方擴張的年代，幕府的鎖國政策在相當程度上阻遏了西方勢力對日本的侵擾，且十九世紀之前，英國、法國、俄國的力量尚未顧及亞洲最東端的日本列島，使得日本相對處於較安全的狀態，這是江戶幕府得以維持長期統治的主要外因。

當然，整個江戶時代二百六十五年中，並非都是安穩平和的盛世，前期有平定豐臣秀賴的戰爭，中間經常發生因凶年災荒等引發的局部農民起義，進入十九世紀以後，西方國家諸如美國、英國、俄國等的船隻頻頻侵擾、登陸日本，要求開放港口，進行貿易，這些外來的衝擊，終於在日本朝野中撬開了縫隙，滋生了裂痕，最後導致江戶幕府的倒臺。

44 「參勤」原意是到將軍府拜見將軍，可譯為「謁見」、「晉見」，總之是底下的人拜見主君或上司之意。「交代」則是輪流、輪替的意思。參勤交代是日語中的漢字詞語，連在一起就是大名輪流來拜見江戶將軍的意思。

45 這種人質制度是一六四七年正式確立的，但不到二十年的一六六五年就被廢止了，只是廢止之後，那些人已經在江戶住慣了，就買地置房，長期居住在江戶了。

第30講　江戶、京都、大阪如何繁榮起來？

具有眾多市民居住、街市商業繁盛的城市，在日本其實出現得相當晚。正如中國文明進程領先日本許多世紀一樣，城市商業的起步也較早，且不說漢魏時期，至少在唐代各類市場已經相當發達，糧市、魚市、菜市在京城長安和地方上稍有規模的城市大抵已形成一定的格局，街市中或通衢大道上，食店、酒肆並不鮮見。到了北宋時，以京城汴州（今開封）為中心，城市經濟出現空前的繁榮，並形成相應的市民階級。張擇端《清明上河圖》是對這一情形的最好寫照。都城南遷到杭州以後，軍事上雖然不強盛，經濟卻相當發達，城市商業更是呈現出空前的繁榮，人口也達到一億一千萬，其中城市人口應該達到相當比例，已孕育出近代以前的市民階層。

而日本的商業（尤其是城市商業）的興盛，真的是非常晚近的事。自七世紀末的藤原京到八世紀的平城京（今奈良）和以後的平安京（今京都），日本是有過像樣的都城，但這些城市基本上沒有脫離唐代都城長安的範式，都是棋盤式格局，大致獨立隔絕的街坊形式是其基本特點，甚至比長安更倒退。奈良和京都雖然設有東市和西市，但規模很小，行市的時間很短，交易內容相對貧乏，而且那時尚未形成充分的貨幣經濟，從城市商業的基本特徵來看，奈良和京都很不充分。更重要的是，城市的功能完全以宮廷為中心，居住在城市的大多是王公貴族、政府官吏和和各類僕役，幾乎沒有真正的城市居民，也就無所謂市民階級。

這一情形在鎌倉時代和室町時代沒有根本性的改變，但在江戶時代發生了劇烈的變化。其背景性原因，第一是政局相對穩定，社會較安定，未發生大規模戰爭，直到近代的大幕開啟之前，既無大內亂也無明顯的外患，可說是日本歷史上最為安定的時期。第二是政治、經濟和文化中心的東移。

十七世紀之前，日本的中心地區一直在西部，彌生時代的中心在九州北部，大和政權時轉移到奈良一帶，以後京都周圍始終是政治、經濟和文化的中心。歷史上雖曾有鎌倉時代，佛教上也曾出現鎌倉五山，但一直未能形成大氣勢，鎌倉政權的掌門人屢屢更換，不久政治文化中心又移往京都一帶，因此，總體來說，整個列島的中心一直在西部日本。江戶幕府剛建立時，這一情形依然繼續了幾十年，後來在德川家族的經營下，江戶從偏遠的小邑，雖然經歷多次毀滅性火災，但十八世紀末已發展到人口一百多萬的大城市，產生比大阪更為繁盛的市民文化（日語稱為庶民文化或町人文化）。與此同時，京都一帶雖仍保持著相當的文化魅力（日語稱為上方文化），但十七世紀以後的日本文化絢爛成熟的呈現，其中心舞臺畢竟東移到了以江戶為中心的東部日本，這是毋庸置疑的事實。相對於傳統具有貴族色彩或武士精神的前代文化，江戶文化更具有庶民的內涵。

一六〇三年，德川家康將幕府正式設置在江戶時，它還只是個在歷史上名不見經傳的普通「城下町」（以日本式城樓為中心形成的城鎮），此後因幕府當局實行「參勤交代」制度，開始「天下普請」的大建設，幕府要求各地大名派出人力參與江戶的擴建，削平山頭，填埋窪地，架橋造屋，大興土木，到了一六三三年時，新城市已輪廓初現，漸成規模，寬永時期（一六二四～一六四四年）町人（市民，不包括武士階層）人口達到十五萬。江戶歷史上曾屢遭大火的毀壞，其中以一六五七年的明曆大火最為嚴重，幾乎燒毀了大半個江戶城。此後又制定新的城市建設規劃，著手新的建設，規模愈加壯大，據十八世紀上半期的人口調查，町人人口超過了五十萬，一般認為武士的人口也有同樣的數量，那麼到了十八世紀前期時，江戶已是個擁有一百萬人口的大城市了。而龐大的人口中，町人階層無疑是最具活力（經濟和文化上）的階層。町人一般指居住在城市中的工商業者（其中不乏腰纏萬貫的豪商），同時包含從事城市建設的工匠，和各種城市經濟活動的手工業者，或許可稱為近代以前的市民階級。

為了便於各地大名的參勤交代，以江戶的日本橋為中心，修建了通往各地的五條大道，分別稱為東海道、中山道、甲州道、日光道和奧州道，日語稱為「五街道」。

日本橋就成了江戶的商業中心。在居住人口眾多的大城市內，必然會形成生活日用品（尤其是生鮮食品）的市場體系。其中規模最大的是「青物（蔬果）市場」和魚市場。據一八六五年的統計，從事蔬果批發生意的總共有三百七十七家，其中純粹做蔬菜生意的有二百零三家，純粹做水果生意的有八十一家，兩者兼有的九十三家。就蔬果市場而言，江戶城內形成神田、駒入和千住三大市場，其中以神田市場為最大。這一市場形成於江戶初創期，存續了三百多年。到江戶末期時，這一帶的蔬果批發店多達近一百家，集中了全城三分之一左右。除了這三大市場外，江戶城內至少還有十六個蔬果市場。與蔬果市場幾乎具有同等規模的是魚市場。日本版清明上河圖《熙代勝覽》[46]中有相當篇幅描繪位於日本橋的魚市場，人來人往，極為興盛，其擁擠密集程度甚至超過《清明上河圖》的景象。魚市場與蔬果市場稍有不同，大致包含漁船的上岸市場、批發市場、仲介市場三個環節，因此都建在河岸碼頭，江戶城裡共有日本橋、新肴場等四大市場，日本橋市場形成於十七世紀初期，歷史最悠久，規模最大，其他在十七世紀中期前後陸續形成。

由於長達二百六十餘年的政局穩定和社會安寧，再加上幾乎與外界隔絕的孤島狀態，已在近兩千年歷史積澱中逐漸形成具有列島特色的日本文化，在江戶時代便漸漸蘊積、醞釀、催發、生長出諸多成熟的形態和樣式，獲得空前的發展，以至於現今人們所熟識的日本傳統文化，大部分竟是江戶時代才正式定型、正式登場、正式展現出身姿。比如戲劇中的歌舞伎和人形淨琉璃，詩歌中的俳句，繪畫中的浮世繪，通俗小說的假名草子、浮世草子、草雙紙、灑落本、讀本、滑稽本、人情本等，可說都是以江戶為中心的都市文化代表形式。

飽暖思淫欲，商人和工匠的大量誕生，催發了青樓業的興盛，在日本橋附近的吉原形成規模宏大的紅燈區，日語稱為「遊廓」，後來雖因火災而遷移地點，但盛況卻長久不衰，居江戶時代三大遊廓區之首。

京都原本只是個王城，雖然有不小的規模，但城市氣息一直不太濃厚，王公貴族和服侍的僕人以及宮廷官吏是居民的主體，後來參勤交代啟動了這座城市的商業繁榮，五街道中最主要的一條東海道，起訖點就是京都到江戶，京都成了眾多大名出發或中轉的樞紐，人口的流動來往給京都注入了活力，加上原本的底蘊，於是織染業、陶瓷業、釀酒業、餐飲業、旅館業以及青樓業逐漸興盛，十八世紀時，人口達到四十萬左右。

大阪位於近畿地區，與王城的關係密切，六四五年，大和朝廷曾在此建造難波宮，但不久就遭到冷落。十五世紀時，其南部的堺做為與海外進行貿易的視窗，曾經相當興盛，在戰國時期又衰落下來，直到一五八三年豐臣秀吉建造大阪城，再次在日本歷史上崛起，依靠便利的港口和海運，在江戶時期發展成一座大城市，關西一帶的各種貨物（尤其是食品，包括醬油、稻米、果物、蔬菜）多在大阪集散，被稱為「天下的廚房」，由此孕育了一大批商人。到了十九世紀初，大阪匯聚將近五十萬人口，成了江戶時代三大都市之一。

這三大都市的興起，與江戶時代長期穩定太平的社會、大規模的人員流動和海陸交通的相對完備，以及由此帶來的商業興盛是密切相關的。

46 作者不詳，畫作年代約在一八〇五年，描繪的是十八世紀末～十九世紀初的江戶場景，畫卷長達十二公尺，現藏於德國柏林國立東洋美術館，一九八〇年代才公之於眾。

第31講　江戶幕府為何青睞朱子學？

十幾年前五月的黃昏，我在東京乘坐中央線電車到御茶之水站下來，向北走過一座橋，看見東面有一片蓊鬱的樹叢，走近後，發現繁茂的樹林中掩映著中國式建築的屋甍，就是頗為有名的湯島聖堂，俗稱孔廟，氣勢宏闊的大成殿，最初據說是按照朱舜水繪製的圖樣建造。就像中國孔廟一樣，不只是祭祀的場所，而是與學校連成一體的。說起這所學校的創建人，應追溯到儒學家林羅山（一五八三～一六五七年），林羅山可說是江戶時期聲名最顯赫的儒學家，但江戶儒學的開山祖則是身為林羅山之師的藤原惺窩（一五六一～一六一九年）。惺窩早年在京都五山之一的相國寺為僧，在寺院裡既習禪，又學儒，成為一代名僧，江戶幕府第一代將軍德川家康曾召他去講《貞觀政要》。與朝鮮來的朱子學家交流中，他的儒學自覺意識開始覺醒，毅然脫離寺院，專攻儒學，並接受朱子學的新觀點和新方法。惺窩棄禪歸儒，標誌宋學已從禪學的卵翼中脫離成了一門獨立的學問。

由朱熹最後完成的朱子學，一般又稱為「宋學」。中國進入宋朝以後，思想界發生顯著的兩大變化。一是以程顥、程頤兄弟和朱熹為代表的宋學（又稱新儒學）的誕生。宋學打破漢、唐的訓詁之風，在宇宙觀、方法論乃至倫理學方面都提出許多新觀念，注入新思想。另一個變化是素來處於對立狀態的儒學和佛學（嚴格地說是禪宗）出現走向融合的傾向。

中唐時期成熟起來的中國式佛教——禪宗，入宋以後曾一度十分昌盛，它在理念和方法論上，與宋代儒學有不少近似點，比如，禪宗以見性成佛為主，宋學以窮理盡心為本；禪宗提倡回復自己的本原，宋學則主張探求自己的本性。禪宗的修行方法是坐禪內觀以達頓悟，宋學的治學方法則是靜坐省察以求豁然貫通。這些相通點，以及禪宗主動向宋學靠近，使得它們逐漸走向融合。

南宋以後的禪僧大多兼習禪、儒。宋學何時正式傳入日本，似乎沒有明確的起始年分，但將宋學著作帶到日本，並在日本傳播宋學的是從一二三五年到一二四一年在宋朝留學六年的高僧圓爾辨圓。圓爾在杭州師從無準師範，回國時除了佛學著作外，還帶回朱熹的《大學或問》和《論語精義》等著作，還為鎌倉幕府執政的北條時賴講解南宋人所著鼓吹儒道佛相通的《大明錄》，此後又在京都主持五山之一的建仁寺，弘布禪法同時傳播了宋學。

比圓爾稍晚的元初普陀山名僧一山一寧（一二四七～一三一七年）受元成宗委派於

一二九九年來到日本，因蒙元軍曾試圖攻占日本，一山開始時受到不友好的待遇（被囚禁），後來放棄政治使命，專事佛學，居住在寺院，最後受上皇之命主持位居五山之上的京都南禪寺。一山博學多才，除佛學外，還講授宋學，培養許多兼通宋學的高足。圓爾等日本僧人的主要功績是將宋學著作帶入日本，而一山等中國僧人到日本後則著重宋學義理的闡發，使宋學的學理得到播揚[47]。

江戶時期興盛的儒學，準確地說是朱子學，即由南宋朱熹建立的新儒學體系，最主要是「氣」、「理」說，即將宇宙萬象的存在看作一種氣，而這種氣得以存在和運作則是基於一種理，就人而言，前者為氣質之性，後者為本然之性，本然之性當合符理，就是所謂性即理的命題。總之它比較強調法則、規範和秩序。中國明、清兩代，統治者往往將其視作建立和鞏固統治秩序的理論依據。那麼，朱子學為什麼會在江戶時期的日本出現絢爛的興盛期呢？我想，理由大概有兩點：一是學者的理論自覺；一是連年戰亂之後，終於依據武力奪取政權的德川幕府出於鞏固政權、平定天下的需要，而在政治上加以支持和扶植的結果。

話題再回到林羅山。林羅山出身武士家庭，家境似乎並不富裕，十幾歲時在京都建仁寺內學詩作文，讀了不少儒學書，據說讀書很用功，寺內傳來開飯的木板敲擊聲他往往充耳不聞，經常錯過用餐時間。投入惺窩門下時，曾自編過一份《既讀書目》，共四百四十餘種，除儒學著作外，幾乎涉及兵、醫、法、史、佛和文學等所有門類，可說是個飽學之士。但也許讀得雜，往往不夠深入，所以惺窩指點他對學問要細加辨析。林羅山很早就設私塾招門徒，聚眾講學，主要講朱熹的《論語集注》。當時私人在民間授徒講學是有違官方傳統的，曾有人到德川將軍那兒去告狀，德川不以為忤，對他的行為網開一面。也許德川幕府已意識到朱子學對鞏固政權是一種有力的思想武器，這種思想愈是廣為播揚，對幕府的統治就愈有利。一六三〇年，幕府將上野的一塊土地賞賜給林羅山，他在此建造書院和文庫；一六三二年，又在尾張藩主德川義直的幫助下，創建孔子廟（又稱先聖殿）；林羅山去世後，他的子嗣又建立稱為「弘文館」的學寮，專事朱子學的教育；一六九〇年，德川幕府第五代將軍綱吉將孔子廟移到湯島，在此進行儒學經典的講授。

此後，一方面由於林家後繼乏人，一方面曾遭到兩次火災，學堂一度衰敗。後來在幕府的支持下，重新擴建學舍，網羅一批名流時彥，定名為「昌平阪學問所」，規定只能講「正學」（即朱子學），禁止其他異學。以後做為教育機構一直持續到明治初年（一八七一年），不過這批建築在一九二三年的關東大地震中遭到毀壞，之前提到的湯島聖堂是一九三五年重建的。

林羅山生前確實相當風光，二十三歲時由惺窩介紹去京都二條城謁見德川家康後，就受到幕府的重用，從此走上仕宦之途，幕府的文書律令幾乎都出自他的手筆，他的子孫也一直得到幕府的恩寵，說到底，是因為所宣導的朱子學贏得幕府當局的喜好。

德川家族靠背叛主公豐臣秀吉而獲得天下，上臺後又將天皇擱置一邊，為了取得各地大名的臣服，江戶幕府希望有一種思想理論能夠支撐自己的統治。朱子學的「天命論」正好迎合德川幕府希冀建立新權威的需求，而朱子學重法度、重秩序、重上下尊卑的思想，又為鞏固政權提供了理論保障。

說到中華文化或思想對日本的影響時，也應當注意到這些消極的負面因素。比如女性的社會地位，日本與中國不同，脫離母系社會相對較晚，歷史上女性擔任天皇也不是特例。在相當長的時期裡，女性在社會生活中扮演著較重要的角色，也具有相對較大的自由度，平安時期文學的主要創造者多為女性，直到室町時代，女性並沒有處於完全受壓制的狀態。但江戶時期，受朱子學中君臣父子思想的影響，女性地位降到最低點。

不過，朱子學不盡是保守的負面東西，朱熹所提倡的「格物致知」思想後來受到另一派儒學者的重視，並將其發展和充實，如曾拜朱舜水為師的安東守約及新井白石，還有江戶末期的佐久間象山等，就繼承和發展朱熹思想中合理主義的一面，他們更將朱熹學說中的「理」解釋為事物的規律性，由此推動日本人合理主義思維的發展，有人甚至認為，幕府末年和明治時期日本人較容易接受西方的現代科學技術，與朱子學中合理主義思想的傳播有關。

這種說法不是沒有道理，後期的朱子學學者大都是醫生和商人出身，他們較注重事物的實際功效和實在道理。同時，由於社會結構和社會組織的差異，儒學或朱子學的理念在中國和日本被理解和接受的角度和程度也有差異，最典型的例子就是日本「忠」的概念遠遠大於「孝」。在江戶時期，出現了眾多儒學者，闡述和發展儒學（主要是朱子學），也形成具有日本特色的儒學，或者說導致儒學的日本化。

47 這裡雖用了傳播或播揚這些詞語，實際上傳播的範圍是非常有限的，因其場所無非是五山禪僧和京都的公卿和所謂的博士之間，也就是說，宋學主要在都城的中上層有影響。

第32講 蘭學的萌發與國學的興起

探討近代以後日本和中國為什麼會走上大相徑庭的道路時，有一點不可忽視的原因是，日本在近代的前夜（一般認為閉關鎖國的江戶時代）曾形成「蘭學」，即以荷蘭為媒介，透過荷蘭語和德語（這兩種語言在語系上非常相近），汲取十六世紀以後（文藝復興時代及以後）歐洲出現的新知識，這些新的知識在相當程度上更新了日本知識分子的世界觀，由此傳播的新知識，也使得後來西洋文明在日本登陸時，江戶末年的知識先進立即就認識到西洋文明的意義和價值，並對此表現出歡迎的態度。

那麼，實施鎖國政策的江戶時代怎麼會形成蘭學呢？即便嚴厲的鎖國時期，江戶幕府還是在長崎的角落開闢了特區，允許中國人和荷蘭人在劃定的區域內和日本做貿易。荷蘭原本在長崎隔海灣相望的平戶港設有商館，一六四一年七月，奉命轉移到長崎的出島。與中國商人集居的「唐人屋敷」不同，荷蘭商館最初是荷蘭東印度公司在日本的分公司，後來成為國營機構，因此具有濃厚的官方色彩，商館館長是代表荷蘭的官方式人物，每年要去遙遠的江戶參見幕府將軍，後期改為五年一次，即便這樣，到一八五〇年為止，參見次數總共一百一十六次。其中有些人物將一路見聞寫成詳盡的考察記出版，成了西方早期研究日本的重要著作。不過日本方面，為了嚴禁基督教書籍流入，與荷蘭的貿易上，不允許有出版物進來，然而為了與荷蘭人聯繫，培養幾名通曉荷蘭語的翻譯，於是日本就有了一批懂荷蘭語的人。

來江戶的荷蘭商館館長曾先後把荷蘭博物學家德德奈斯（Rembetus Dodonaeus，一五一七～一五八三年）撰寫的《草木志》（*Cryydt-Boeck*）和出生於蘇格蘭的波蘭博物學家約翰斯東（John Jonston，一六〇三～一六七五年）撰寫的《動物圖說》（*Illustrations from Jonstonus's Historiae Naturalis*）呈現給當時參見的將軍，但沒人有興趣，書籍被束之高閣，蒙塵多年。到了一七二〇年，第八代將軍德川吉宗思想開明，對西方物品和知識比較有興趣，想起了這批書籍，命令對草本學很有研究的野呂元丈翻譯，於是野呂和青木昆陽一起學習荷蘭語。每年荷蘭商館的人來到江戶時，就向他們請教，一起探討，編譯出一本《荷蘭本草和解》，幾乎是日本對西洋著作最早的翻譯出版。從此以後，只要不涉及宗教思想的書籍，主要是醫學、植物學、動物學、地理學、航海學、建築學等著作就得到解禁，被允許帶到日本。青木昆陽則奉了德川吉宗的命令，繼續向長崎的荷蘭語翻譯學習荷蘭語，一七四三年編著《荷蘭話譯》和《荷蘭文字略考》，漸漸形成透過荷蘭語學習西方新知識的動向。

十八世紀的前野良澤是日本蘭學史上重要的人物，他本來是學醫的，四十七歲時決定轉向蘭學，跟著青木昆陽學習荷蘭語，並到長崎遊學。這時他已閱讀由德國人克魯姆斯（Johann Adam Kulmus，一六八九～一七四五年）原著、被翻譯成荷蘭語的人體解剖著作。一七七一年時，他參加了對女死刑犯的屍體解剖，很驚訝克魯姆斯的著作對人體結構描述得如此準確，覺得研究醫學、了解人體結構及各內臟之間的關係是十分重要的，於是決定與杉田玄白等共同著作，經歷三年半時間和多次修改，終於在一七七四年出版《解體新書》，標誌著日本蘭學的正式成立。書中有篇用漢字漢文撰寫的序言：「阿蘭之國，精於技術也。殫心力，盡智巧，而所為者，宇宙無出其右者也。故上自天文醫術，下至器械衣服，其精妙工致，無不使觀者爽然生奇想焉。」後來杉田玄白在一八一五年出版了一本記敘自己與同仁們學習研究蘭學經歷的回憶錄《蘭學事始》，蘭學這個詞語廣泛被大家所接受了。

由西方傳入的新地理學知識，很大程度上改變了日本人的世界觀。以儒學家著稱、對西方新學問極有興趣的新井白石在一七一三年寫了一部《采覽異言》，最早參照利瑪竇（Matteo Ricci）的《坤輿萬國全圖》，地名標注基本上沿襲利瑪竇的漢譯名，又參考由荷蘭商人傳入的其他各類世界地圖。全書分為五卷，分別是歐羅巴、利未亞（非洲）、亞細亞、南亞墨利加（南美）、北亞墨利加（北美），體系比較完整。一八〇三年，蘭學家山村昌永根據所得最新知識對這部書進行大幅度增補，完成《訂正增譯采覽異言》，篇幅是原著的十倍左右。

一七三七年出版的北島見信《紅毛天地二圖贅說》，是在長崎荷蘭語翻譯西善三郎的說明下，根據此時傳入日本的德國天文學家約翰尼斯．赫維留斯（Johannes Hevelius）原著（一七〇〇年出版於阿姆斯特丹）編譯的，有上、中、下三卷（下卷已散佚），對星名和地名都有較詳細的注釋解說。十九世紀上半葉出版的地理學著作，主要有箕作省吾編譯的《坤輿圖識》、《坤輿圖識補》和杉田玄端翻譯的《地學正宗》。後者基本上是荷蘭人普林森（P. J. Prinsen）《地理學教科書》的翻譯。

蘭學在日本最大的意義在於一批日本知識分子以欣賞和接受的態度注意到西方傳來的新知識，並得到官方的支持和鼓勵，這些西方新知識為日本人迎接新時代到來提供了重要的鋪墊。

江戶時代另一個在思想和學術上值得注意的動向是所謂「國學」的興起。日語語境中所謂國學，就是力圖將日本思想和精神回歸到受儒學和佛教影響之前的日本原典，具體來說就是日本最初出現的典籍《古事記》和《日本書紀》，以及後來以《萬葉集》、《古今和歌集》、《源氏物語》為代表的日本平安時代古典作品，從中開掘出原本的思想精神，強調天皇家族的創世神話，從而突出日本做為神的國家的獨特性，因此必須排斥外來的儒學思想和佛教思想。這可看作日本民族意識的覺醒和張揚，也可看作日後日本狹隘的民族主義在近代以後登場的一幕序曲。

前面講到，江戶幕府從鞏固政權的立場出發，將強調等級尊卑的朱子學列為官方的意識形態，此外，也非常抬舉佛教，佛教寺院組織成了幕府管理民眾的重要輔助機構。在這樣的背景下，一部分日本知識分子開始從古典研究中尋找本土的思想資源，較早的有十七世紀後半期的契沖，他在《萬葉集》、《古今和歌集》和《伊勢物語》等研究上蜚聲日本，被認為奠定了日本國學研究的基石，而十八世紀前半期的荷田春滿則是契沖的繼承者，研究重點在《古事記》和《日本書紀》，他試圖從日本古代創世神話中尋求真正的日本精神，因此同時宣導「復古神道」，即讓神道回到儒學和佛教傳入之前的狀態，以此張揚日本人的本我意識。而國學的集大成者則是聲名卓著、十八世紀後半期的本居宣長。

本居宣長出生於商家，有志於醫學，又轉為儒學，在醫、儒兩方面都有不淺的造詣。後來拜在國學家賀茂真淵的門下，在《古事記》和《源氏物語》上花費了很大功夫，歷時三十四年，撰寫《古事記傳》，對《古事記》進行詳盡的注釋和解說，至今依然被視為研究《古事記》的一部經典。透過對《源氏物語》等傳統文學作品的研讀，他認為「物哀」是日本文學的一般理念，即日本人在審美上更多的是強調感性的美、感性的情調和情趣，以及基於審美的感動。這一主張對後世的日本文化理解，產生悠長的意義。

和其他國學家一樣，本居宣長排斥從中國傳來的儒學和佛學，宣導所謂的「古道學」，要從日本最初的民族歷史中找尋原始的日本精神。這一主張到了他的再傳弟子平田篤胤，就走向進一步的極端，把宣導國學與復活古代神道、推崇皇祖皇神和天皇皇權神授的思想緊密連結，對幕府統治的合法性提出挑戰，結果遭到幕府排斥，將他逐出江戶。

簡而言之，在江戶時期，日本思想界出現三大動向，一是幕府當局接受和鼓吹來自中國的朱子學，因它強調尊卑秩序的理論有助於幕府政權的統治；第二是透過荷蘭文傳入、接受西方新知識的蘭學，它為近代以後日本接受西洋文明做出有力的鋪墊；第三是對上述兩種思潮反動的國學，主張從上古時代尋求原始的日本精神，是日本人本體意識的張揚。這三種動向或說思潮，都以不同形式為日本近代以後的發展鋪設了潛在的軌跡，後面再進一步論述。

第二輪大飛躍：進入近代社會

第33講 佩里將軍為什麼被日本人視為「恩人」？

二〇一五年一月，一個風清氣朗的冬日，我從東京日暮里車站乘坐山手線轉乘京急線，前後花了近兩個小時到達神奈川縣橫須賀市久里濱。來到這個頗為偏遠的地方，不是為了訪友或參加活動，而是專程來看看佩里紀念公園。

出車站，沿著人跡稀少的大道向東行走，不到二十分鐘就來到佩里紀念公園。大道走到盡頭向左轉，東側是一片開闊的海灣，水藍色的海面與明淨的碧空連成一體，四周一片靜謐。面對著海灣的是占地約三、四畝不算廣大的佩里紀念公園。

佩里（M. C. Perry）對華人而言不算很熟悉的名字，但在日本家喻戶曉。做為當時美國東印度艦隊司令，一八五三年和一八五四年兩次率領塗上黑漆、部分具有蒸汽機動力的軍艦（日本史稱「黑船」），以武力打開日本國門，由此結束長達兩百多年的鎖國時代。此前，美國為了獲取在東亞的權益，鴉片戰爭之後不久的一八四四年，迫使中國簽署了大抵與《南京條約》相近的《中美望廈條約》。中國人大概都不清楚是誰代表英國或美國與清王朝簽署這樣的不平等條約，更遑論為他們建造紀念公園。可是，日本人卻在當年美國海軍的登陸地點，在土地資源稀缺的東京灣一側，為這樣的武力來犯者專門修建了一座紀念設施，想來真有點匪夷所思。

這絕對談不上是個美麗的公園。樹木低矮而稀疏，兩側是三、四層有些老舊的住宅樓，東北一隅放置一些兒童遊樂設施[48]。冬日裡幾乎見不到綠蔭的公園中，高高聳立的佩里紀念碑格外醒目。這一紀念碑是一九〇一年由美友協會建立，花崗岩底座上矗立著一大塊具有天然紋理的巨石，上面用漢字書寫著「北米（美）合眾國水師提督伯理（日文漢字譯名）上陸紀念碑」，出自伊藤博文的手筆，背面刻有英文，底座前面是一幅刻世界地圖，標示著佩里艦隊自美國來到日本的航路，還有日、英兩種文字的說明，上面寫道：「一八五三年七月八日，來到浦賀海面的美利堅合眾國東印度艦隊司令佩里在此地的久里濱海岸登陸，將總統菲爾莫爾（Millard Fillmore）的親筆信遞交給江戶幕府，翌年在神奈川締結日、美兩國之間的友好條約，這一系列事件成了將幕府統治下鎖國狀態的日本拉回到世界的原動力。」這一評價不可小覷，它表示日本人對佩里和美國這一軍事舉動的認識。

德川家康一六〇三年開創江戶幕府後，認為十六世紀後半葉西方傳教士登陸，和由此傳來大航海時代以後的西洋文明攪亂了日本的傳統社會，於是逐漸推出一系列海禁政策，最後除了留出長崎一隅與中國人和荷蘭人做貿易之外，禁絕一切外國人上岸和日本人出洋，甚至不允許在海外居住五年以上的日本人回國，視金髮碧眼的西洋人如洪水猛獸，怕他們會動搖德川家族的統治，就是被後人稱為鎖國的時代。因此，除了極少數領域外，日本與世界暌隔了兩百多年。佩里的舉動明顯帶有軍事侵略的含義，但日本人卻認為是「將幕府統治下鎖國狀態的日本拉回到世界的原動力」，言語之間，掩飾不住感激之情。

公園的西北隅，有座明治時期洋樓風格的兩層建築，乃佩里紀念館，由橫須賀市教育委員會管轄，內有管理員，無需門票，一樓的玻璃窗內陳列著當年佩里率領的四艘軍艦模型，二樓是較為詳細的陳列室，其實無太多陳列物，倒是展出了一封佩里寫給他女兒的信函，突出了他的慈父形象。

上述這些對佩里以武力打開日本國門舉動的認識，大抵是明治後期（尤其是戰後）日本人的感覺。事實上，進入十九世紀以後，西方列強試圖以各種方式在東亞拓展勢力範圍，東亞各國一開始都對此表現出高度警覺和戒備，實行兩百多年鎖國政策的日本更是如此。英國馬戛爾尼（George Macartney）一行來到中國不久後的一八〇三年七月，一艘美國船來到長崎，要求與日本展開貿易，遭到幕府的拒絕；一八〇五年，俄國使節雷查諾夫（Nikolai Petrovich Rezanov）將漂流到俄國的日本漁民護送到長崎時，提出與日本進行貿易的要求，也遭到幕府的拒絕，幕府同年發布公告要求各地大名警戒俄國船隻的進入。以後又不斷有英國船隻、美國船隻和俄國船隻進入日本港口，要求補充淡水和燃料等，其中以俄國船隻最為頻繁，幕府一度發布命令，要求各地嚴厲驅逐俄國船隻。從以上事實可看出，日本人並不是一開始就對西洋勢力的進入抱持開放和歡迎的態度，而是用了各種方式試圖阻止並驅逐外來勢力。為什麼一八五四年會允許佩里率領的東印度艦隊在橫須賀久里濱靠岸並堂而皇之地列隊登陸呢？而且接受美國人的要求，與美國簽署日本歷史上第一個對外條約《日美和親條規》，向美國開放下田和函館兩個港口呢？

我覺得有兩大原因：第一個原因是一八四〇年中英鴉片戰爭中，中國敗給英國的結果，使日本朝野受到很大的震驚。雖然由於鎖國的關係，日本獲得的情報嚴重滯後，具體細節日本並不很清楚，但當時有份《別段風說書》報告，傳達鴉片戰爭的情報，因此日本對於戰爭的結果是明白的。日本在十七世紀初從傳教士那裡獲得一定的世界地理知識，利瑪竇的《坤輿萬國全圖》曾在日本廣泛流傳，日本已知曉世界大勢，又透過蘭學獲取更多新地理知識，對於英吉利、法蘭西、阿美利加這些國家並不陌生，也知道這些國家愈來愈常出現在人們的視野中，但沒想到英吉利竟然打敗大中華，而大中華兩千年來一直是日本仰慕的泱泱大國。鴉片戰爭的結果，讓日本人知道歐美新興國家的厲害。

一八五三年七月，佩里海軍準將第一次率領黑船艦隊來到江戶灣時，日本人不敢輕易用武力驅逐，而是虛與委蛇，讓美國人和平撤離了；然而當美國人按照日本的允諾，在一八五四年一月再次出現在江戶灣時，日本經過痛苦的思慮之後，答應美國人的要求，且他們的要求也不太過分，只希望開放兩個港口，讓美國來到太平洋西邊的捕鯨船補充一些淡水和燃料而已。

第二個原因是荷蘭人的勸告。鴉片戰爭後，日本的有識之士意識到，日本有一天可能也會受到西方列強的進攻，因此主張日本應該引進西洋的近代武器，加強海防，以抵禦外來的進犯。荷蘭人透過荷蘭商館了解到日本這一新動向，於是荷蘭國王在一八四四年派遣使者搭乘軍艦來到長崎，向幕府將軍遞交一份國王親筆信，建議日本打開國門，以適應新國際局勢。幕府將軍表面上雖然沒有接受，實際上內心有所觸動。後來荷蘭又主動透過在印尼的總督府向幕府當局提供國際局勢變動的新情報，幕府由此知曉歐美各大國正迅速崛起，其力量不可小覷，因此，當佩里將軍的艦隊第二次來到江戶灣時，日本迫不得已，對西方國家第一次正式打開了國門，在日本近代史上，被稱為「開國」。

緊接著，日本向荷蘭訂購兩艘軍艦，在長崎開設海軍傳習所，由荷蘭軍官充當教官，是日本近代海軍的起步。一八五六年一月，兩國簽署《日本荷蘭友好條約》，第二年，就通商問題簽署補充條約，這是日本與外國簽署的第一份通商條約。其他西方國家看到美國、荷蘭已經先行一步，紛紛跟上，或以武力，或以甜言蜜語，英國、法國、俄國也在一八五八年與日本簽署通商條約，日本國門徹底打開，西方勢力憑藉著條約在日本合法登陸，這些條約雖然包含著不少不平等內容，但日本從此融入到暫且由西方世界主導的新世界中，且以自己的努力，免於淪為西方的殖民地，日本的近代由此拉開帷幕。

事後日本人覺得幸虧當年佩里將軍將日本強行拉到新世界的行列，使日本在痛苦的烈火中涅槃重生，在東亞，繼而在世界上巍然崛起。這一切改變了日本人的世界觀，原本是用武力敲開日本國門的外來進犯者，搖身一變竟然被後人認定是近代日本的恩人。這樣的認識，在很大程度上，決定了日本近代發展的方向。

48 日本的公園大多是為兒童修建的。

第34講 日本近代的大幕是明治以後開啟的嗎？

二〇一八年是明治維新一百五十週年，不僅日本舉行隆重的官方紀念大會，連一海之隔的中國在南北各地也舉行形式不一的各種學術研討會，討論明治維新在東亞近代史上的意義。由此給人造成一種錯覺，似乎是推翻了保守的江戶幕府，一八六八年的明治元年開啟維新的大幕，隨著「明治維新」一詞深入人心，這一意象似乎愈來愈固化了，但實際情形卻不是這樣。

佩里在一八五三年和一八五四年兩次武力宣示的結果，就是幕府與美國簽署了一份《日美和親條約》，主要內容是日本向美國開放下田、箱館（現寫作「函館」，日語讀音相同）兩個港口，為遭到海難的美國船舶提供便利，以及美國可在下田設置常駐代表。雖然沒有太多實質性內容，卻宣告幕府實施了兩百多年的鎖國政策終止。當時幕府名義上還是德川將軍為首，但實際主政的是名曰井伊直弼（一八一五～一八六〇年）的大老（官職名，略等於宰相），他比較有眼光，從荷蘭人送來有關世界大勢的最新情報，以及美國人登陸時的裝備、武器和軍隊的狀態，大致判斷出在日本所不熟悉的歐美世界中，已有一種新的文明誕生了，日本不宜再像以前那樣閉關鎖國，而盡可能以和平的方式與西方打交道，在與他們進行交往的過程中進一步了解新的文明形態。

一八五八年，在他的主持下，日本與五個西方國家美國、英國、法國、荷蘭、俄國簽署友好通商條約，主要內容是：除了下田、箱館之外，另外開闢長崎、新潟、神奈川（今橫濱）、兵庫（今神戶）為開放港口，江戶、大阪為對外開放市場，各國可在開放的港口城市開設領事館，並可在江戶派駐代表等。但這些所謂的友好通商條約在很大程度上是不平等條約，不平等的內容主要體現在以下幾個方面：第一是所謂的領事裁判權，意思是簽訂條約的這些外國人，如果在日本犯了罪，日本官府不能審判他們，而應移交給這些國家駐日本的領事館，由這些國家根據本國法律來判決，這樣一來，日本人在司法上對外國人喪失獨立的權力，另一方面，當時的日本還沒有建立比較完善的近現代法律制度；第二，日本沒有關稅自主權，不能對這些國家進口到日本的商品自行決定關稅，當時初步定了二〇%的稅率，這個稅率對於進口的國家來說，應該是不低的，雖然沒有自主權，也還算可以吧。就這樣，一八五八年，透過這些條約，日本向西方國家幾乎全面打開了國門，自此，西方勢力全面進入列島。

面對強勢進入的西方文明，江戶幕府並不是消極地應對，最高當局相當一部分人已意識到西方文明的先進性，在明治年代開啟的一八六八年前，幕府已主動採取一系列措施，對西方文明表示出積極歡迎的態度。也就是說，改革和維新在幕府時代就已開始了。下面舉一些具體的例子。

一八五七年二月，幕府設立「蕃書調所」[49]，一八六二年，蕃書調所改名為「洋書調所」[50]，一八六三年又改成開成所，成了一所接受新知識的教育機構。明治以後演變為東京開成學校，一八七七年成立的東京大學，開成學校就是兩大母體之一，換句話說，它是赫赫有名的東京大學前身。其性質類似中國一八六二年開設的同文館，但後來取得成就明顯高於同文館。

一八五八年八月，幕府在長崎設立英語傳習所（之後不久，橫濱也開設這樣的學校），後改為洋學所，培養面向世界的人才。也就是說，中國與英、法發生第二次鴉片戰爭時，日本人已著力培養通曉西洋文明的新型人才了。

一八五九年七月，幕府決定開闢神奈川為外國人居留地。同年，英國、美國、法國分別在江戶設立領事館或公使館。多名傳教士以各種名義來到日本，並在領事館內設置教堂[51]。

一八六〇年二月，日本人購自荷蘭的一百馬力蒸汽機船定名為「咸臨丸」[52]，由日本人掌舵，跨越太平洋駛往美國訪問，這是日本人有史以來第一次前往北美。艦長是赫赫有名的勝海舟，而明治時期著名思想家的福澤諭吉則是同行者。同時出發的還有幕府使節，他們搭乘另一艘一同出發的美國軍艦，這次出海是日本人近代第一次正式出訪外國，目的是與美國交換條約的批准文書，受到美國總統接見[53]。這一行日本人在美國進行廣泛的考察，親眼見到文明程度相對較高的美國，改變了日本人的世界觀。

一八六二年十一月，幕府第一次向荷蘭派遣十一名官費留學生[54]。這一年，幕府創辦日本近代第一份報紙《巴達維亞（今譯「雅加達」）新聞》，這是將荷蘭在爪哇的東印度當局贈送給幕府的《爪哇報》（*Javasche Coutant*）按國別編輯記載的刊物，兩個月內發行了二十三卷，目的是給各級官府和民眾傳遞海外知識和資訊。

一八六五年五月，幕府向法國派遣官員，以調查國外的軍事情況，這是日本官方第一次派人去歐洲，這些人將近一年後回國，帶來大量的新知識和對西洋文明的新認識。同一年還向俄國派出六名官費留學生前往聖彼德堡。同年，幕府當局還把在華的美國傳教士丁韙良漢譯的《萬國公法》[55]引入日本，當時日本的中上層人士都有很好的漢文閱讀能力，這本書被引進時，沒有經過翻譯，只是對漢文進行日本式句讀和訓讀，翻刻後大量出版，日本人對國際法的了解，就是從此開始。

一八六六年十二月，幕府向英國派遣十四名官費留學生。這一年，將以前建立的軍艦操練所和講武所分別改名為海軍所和陸軍所，成為培養近代海軍和陸軍的正式機構。第二年，幕府在陸軍所設立三兵（步兵、騎兵、炮兵）士官學校，由法國人主講，在海軍所由英國主講航海技術等[56]。

從以上列舉的事實，大家想必已經明白，日本近代的改革大幕並非一八六八年進入明治時代以後才正式拉開的，早在幕府末年，就已經提出了一些相當有力的政策和措施，為以後幅度更大的明治維新奠定了基礎。

---

49 蕃是當時日本人對外國（尤其是西洋各國）的稱呼，當年的中國人也是如此，比如把山芋或地瓜稱為「番薯」，中國江南一帶，現在仍然如此稱呼，因番薯是十六世紀以後由西洋人從中南美洲傳到東亞來的。日本的蕃書調所就是對西洋的書籍進行學習研究的機構，也是當時獲得西洋知識和情報的地方，可說是日本第一所學習和研究西洋的學術教育機構。

50 別看一字之差，態度就不一樣了，「蕃」是帶貶義的，「洋」完全是中性詞，那個時代還明顯地帶有褒義。

51 十七世紀初實施鎖國政策最重要的內容，就是嚴禁各國傳教，曾頒布很嚴格的禁教令。這時，對於基督教的傳入，也就睜一眼閉一眼了。

52 日本長期鎖國，不允許建造二百噸以上的船隻，兩百多年中，西洋蓬勃發展，而日本則完全沒有建造大型船隻的能力，更缺乏建造蒸汽機船的技術，遠行海外，只能拿出十萬美元購買這艘船，當時十萬美元可是一筆鉅款。這艘船現在看來也不大，長四十九公尺，寬七公尺，有三根桅杆，可用風帆和蒸汽機同時做為動力。

53 比中國使節郭嵩燾一八七六年的歐洲之行早了十六年。

54 比中國第一次向美國派遣留美學童早了十年。

55 《萬國公法》美國國際法學者惠頓（Henry Wheaton）在一八三六年寫成，丁韙良在傳教時發現中國人普遍缺乏西洋人創建的國際法，就翻譯出版了這本書，可是這本書當時在中國並沒有太大的影響力，倒是日本人認識了它的價值，在幕府當局的鼓勵下，大量刻印出版。

56 同一年在福州建立中國近代第一所船政學校，即馬尾船政學堂，從這點上來說，中、日的近代海軍差不多是同時起步的，只是日本近代陸軍的建設要早於中國。

第35講　尊王攘夷旗號下的薩英戰爭和下關炮擊

前文談到學習西方的動向早在江戶幕府末期就已顯現出來了，可是幕府的一系列舉措，卻招來一些地方勢力的強烈反彈，我覺得有兩個原因。

第一個原因是真的痛恨西方勢力的進入，覺得如此一來，日本的國運將會被西方勢力所左右，將不再成為日本了，幕府對於西方列強過於軟弱。而遠在京都的朝廷也對幕府在沒有獲得朝廷批准的情況下，擅自與西方國家締結通商條約的做法十分不滿。

第二個原因，德川家族已統治日本兩百多年，雖然整個江戶時代，日本政局大致穩定，但統治階層的活力和元氣已明顯衰弱，是時候改朝換代了。於是距離政治中心江戶較遠的九州南部薩摩藩、四國最南端的土佐藩（今高知縣）和本州最西端的長州藩（今山口縣）的政治勢力就與朝廷的力量聯合，舉起「尊王攘夷」[57]的旗號。一八六二年到一八六四年間，日本發生兩次大事件，也可說是尊王攘夷派把他們的主張付諸實踐的兩次大行動。

先說一八六二年九月十四日發生的。英國商人查理斯・理查遜（C.L. Richardson）

在上海等口岸城市開放不久，就來到中國做生意，待了十幾年之後準備回國，順便到日本看看，來到當時已對外開放的橫濱，和做生絲生意的英國商人、在美國貿易公司做事的英國人和來此地觀光的夫人一起騎著馬前往川崎大師（平間寺）做短途旅行，途中在神奈川生麥（今橫濱市鶴見區西南部）與薩摩藩藩主的父親島津久光一行狹路相逢。當時的薩摩藩是尊王攘夷派的大本營，他們來此的目的就是向幕府質問當前的國策，對於金髮碧眼的洋人一直心懷不滿，雙方在生麥發生齟齬，引起衝突，同行的薩摩藩藩士一時氣盛拔刀刺死了理查遜，並刺傷同行的兩名英國人。全世界所向無敵的英國人當然嚥不下這口氣，英國代理公使愛德華・尼爾（E. Neale）代表英國政府要求幕府對肇事者進行處罰並賠償十萬英鎊。當時的德川幕府對全國的統治力已大為下降，雖然賠償了錢款，卻無法讓薩摩藩把犯人引渡給英國，尼爾代理公使決定自己解決問題。

翌年（一八六三年）八月十五日，七艘從橫濱出發的英國軍艦行駛到薩摩，要求薩摩藩交出凶手並認罪。薩摩藩還沒有領教過西方堅船利炮的厲害，對英國人的要求不予理會。英國軍艦便對薩摩進行炮擊，恰好此時颱風來襲，炮火順著風勢把鹿兒島城化為一片火海，英國也因風暴而遭到很大的損害，且因彈藥和糧食不足而未敢戀戰，撤離鹿兒島海面。這就是日本近代史上所謂的「薩英戰爭」。

這次交火，英軍雖然沒有占領薩摩，卻讓薩摩藩深切領教到英軍的厲害。「攘夷」

派意識到自己一直主張要攘除的夷人，並不是茹毛飲血的蠻夷之輩，而是有著先進文明的洋人，他們的艦船和炮火根本不是眼下日本的海防能力所能抵禦的。這一次交手可說徹底改變他們對於洋人的看法。薩摩藩在這年十一月派人在橫濱與英國代理公使尼爾展開談判，向英方道歉，賠償十萬錢款。從此以後，薩摩藩意識到必須向強敵英國學習，日本才可能變得強大。

一八六五年四月十七日，他們經過多次商議之後，籌措錢款，在未得到幕府許可的情況下，選拔十九名青少年，偷偷派他們去英國留學。這批年輕人中，後來出了不少英才，其中有著名的森有禮，他當時才十七歲，至英國後立即接受新思想，在倫敦大學接受教育，後又去俄國考察海軍技術，再到美國學習教育，歸國後宣導宗教自由，介紹西方的新式教育，後文的啟蒙思想運動會進一步提到。一八八五年，伊藤博文組成第一屆內閣時，任命森有禮擔任第一任文部大臣。他甚至激進地主張廢除日語，以英語為日本國語，結果遭到暗殺。

薩英戰爭爆發的同一年，日本還發生了一件事。一八六三年六月二十五日，後來推翻幕府的急先鋒長州藩，對經過下關（又稱馬關）海峽的美國商船悍然進行炮擊，又對各國的軍艦加以攻擊。這是很嚴重的攘夷行為，它的發生有兩個背景。

第一，那時英國人還沒有派遣艦隊攻打薩摩藩，一般日本人沒有嘗過西方軍力的威猛，所以長州藩敢於做出這樣的挑釁行為。第二，朝廷對於幕府的開放態度一直心存不滿，朝廷雖已沒有實權，但形式上還存在，重大的決策在程序上必須獲得朝廷的許可，當一八六三年三月幕府第十三代將軍德川家茂去京都時，朝廷要求幕府從五月十日開始實行攘夷政策，對西方的態度要強硬起來。幕府不得已給各藩發布攘夷的指示，同時告誡地方上各藩，如果與西方各國發生戰爭，日本不可能獲得勝利，反而會招來慘敗。但位居關門海峽重要通道上的長州藩，還是決定和西方各國較量一下。他們在海峽兩岸安裝炮臺，六月，先後對透過關門海峽的美國商船、法國商船甚至和日本關係很好的荷蘭商船逐一展開炮擊，這些商船沒有防備，被打得措手不及，死傷不少人。這一行為得到朝廷的褒獎，長州藩頓時覺得志氣大漲，心裡好不得意。受到攻擊的美國立即對幕府提出抗議，幕府表示會處理好這件事。

美國人覺得以當時幕府的實力，恐怕難以控制各藩的攘夷勢力，於是決定自己動手。美國海軍對海峽的日本炮臺進行還擊，擊毀大部分炮臺。但長州藩依然士氣高昂，軍民動員加強防備。這時英國人站出來了，英國商船雖沒有受到攻擊，但一旦海峽被封鎖，英國商船就無法通過海峽，對英國在日本及遠東的貿易將帶來重大的損失。於是英國公使艾爾考克（J. R. Alcock）說服了法國、美國與荷蘭，一起組成聯合艦隊，總共有十七艘軍艦，五千餘兵力，一八六四年九月五日，浩浩蕩蕩開往下關海峽。而長州藩的兵力只有兩千餘人，炮臺也大半被美國人摧毀了，為了虛張聲勢，就弄了些木頭的炮臺裝裝門面，對於列強的要求不予理睬。結果可想而知，龐大的四國聯合艦隊一起開炮，一時間濃煙滾滾，炮火連天，在四國艦隊的強勢進攻下，長州藩的炮臺被全部摧毀，完全敗下陣來，甚至在陸上的戰鬥，日本人的冷兵器也無法抵擋西方軍隊的來福槍。

英、法、美、荷四國提出五個要求：第一保證外國船隻在海峽的通行自由；第二向外國船隻出售其必需的物品，比如糧食、煤炭等；第三是遇到惡劣的天氣，允許外國船員上岸；第四撤出所有的炮臺；第五向四國賠償三百萬美元。處於劣勢的長州藩只得全部接受這五個要求。當然，三百萬美元的賠款，最終是由幕府支付。經過這次交手後，原先攘夷態度堅決的長州藩，徹底醒悟西方的強大和先進，於是收起攘夷的旗號，後來積極主張導引西方文明的明治領袖伊藤博文、井上馨等都是出自長州藩。

由此可知，日本人不是一開始就服膺西洋文明的，經過兩百多年的鎖國政策之後，排外風潮相當激烈，但一旦領教了洋人的厲害後，立即改弦易轍，拜洋人為師。薩摩藩後來開辦不少新興產業，成了維新的策源地之一，今鹿兒島市內有座「維新故鄉紀念館」，宣揚當年的薩摩藩在明治維新的豐功偉績，而對當年刀光血影的薩英戰爭，幾乎一字不提。長州藩的下關後來成了開放港市，早早開設英國領事館，這一建築至今仍然被珍貴地保留著，成了重要的文物。日本人對內對外的審時度勢是非常現實主義的，臉面雖然很重要，但在現實利益面前，也可以輕易地丟棄。說到底，日本人骨子裡服從強權的思想，還是根深柢固的。

57 尊王攘夷的旗號，最初是東周末年，由齊桓公等宣導的思想，目的是重新恢復周王室的權威，消滅干預挑戰王室權威的周邊夷狄勢力。到了宋代時，也有人舉起這一旗幟，目的是維護漢民族國家的領土完整，抵抗外來的侵略勢力，重點在於忠君愛國，並在朱熹的思想中得到理論的提升。一八六〇年代，日本這些地方勢力也試圖用這一口號或旗幟重新恢復天皇的統治，把西方勢力趕出日本。或許，也可以看作是日本在近代的第一次民族主義思潮和運動。

第36講 皇權復位，新政權登場

前文詳細講述尊王攘夷的旗號中，攘夷的內容如何被刪除。但尊王的主張——推翻幕府將軍的統治，重新恢復天皇（朝廷）的統治，已成了許多地方勢力（尤其是薩摩、長州和土佐三藩）的共識。以這三藩的力量為主體，在全國形成推翻幕府（日語稱為倒幕）的武裝力量，與幕府軍隊之間展開多年的較量，終於在一八六七年十一月九日，迫使江戶幕府第十五代將軍德川慶喜，做出將政權交還朝廷的決定。

先說說「公武合體」。日語中的「公」是王公貴族（即朝廷之意），「武」是武家政權（即由將軍主政的幕府政權）。所謂公武合體就是朝廷和幕府共同組成政權的意思。這個設想是較強勢的江戶幕府大老井伊直弼被攘夷派浪士暗殺之後，接替其權力的老中安藤信正等提出來的，表面上是幕府讓一步，讓被擱置在一邊的朝廷加入政權的核心，實際目的還是為了平息尊王派的不滿和反抗，能夠繼續維持幕府的長久統治。一時間，曾堅決主張尊王攘夷的薩摩藩也覺得這個妥協的設想可以接受，並幫助幕府把尊王攘夷的勢力從京都驅逐出去。但最終，公武合體的方案還是未能獲得各方的認可，各種力量之間發生意見紛爭，特別是對這一設想持支持態度的幕府第十四代將軍德川家茂和京都的孝明天皇，都在一八六六年突然去世了，公武合體的設想也就流產了。

既然公武合體的設想行不通，恐怕只能在朝廷和幕府之間做個選擇了。這時，經過土佐藩出身的阪本龍馬等斡旋，薩摩藩的西鄉隆盛等和長州藩的木戶孝允等在一八六六年結成薩長聯盟，決定以兩藩為中心，組成統一的倒幕力量，試圖推翻德川幕府。幕府當然不願意坐以待斃，派出軍隊討伐長州藩，於是幕府軍隊與倒幕的武裝力量展開戰鬥。由於外國商品大量湧入造成日本的經濟混亂，民眾對幕府不滿的聲音愈來愈高漲，小規模的農民造反運動接連不斷，人們期望改換政權，以迎來一個良好的時代。在這樣的情況下，幕府的軍隊失去民意的支持，幾次討伐都沒能獲得勝利，倒是倒幕勢力愈來愈壯大了。就在這時，幕府最高領導人、第十四代將軍德川家茂突然病死了，德川慶喜被推上第十五代將軍的位置，他剛剛上任，也不知該如何處理這一危難的局面。

這時，土佐藩藩主後藤象二郎給德川慶喜提了個建議：以薩摩藩和長州藩為首的倒幕聯盟來勢洶洶，如果不做出一點讓步，恐怕會引起更大規模的內戰，你不如發表一個聲明，名義上把政權交還給朝廷，他們倒幕就師出無名了；而朝廷自從平安時代末期以來，就沒有真正執掌過政權，交給他也運作不了，你名義上上面頂著個朝廷，表面上把權力交還給朝廷了，而實際上依然可以掌控政權。

德川慶喜一想，這個主意不錯，於是在一八六七年十一月九日，通過下臣向朝廷提交大政奉還的表文，名義上是將政權交還給朝廷，薩摩藩、長州藩再進攻幕府就沒有理由了。結果果然像德川慶喜所設想的那樣，剛繼任皇位的明治天皇才十五歲，根本沒能力恢復實際的皇權統治，仍然任命德川慶喜擔任征夷大將軍，並擔任新政府的內大臣，實際政權運作依然由原來幕府的一套班子來進行。

對於形式上的「大政奉還」，倒幕的薩摩藩、長州藩領袖們顯然不肯接受，一方面出於權力的爭奪，一方面出於國家前途的考量，他們決定繼續用武力徹底推翻幕府，結束將近七百年來由幕府實際執政的政治形態，恢復天皇的實際統治，在國際上樹立一元統治的政治體制。於是一八六八年一月，在天皇的許可下，倒幕派（包括宮廷內主張倒幕的岩倉具視等）在京都的御所舉行會議，發出「王政復古」號令，宣布解散幕府的現有政權，而另成立新政府，擁戴天皇為最高國家元首，廢除德川慶喜的一切官職，這樣一來，原來在野的倒幕派武裝，一下子變成政府軍，而原來德川慶喜的幕府軍，倒成了被征討的對象。當時的局面真有點混亂，日本各地的藩（地方勢力）一時間形成兩大派別，一派要徹底推翻幕府政權，一派是繼續維護幕府的統治，彼此之間兵戎相見，經過一系列戰鬥，倒幕力量步步逼近江戶城，五月三日，江戶城門打開，德川慶喜離開江戶退居到水戶（今茨城縣水戶市），新政府軍正式進入江戶城。以此為標誌，實際統治日本二百六十五年的德川家族或者說江戶幕府黯然退場，持續將近七百年的幕府統治也畫上句號，在京都御所閒居的天皇世家，重新成了國家政權的掌門人。

說實話，明治天皇或日本皇室重新成為權力中心，皇室或朝廷出的力氣真是微乎其微，都是早年揭起尊王攘夷旗號的地方勢力（尤其是薩摩藩和長州藩出身的武士）的功勞，如今幕府被推翻了，他們成了最大的功臣，幾乎都成了明治政府的核心人物，他們的識見和能力也決定日後明治維新或者說近代日本的走向。

新政府還沒在江戶完全站穩腳跟的一八六八年四月六日，天皇在京都御所的紫宸殿內發布「五條誓文」。第一條是在國內廣開言論，主要大事都應由眾人的意見來決定；第二條是上下一心共同治理國家；第三條是上至官府武士、下至一般的民眾，都可實現自己的志願，發揮能力，履行職責；第四條是破除原本不良的舊習慣、舊風俗，萬事都以天地公道為標準；第五條是向世界尋求新知識，大力振興皇家的力量。

這五條誓文主要由來自越前藩的由利公正起草，現在看來沒有特別的新意，但當時有兩點較引人注目，第一是今後國家的重大事情要由大家商量決定，廣開言路，多少有點民主的意思；第二是上下同心協力，人人發揮作用，也打破江戶時代以來建立士農工商的身分等級制度。

新政府要有新氣象，在倒幕派領袖的建議下，天皇在九月三日發布詔書，改江戶為東京，以東京為首都，改年號為明治，十一月，天皇離開京都來到東京，原來德川幕府所在地的江戶城改為東京城，並做為朝廷的皇宮。明治政府正式建立，以後開始的一系列新政，歷史上稱為明治維新。

最後簡單地歸納。一八六〇年代以來的尊王攘夷運動，一開始的矛頭是對著西洋人和對西洋人表現出軟弱的德川幕府，後來經過薩英戰爭和四國聯合艦隊的交手，攘夷的旗號撤了下來，但要求幕府下臺，擁戴天皇重新執政的浪潮卻日益高漲，經過各種力量的反覆較量，最後倒幕派取得勝利，長達近七百年的幕府政權終於退出日本的政治舞臺。

倒幕派為什麼非要推翻幕府政權不可呢？難道他們對朝廷抱有特別的崇敬感嗎？我的理解是，倒幕派的行為大概是出於兩個動機，一是為了日本國家的前途。他們感到在當前西方勢力強勢進入的新形勢下，原來的幕府政權恐怕難以擔當建立強大日本的重任，若要免於淪為西方殖民地或者為西方所操控的對象，必須要進行一番大改革，使日本變得強大，而江戶幕府缺乏將全國的力量凝聚起來的權威和能力，應該抬出天皇做為最高的政治權威，並以此整合全日本的能量；另一個動機，不排除倒幕派領袖們的個人野心和權力欲，希望以輔佐天皇的方式來施展自己的政治抱負，躋身於政治權力核心。後來的事實表明，他們的願望似乎都達到了。

第37講 變革從認字開始：近代教育的興起

二〇一八年是日本明治維新大幕開啟一百五十週年，明治維新很大程度上改變了日本這個國家，一是在軍事上迅速崛起，另一是日本變得強大，和近代教育密切相關。一般人認為，日本的教育水準是明治維新以後才迅速提高的，不過事實好像不是這樣。

先從一個俄國人的觀察說起。

一八七四年左右，明治維新剛開始不久，有個俄國人尼古拉在國內參加民粹運動後，流亡到日本，後來寫了《明治日本回想錄》提到，不管是腳夫、馬夫還是茶館裡的女招待等社會下層的人，手裡都會拿著一本書閱讀，內容雖然只是好玩的通俗小說，但他還是感到很驚訝，沒想到日本的識字率會那麼高，至少比他的祖國高，俄國的普通農民、工匠，大多是不識字的[58]。

日本在近代之前為什麼就有比較高的識字率呢？其實和佛教寺院有密切的關係。十二世紀末的鎌倉時代興起淨土宗、淨土真宗等新興的佛教宗派，新起的宗派為了與原先的老宗派抗衡，就在寺院裡開設講堂，宣傳教理，也教一些認字、算數的基本技能，其他寺院看這麼做很受歡迎，也開辦類似的教育場所，較窮的人家樂意把自家的孩子送到那裡去學習，同時幫著寺院幹點雜活，這些孩子被稱為「寺子」（或可解釋為寺院裡的孩子），那些授課的地方，就叫做「寺子屋」，發揮了民間教育的作用。

到了江戶時代，情況發生變化，寺院外也開設「寺子屋」，不過要交一些學費。經濟較寬裕的人家就把孩子送到寺子屋去學習。當然，寺子屋裡沒有很繁複的課程，就是教簡單的認字、算術、寫字等（日語叫做「読み書きそろばん」），就是最基本的文化技能。如此一來，附近有寺院的村落（特別是江戶、大阪的城市裡），有人估計識字率在三〇%左右，在近代教育制度和設施建立之前，真的是很高的比率。日本是個世襲社會，學習不能改變身分[59]，學習寫寫算算，主要是為了生活方便，於是很多人就具備這些初級知識。

一八六八年，明治的大幕開啟前後，當局已認識到讓民眾接受教育的重要性。如果要從傳統的封建社會進化到現代文明國家，國民改造是首要的一步，而改造國民最有效的方法，便是讓他們接受新的教育，而原來的寺子屋教育遠遠不夠。

一八六九年，為推翻江戶幕府建立頗大功勞的木戶孝允，向政府提交一份正式的建議書，希望能夠仿效歐美，振興普通教育。政府腦子裡還只是要為國家培養精英人才，於是設立名為「大學校」的機構，把江戶時代的昌平學校和開成學校、醫學校放在大學校的框架內，大學校同時還是教育管理的行政機構。

一八七二年，明治政府廢除大學校這一機構，改設文部省。這一年，日本近代教育史上有件值得記錄的大事——政府頒布《學制》，這是日本近代制定第一個較完整、有關教育制度的法令，把全國分為若干個學區，每個學區設立若干所大學、中學和小學，目的是讓日本全體國民接受新式教育。

不過，限於當時日本的財力，《學制》提出的許多做法和目標，最後難以實現，但不管怎麼說，近代日本人已經有了這樣的理念，堅定地邁出了第一步。為了培養學校的師資，政府設立師範學校，並由師範學校編寫小學通用的教科書。就像中國在二十世紀初編寫的教科書基本上是翻譯自日本的教科書一樣，當年日本的教科書主要也是美國教科書的翻版，對於日本來說，想實現社會轉型，本國沒有先例，只有學習歐美國家。

明治前期的日本教育體制將小學分成兩部分，一類叫尋常小學校，學制四年，畢業後可升入高等小學校，學制也是四年。一八七〇年代開始，日本逐步推行義務教育制度，把義務教育設定在小學。到一八七五年，全國共建立二萬四千二百二十五所學校，涵蓋所有的市町村。不過，這義務教育和今天有些不一樣，現在義務教育的意思是，學齡兒童有義務去上學，國家或各級政府有義務向學齡兒童提供免費教育。明治初期，日本財力有限，政府無力提供免費教育，只能給予一定補貼，父母還得掏出教育費，因此有些窮苦的家庭不願意讓孩子去上學，但政府反覆努力，頒布義務教育法令，強制要求孩童接受教育，到了明治末年的一九一一年（爆發辛亥革命那一年），小學入學率達到了九八%，實際上學率也在九〇%以上，在全世界都是非常了不起的成就。

當局推行義務教育的同時，還注意精英教育，為國家培養上層人才。一八七七年四月，文部省把已有的東京開成學校和東京醫學校合併，創建了一所東京大學，下設法學部、理學部、文學部和醫學部。開辦之初，師資嚴重匱乏，就大量聘請外國教員，東京大學可說是除歐美地區之外第一所現代性質的大學。之後又陸續設立京都帝國大學等七所帝國大學。此外，民間私立大學也紛紛湧現，比如福澤諭吉一八六八年開設的慶應義塾，一八九〇年演變成慶應義塾大學；大隈重信一八八二年創辦的東京專門學校，一九〇二年改稱為早稻田大學，這兩所學校已成了日本私立大學的佼佼者。此外，日本的女子教育和實業教育起步也很早，設立各種技術專門學校，為近代產業的發展培養應用型人才。

而當時中國的教育情況是怎麼樣呢？大部分讀書人還沉浸在科舉功名的舊框框裡，全國上下都沒有近代教育的概念，零星有些新式學堂都是外國人辦的教會學校。這種情況一直延續到十九世紀末期，即使一八九八年清政府創辦京師大學堂，其課程設置和培養目標距離現代大學有相當的距離，畢業生仍被賜予貢生、舉人、進士等，直到一九一七年蔡元培擔任校長，才進行大刀闊斧的根本改革。中國雖在傳統上是重視教育的大國，但觀念意識太落後，和日本相比，差距一目了然。

日本在十九世紀中葉以後仿效西方文明，在短短在四十年裡，使原來農耕文明、封建社會的國家，基本變成現代文明的工業化國家，自然是有許多因素合力造成的，但國民教育的普及是最重要的環節。任何一個現代國家的建成，關鍵元素是人，必須要有綜合素質較高的國民群體；促成一個國家或社會的根本轉型，首先人的觀念和意識要更新。

當時新觀念的普及主要是透過報紙、雜誌、書籍的傳播。福澤諭吉的《文明論之概略》，在當時總人口才五千多萬的日本，印了幾十萬冊，是極高的發行量。轟轟烈烈的思想啟蒙運動就是透過文字，更新一般日本人的頭腦。大部分日本人在短短的幾十年裡，從簡單的寺子屋教育，進步到掌握現代科技知識的現代國民。即使是當兵，受過現代教育的士兵和目不識丁的壯丁，實際作戰能力也是大相徑庭的，在甲午戰爭中顯露無疑。除去其他原因不說，受過良好訓練的日軍軍官和士兵，戰鬥力遠遠高於多半是文盲的清軍士兵。

因此，日本近現代國家之所以建成，國民的綜合素質產生關鍵作用，而促成國民素質大幅度提升的關鍵就是近代教育制度的確立、各種類型學校的開設以及義務教育的普及，因而促進日本國家向近現代社會的成功轉型。

當然，日本近代教育也存在著嚴重的弊病，即透過學校教育向日本人灌輸忠君愛國的思想。一八九〇年以天皇的名義頒布的《教育敕語》，要求所有學生遵循皇祖皇宗的遺訓，崇尚忠孝之德，並要求學生背誦。又被日本當局惡意利用，成了軍國主義教育的金科玉律，導致全體日本人被捲入對外擴張的侵略戰爭中，這一教訓也是很深刻的。

---

58 同期的中國，識字率恐怕比俄國更低。中國在近代以前，教育主要是靠為數不多的私塾，窮人幾乎沒有受教育的機會，在偏遠的山區，不識字是普遍現象，中國雖說是文化大國，基礎教育卻向來薄弱。

59 日本沒有或者說沒有採用中國的科舉制度，民眾去寺子屋學習，不是為了考取功名，成為秀才、舉人、進士，升官發財。

第38講 萬元日幣上的頭像人物：福澤諭吉

我們要正式進入明治維新、或者說是以明治維新為標誌的日本近代大改革了，其實這場革新或變革從江戶幕府末期就已開始，只是進入明治時代以後，有了整體的推動，不只是某些層面或局部地區，而是整體性的。總體方向是向西洋文明看齊，努力使日本成為現代西方式強大國家。這場整體性大改革的推動者來自民間和官方兩個層面，即朝野合力，相對而言，民間的推動先行了一步，最有力的人物就是福澤諭吉，他的頭像至今仍被印在金額最大的一萬日圓紙幣上，可見其地位和影響力。

福澤諭吉無疑是近代日本和明治時期最知名的啟蒙思想家，也是最重要的輿論領袖。一八三五年出生於今九州北部福岡附近的藩士家裡，算是中等出身。五歲時開始隨同鄉近的藩士學習漢學和刀劍，據晚年寫的一本自傳所述，他少年時差不多讀過所有重要的中國古文典籍，比如《論語》、《孟子》、《詩經》、《書經》、《世說》、《左傳》、《戰國策》、《老子》、《莊子》、《史記》、《前後漢書》等，尤其是《左傳》，第十五卷曾通讀十一次，有趣的篇章都可背誦，由此可知其在漢學方面具有深湛的修養，對於中國思想和文化也有相當了解。當他二十歲左右，美國佩里將軍的艦隊打開了日本的國門，天下大勢正開始發生變化。他覺得光有東方的學問顯然已經不夠了，於是二十歲時來到大阪，進入著名的蘭學家緒方洪庵開設的「適塾」，接觸到荷蘭語文獻和近代西方的理化學科。一八五八年又來到江戶遊學，在對外開放的橫濱直接接觸到歐美文明，發現來到日本的洋人中，以英國人居多，才知道荷蘭勢力已經沒落了，如今世界通用英語，光懂荷蘭語已沒什麼用了，於是發奮自學英文，希望借助英文來了解外部的世界。這時日本已與主要的歐美國家簽訂通商條約，國門完全打開了。

一八六〇年、一八六二年、一八六七年，明治時代尚未開啟時，福澤諭吉二十五歲到三十二歲有機會三次踏上美國和歐洲的土地，共歷時一年半。實地考察和體驗極大地改變他的世界觀和價值觀，奠定成為近代日本最偉大的啟蒙思想家的基礎。三次歐美之行，福澤諭吉到底看到什麼？感受到什麼？

一八六〇年二月，他做為隨員乘坐近代日本第一艘橫渡太平洋、前往西方的輪船「咸臨丸」到美國，當時的目的是與美國交換雙方簽署的通商條約。福澤成了第一批遊歷西方的日本人，從橫濱啟程到達三藩市，歷時三十七天，在美國待了四個月之久。當時的美國在西方世界只能算中等發達國家，西部的三藩市是新開發起來的，當時有些荒僻，也沒有鐵路，但在福澤諭吉等人的眼中，已是陌生的新世界了。福澤第一次見到馬車，見到寬闊的街道，入住西式旅館，屋裡鋪設地毯，美國人穿著皮鞋踏在地毯上，而日本人穿的都是麻草鞋，走上木板地或榻榻米必須脫鞋。美國人招待他們的宴會很豪華，溫暖的春日裡，喝酒加冰塊，抽的煙都是紙煙，沒見過的火柴，還有男男女女聚在一起的舞會；到美國人家裡做客，女主人在客廳中間招呼客人，男主人卻在一旁張羅大小事，這一切都讓福澤等人感到新鮮，與東亞男尊女卑的思想形成鮮明的對比，直接感受到西方近代文明的實相。

第一次訪美回來，福澤對於西方世界的興趣更加高漲，學習英文的勁頭更足了。福澤在美國買到一本中國人編的《華英通語》，成了他學習英語的重要工具書，他花不少時間將漢文序文譯成日文，並在所有的英文詞語上用片假名加注發音，改名《增訂華英通語》，於一八六〇年舊曆八月在日本出版，或許是日本最早的一部英文學習詞典。他自學英語的同時，也教別人學英語，並成了幕府的雇員，專門翻譯與外國政府和使節之間的信函。當時英國、美國等致日本政府的公函，除了英文之外，都附有荷蘭文譯文，怕日本人看不懂英文，福澤的荷蘭語比英文好，透過荷蘭語可以把英文信函準確地翻譯出來，後來英文水準日益進步，可以直接閱讀和翻譯英文書刊了。

一八六二年，組織遣歐使節團訪問歐洲，福澤諭吉做為隨員，一同乘坐英國的軍艦前往歐洲各國，歷時一年，行蹤遍及英、法、德、俄、荷蘭、葡萄牙諸國。這次開的眼界更大，多次乘坐以前未見過的火車，在巴黎下榻的旅館是羅浮宮大酒店，五層樓的石頭建築，有六百間客房，可供一千多位旅客下榻，酒店員工就有五百多人，如此的規模讓福澤等日本人嚇了一跳。他們考察歐洲各國的銀行、郵政、議會、法院、博物館、礦山學校、醫科學校及工廠、聾啞人養護院等，在倫敦恰逢萬國博覽會（世博會），集中見識了西方文明的成果。這次歐洲之行給福澤的衝擊很大，令他印象深刻。

一八六七年二月，因委託美國建造軍艦的事務，他與幕府官員再度訪問美國，這次從三藩市乘坐輪船經巴拿馬來到東部的紐約和華盛頓，拜見美國總統。這一次北美之行，進一步加深他對海外世界的了解，由此服膺西方的精神文明和物質文明。這三次海外之行，使得他成了西方文明的鼓吹者。

從一八六六年開始，福澤諭吉撰寫一系列介紹、宣揚西洋文明的書籍。除了《增訂華英通語》之外，一八六六年底出版《西洋事情》初版本。所謂《西洋事情》，翻譯成中文就是西洋概況，是第一本向日本讀者全面介紹西洋文明的書籍。我們看一下大致的目錄，原文就是漢字詞語：政治、收稅法、國債、紙幣（那時日本還沒有使用紙幣）、商人會社、外國交際、兵制、文學技術、學校、新聞紙、病院、博物館、博覽會、蒸汽機關、蒸汽車、瓦斯燈，然而又按照國別分別詳細介紹美國、英國、荷蘭、俄國、法國、葡萄牙、普魯士等國家的政治、海陸軍和錢幣出納等情況。以後在一八六八年、一八七〇年又分別出版《西洋事情》的外編和二編，增寫許多新的內容。類似的書還有一八六九年出版的《世界國盡》，是各國概況一類的書。

這些書籍在今天看來好像沒什麼了不起，但在當時具有劃時代的意義，使日本人第一次透過書籍了解外部的世界，了解什麼是西洋文明。這樣的書其實中國人也寫過，比如魏源主持撰寫的《海國圖志》，在鴉片戰爭之後的一八四二年就出版五十卷本，以後又有六十卷本和一百卷本。但是與《西洋事情》相比，第一《海國圖志》只是一些資料的匯集，幾乎完全沒有實際的考察和體驗；第二他的態度依舊把西方各國看作比中國低一等的「夷」，並沒有認同當時西洋文明的先進性。更要命的是，這部書在中國受到朝廷的非議和壓制，只印了一千餘冊，在當時並沒有產生很大的影響；而福澤諭吉的《西洋事情》則是一版再版，成了後來日本啟蒙思想運動的先聲。

後來福澤諭吉又將美國的獨立宣言譯成日文刊登在雜誌上，從一八七二年至一八七六年，陸續出版十幾本小冊子，後來合為一本，書名叫《勸學》。一八七五年刊行的《文明論之概略》，全面宣揚西洋文明的先進性，和西方的人權法治思想，正式奠定了他做為近代日本最重要啟蒙思想家的地位，也成了明治日本的主要精神脈絡之一。

第39講 來自西方的新風：啟蒙思想推動自由民權運動

前文詳細介紹福澤諭吉最早的一部著作《西洋事情》，真正使他成為思想家的是另兩部著作：《文明論之概略》和《勸學》，這兩種書都已有很好的中文譯本。《勸學》出版後十六年內，竟然印行了七十萬冊，在當時六千萬人口的日本，可是個巨大的數字！由福澤諭吉主導的這一場近代日本啟蒙思想運動，到底鼓吹什麼思想呢？

福澤諭吉首先充分肯定西洋文明的先進性，認為西方文明代表著人類發展的未來方向，開放後的日本為了避免淪為西方的殖民地，唯有以西方先進國家為楷模，向西方文明水準看齊，他在《文明論之概略》中比較完整地表述對當時世界的理解，他說：「若論現今世界的文明，歐洲諸國及美國是最先進的文明國家，土耳其、中國、日本等亞洲諸國可稱為半開化國家，非洲和澳洲可看作野蠻國家。」他進而指出：「現今世界各國，無論是處於野蠻狀態還是半開化狀態，若要謀得本國文明的進步，就必須以歐洲文明為目標，確定其為評論的標準。」從這樣的認識出發，他認為原先在東亞影響很大的儒家思想已經落伍了，已經成了日本向現代文明推進的負思想資產，應該拋棄。《勸學》中宣揚人生而平等的思想，他說：「上天不造人上之人，也不造人下之人。」江戶時代所規定的「士農工商」四民等級制度必須打破，人應該同樣享有上學和就業機會。這樣的理論在十九世紀下半葉的歐美並不稀罕，但在當時的日本還是振聾發聵的，因而激發人們的思考。可以說，福澤諭吉是當時啟蒙思想運動的旗手。

啟蒙思想運動中，還有一位著名的人物是西周（一八二九～一八九七年）。我在日文版《英國大百科全書》（*Encyclopaedia Britannica*）中看到對他的介紹或定位是「啟蒙思想家」。他的家庭原是津和野的藩醫，四歲時即跟著祖父學習《孝經》，後來進了藩校「養老館」，潛心研讀儒學，以後離開家鄉去各處闖蕩。一八五三年冬，在江戶跟著一位藩醫學習荷蘭語。

十七世紀初開始，為防止基督教流播，擾亂人心，動搖政權，江戶幕府實施嚴格的鎖國政策，只在長崎一隅允許與荷蘭和中國做貿易，在長崎出島設有荷蘭官方商館。十八世紀時，幕府解除荷蘭文書籍入境的禁令（宗教書依然嚴禁），在日本逐漸形成依託荷蘭文汲取西洋新知識的「蘭學」，一時，除了國學、儒學之外，蘭學也是知識分子矚目的，西周因而有了學習荷蘭文的動機。一八五四年，日本國門被美國人打開後，英文受到人們的關注，西周在一八五六年開始學習英文；一八五九年，當上幕府開設的蕃書調所的教授助手；一八六〇年，他與津田真道向幕府提出去外國留學的願望。一八六二年六月成行，一年後到達荷蘭的阿姆斯特丹，隨後進入萊登大學進行三個月的荷蘭語學習，然後專攻法學和經濟學。將近三年後回到日本。西周是在西方接受法學和經濟學訓練的第一批日本人，回國後立即受到幕府的器重，擔任當時最高學府開成所的教授，他把荷蘭教授講授的《萬國公法》（今譯為「國際法」）講義翻譯成日文，呈獻給幕府。一八六七年，他應江戶幕府末代將軍德川慶喜之召，向其教授法語，又解答德川將軍有關英國議會制度和三權分立體制的問題。一八七〇年，他在自家宅邸開設私塾育英社，講授「百學連環」（即百科知識），翌年被新政府的宮內省召去擔任皇室的侍讀。一八七三年，擔任陸軍省第一局第三課課長，之後長期在軍部供職。一八七四年，加入前一年成立的日本最大啟蒙思想團體「明六社」，在《明六雜誌》上發表〈知說〉，出版《百一新論》、《致知啟蒙》，成了啟蒙思想運動的名著，與福澤諭吉的《文明論之概略》、《勸學》一起影響不久興起的自由民權運動。西周還翻譯出版英國古典經濟學家約翰・斯圖亞特・穆勒（John Stuart Mill）的名著《功利主義》（*Utilitarianism*），把西語中philosophy翻譯成漢字「哲學」。無疑，西周是相當程度上接受西方新思想的先驅。

啟蒙思想運動中還有一位有力的人物是中村正宇（一八三二～一八九一年），早年以儒學家著稱，漢詩、漢文都寫得很好，尤其對朱子學和陽明學傾心，後來受到時局的影響，開始關注海外政情，習讀英文，一八五八年寫了《洋學論》出版，一八六六年被幕府派往英國留學，在倫敦苦讀一年，如饑似渴地吸吮西洋文化，深深為西方人勵精圖治的自立精神所打動，一八六八年，經法國返回日本。一八七〇年，他把英國人塞謬爾・斯邁爾斯（Samuel Smiles）的《自己拯救自己》（*Self-Help*）翻譯改名為《西國立志篇》，加上自己的論述，全編共十一冊，介紹產業革命時期英國人的奮鬥故事，這些故事和精神鼓舞了一代日本人。一八七二年又把穆勒的《論自由》（*On Liberty*）翻譯出版，對日後掀起的自由民權運動，可說是思想上的雨露春風。中村還參加「明六社」的活動，陸續翻譯出版斯邁爾斯的《品格論》（*Character*）和美國人愛默生（Ralph Waldo Emerson）的《報償論》（*Compensation*）等，是當時啟蒙思想運動的一面旗幟。

不過真正打出啟蒙思想旗號的應該是森有禮（一八四七～一八八九年），薩摩藩在一八六三年夏天被英國艦隊重創後，改弦更張，把攘夷的主張改成「師夷」，一八六五年，祕密派遣十九個年輕人去英國學習，其中一位就是森有禮，他在英國留學之後，又去俄國考察，一八六八年回國時，幕府已被打倒了，一度在明治政府出任官職，後因主張廢除一般武士佩刀而遭到攻擊，不得已退居故鄉，不久被派往美國任職，回國後大力推動啟蒙思想運動，創立「明六社」和《明六雜誌》，只要看看雜誌上發表了哪些文章，就知道明六社的主旨和傾向了：〈開化第一話〉、〈評民撰議院設立建言書〉（第三號）、〈北美合眾國的自立〉、〈美國政教〉（第五號）、〈期望出版自由論〉（第六號）、〈獨立國權議〉、〈開化的推進應依據人民的眾論而不惟政府〉（第七號）。這些著作和文章蔚成思想啟蒙的大潮，與其他啟蒙思想家的言論，一起改變了這一時代日本人的價值觀和世界觀，為稍後興起的自由民權運動營造強有力的思想輿論，同時培植日本人的近代民族國家意識。

在新思想、新觀念的推動下，從一八七〇年代中期開始，日本出現一場轟轟烈烈的自由民權運動。正式的發起人應該要算板垣退助，他原本來自倒幕的土佐藩，明治新政府成立後，曾在政府裡做官，後與占主流地位的薩摩藩、長州藩出身的官僚意見不合，便退出政府，發動民間運動。恰好這時啟蒙思想運動的主要基調是自由民權和人的平等，板垣等人便以此為武器，對薩摩藩、長州藩出身的政治家把持的明治政府展開批判，一八七四年向政府提出開設民選議院的建議書，要求日本像西方國家一樣制定憲法、開設國會，修改與西方列強簽署的不平等條約，並組織成立政治團體愛國社。

不少自由民權運動的領導者，本身也是啟蒙思想家，比如運動主幹的植木枝盛，先後出版《民權自由論》、《天賦人權辯》等，法國留學歸來的中江兆民則翻譯出版盧梭（Jean-Jacques Roussea）的《社會契約論》（*The Social Contract*）等。恰好那時社會的中小地主、商人、城市的知識階級等也對政府抱有不滿，於是積極回應這一主張，紛紛成立各種政治團體，舉行集會，出版報紙、雜誌，鼓吹自己的主張，農村地主、農民還提出減輕地租的要求，一時間全國上下熱鬧非凡。政府不得以答應十年之後開設國會，但有些激進分子依然不依不饒，甚至有些人主張以實際行動來顛覆政府，招來政府的鎮壓，板垣退助也遭到刺殺，熱鬧了一陣之後，人們的熱情漸漸消退，支持者逐漸下降，一八八二年以後，這一運動熱潮慢慢地偃旗息鼓了，但主張的理念已深入人心，也順應了民意，明治政府果然在後來頒布憲法，並開設議會。

同樣規模的啟蒙思想運動在一九一五年之前的中國沒有真正出現過，一九〇〇年前後曾有嚴復等人翻譯的《天演論》、《群學肆言》等西方思想著作出現，但一來時間較日本晚了將近三十年，二來這些譯著都採用深奧的文言文，許多新詞語沒有妥帖地翻譯出來，限制了影響力和傳播力，而中國朝野普遍意識到要建立現代憲政則是在一九〇五年前後了。因此，日本向現代國家轉型的基本成功，強有力的啟蒙思想運動和由此引發的自由民權運動，是極為重要的兩個環節，絕對不可輕視其在日本近現代文明進程中奠基性的重要作用。可以斷定，沒有這兩個涉及觀念思想的變革，就不會有後來的社會變革和國家轉型。

第40講　岩倉使節團的海外之行在明治維新中有多重要？

前文講了江戶末年開始，幾位到歐美長期遊學、開了眼界的日本人，接受西方的新思想，深深感到日本與西方國家在現代文明上的巨大差距，回國後陸續推進一場啟蒙思想運動，進而掀起一場自由民權運動，似乎這些力量都來自於民間，彷彿民間是日本實行國家轉型的主要推動者。其實並非完全如此，一個國家要完成從農業社會向工業社會的轉型，國家的上層決策（即政府）的主導才是關鍵。我一直認為明治維新是一場朝野共同合力的大變革，來自民間和政府兩方面的力量都非常重要。

那麼，相對比較保守的政府為什麼也成了這場大變革的推進者呢？這得從岩倉使節團的海外之行說起。

岩倉使節團這個詞我們有點陌生。首先，岩倉是個人名，全名叫岩倉具視，他不是來自薩摩藩或長州藩的武士，他出生於京都，屬於宮廷圈子裡的人物，當時的朝廷比較保守，岩倉自然也有保守的一面，但相對而言，他是比較有遠見的人，協調薩摩藩和長州藩等各方的力量，也是推翻幕府的功臣，被認為是「維新十傑」之一，在後來組成的明治政府成員中，他不屬於任何地方上的藩閥，算是個有朝廷背景的人物。

新政府成立後，他當上外務卿和僅次於太政大臣（首相）的右大臣，位居政府要員的頂層。明治四年（一八七一年），民間啟蒙思想運動已經萌發，西洋文明、文明開化成了經常談論的詞語，進入明治時代的日本將何去何從，自然也是新政府日夜思慮的大事。這一年，新政府決定組成一個龐大的使節團到海外考察，一方面試圖與歐美各國商議修改以前簽訂的通商條約中不合理、不平等的內容，一方面借機看看外面的世界，了解天下大勢。於是組成以岩倉具視為正使、由推翻幕府的功臣大久保利通（薩摩藩）、木戶孝允、伊藤博文（長州藩）等要員為副使的使節團，共有一百零七名成員，其中包含五位女性的五十九名留學生，完全可稱得上是近代的遣唐使節團，不過目的地不再是中國，而是美國和歐洲。

使節團一行在一八七一年十二月二十三日坐船從橫濱出發，歷時三個星期，第二年一月十五日抵達三藩市。這時美國的南北戰爭早已結束，整個國家進入大建設、大開發的欣欣向榮時代。一行入住樓高五層的三藩市大酒店，一樓大堂內光滑的大理石地面、高懸的吊燈，浴室、理髮室、桌球場一應俱全，大宴會廳內可同時容納三百多人用餐，客房內有地毯、軟椅，都讓初出國門的日本人大為讚嘆。更讓他們耳目一新的是，女性可出入任何公共場所，政府官邸有她們的身影，海陸軍的軍校裡，女性聚在一起觀看士官的操練，結束之後，與軍官在舞池內翩翩起舞，都讓來到新大陸的日本人驚嘆不已。

參觀各種設施後，留下一部分留學生，一行乘坐開通不久、貫穿美國東西的火車向東部出發，上層要員體驗設有包廂的臥車，這些都是在日本無法體驗的旅程。一行向美國方面詳細請教鐵路建設的各項技術問題。二月二十九日到達華盛頓後，主要官員拜見美國總統格蘭特（Ulysses S. Grant），雙方在條約修訂問題上沒有任何進展，但一行人仔細參觀國會大廈和國會開會的場景，還來到紐約、波士頓，對民主制度有了切身的感受，且對美國人的自由、獨立、奮鬥的精神頗為感佩。

這一年八月六日，他們從波士頓啟程，橫渡大西洋，十天之後來到英國利物浦，然後坐火車前往倫敦。他們不僅見到路面行駛的公車，還初次見到蒸汽機車的地鐵。這些日本人幾乎走遍所有重要的城市：愛丁堡、紐卡斯、曼徹斯特、謝菲爾德、伯明罕等，所到之處都留下深刻的印象。

一八七二年十二月，又從英國來到巴黎，會見法國總統，一八七三年先後訪問比利時、荷蘭、普魯士（德國）、俄國、丹麥、瑞典，並再度遊歷德國北部和南部、義大利、奧地利，分別會見各國的最高領導人。在奧地利時，恰逢萬國博覽會在此舉行，各國的物產和先進製造品集中展示，日本人見識歐美文明的最新成果。一八七三年七月二十一日坐郵船離開法國馬賽，一路經過諸多亞洲國家，九月十三日返回橫濱。

歷時一年十個月的海外考察，雖然在條約修訂的談判上幾乎毫無收穫，卻是一次盛大的洗腦旅行，實際看到西方先進文明的真實樣態，看到日本與歐美各國之間的巨大差距。更讓他們深刻警醒的是，一八七三年三月十五日，普魯士首相俾斯麥（Otto Eduard Leopold von Bismarck）在歡迎宴會上所說的一番話，原話大意是這樣的：

各位在世界各國巡遊，看到大家都對你們彬彬有禮，記得，這只是表面現象而已，真正的現實是弱肉強食。普魯士原是個小國，曾受到的屈辱令人難忘。大家都認為《萬國公法》（國際法）是保障所有國家權利的，而實際上，大國覺得對自己有利時才會運用國際法，對自己不利時就訴諸武力了。日本與其努力把本國建設成一個遵守國際法的國家，還不如走富國強兵的路線，保障自己的獨立。

這一席話堅定了日本人要步西方列強後塵的決心，事實上他們後來在建設國家的方針上，更多是以普魯士（德國）為楷模。

這裡想補充兩點。第一，幾乎所有出行的日本人，包括女性，都改理西方人的髮型，穿西方人的衣服，以示仿效西方、與西方為伍的姿態；第二，主要的隨從一路做了詳細的考察記錄，歸國後整理成《特命全權大使美歐回覽實記》，共一百卷，分為五編，印成五大冊於一八七八年出版，為一般民眾了解西方開設了一扇官方的視窗。

這次彙聚主要明治政府領袖的海外考察，與啟蒙思想運動和自由民權運動一起決定近代日本的發展方向，即透過殖產興業的政策來達到富國強兵的目的，以西方列強為榜樣，在主要領域全面推行大規模的改革，最終與西方列強並駕齊驅。

具體來說，明治政府制定、推行了哪些政策和措施呢？主要有以下幾項：

第一，推行近代教育，造就高素質的國民。

第二，培育近代產業，建立金融制度和體系。打開國門之前，日本完全是個農業文明國家，除了作坊式手工業之外，沒有任何近代工業和礦產業。於是政府模仿西方國家，首先由國家利用有限的資金，重點培植一些工礦企業，達到一定程度後轉賣給民間資本，由此扶植民營財閥的崛起。比如由岩崎彌太郎創建的三菱商會，在政府的保護下壟斷日本的海運業，十九世紀末成了亞洲最大的航運企業，同時經營礦產、製造業、貿易等，成了日本近代四大財閥之首[60]。產業的發展與資本的運作是緊密相連的，政府在一八七三年開始設立國立銀行制度，民間的錢莊也向現代銀行轉換，至十九世紀末已形成比較完整的現代金融體系。

第三，出國考察的日本人深深感受到鐵路交通的便捷性。明治政府建立不久，便大力建設現代鐵路交通，這是一項投資巨大的事業，不可能一蹴而就，但是明治政府為此傾注極大的努力，一八七二年建成第一條橫濱到東京新橋的鐵路線之後，短短三十年間，已建成西自馬關、東到東北青森橫貫大半個日本的鐵路網，極大促進人流與物流的發展[61]。

第四，積極推進現代軍隊的建設。以普魯士陸軍為楷模，在全國實行現代徵兵制，建立軍隊制度並在訓練、裝備各方面都大力向西方靠攏，一八七四年設立陸軍士官學校，一八八二年設立陸軍大學，一八八八年設立海軍大學等，培養具有現代作戰能力的軍隊。同時建立員警和醫療衛生制度，民間的報業和出版業也蓬勃興起。

總之，以岩倉具視為首的使節團在歐美近兩年的考察，很大程度上決定日本發展的方向，明治維新能有後來的結果，與這次考察密切相關。

---

60 這與晚清只注重官辦企業而忽視民間企業的政策形成鮮明的對比。

61 中國的第一條鐵路是一八七六年由英國人建造的上海到吳淞的鐵路，由於官民強烈反對，並釀成車禍，建成不久便由政府出資收購後把鐵路拆除了。

第41講 亞洲第一部憲法誕生在日本

在啟蒙思想運動的鼓動下，日本掀起自由民權運動，人們要求明治政府開設國會，國家大事要讓廣大民眾透過代議機構來參與決定。面對這場民情激揚的大運動，政府在一八八一年十月十二日，以天皇的名義發布「開設國會」的詔敕，答應十年以後開設國會，運動才慢慢平息下去。

政府為什麼會答應開設國會，又為什麼提出在十年之後呢？首先是因為思想啟蒙後的民眾，要求透過國會來參與實際政治的願望十分強烈，人民不能容忍那些薩摩藩、長州藩出身的政治家來決定國家的命運，當時有二十四萬人聯名簽署請願書，聲勢浩大，政府不敢無視民意。另一方面，政府透過海外使節團的考察，意識到要成為現代國家，沒有一部明確的國家憲法，沒有一套西方式政治運作，很難被西方列強認可，因此答應了民眾的要求。為什麼要十年呢？當時主持朝政的伊藤博文等人很清楚，一部憲法的制定不是輕而易舉的事，國會的開設更需要準備期。當政者最根本的想法，就是如何維護國家的穩定，並透過法定制度和程序來確保當政者對權力的掌控，這都需要進行仔細研究和準備，於是提出十年準備期。

那時，民間不少有識之士已躍躍欲試，嘗試草擬各種憲法草案，其中較著名的是自由民權運動領袖之一的植木枝盛起草的《東洋大日本國國憲按》，這部草案中較多強調了民眾的權利以及對於政府權力的限制。

這樣的草案顯然不符合明治政府的想法，政府要員對於西方政治的運作方式已做了一些考察和研究，並大致確定日本的政體形式——君主制，天皇或皇室是最高統治者，這一點不可動搖，因此美國和法國的共和制國家不在考慮之列。當時參考的模式主要有兩個，一是英國，另一是德國。英國是王國，典型的君主立憲制國家，國家元首是國王，但行政權力的運作主體是內閣或內閣制的政府，國會也具有較大的議事決定權，並且具有獨立的司法體系，是個典型三權分立的國家，雖有君主，但憲政色彩較濃厚。而德意志是帝國，皇帝相對擁有較大的統治權，內閣基本上在皇帝的指導下運作。當時明治政府的上層形成兩派意見，主管財政（大藏卿）的大隈重信主張學習英國，而曾在英國留學的伊藤博文和外務卿井上馨等則認為英國的政治體制不適合日本，傾向於德國。

一八八一年，日本政壇發生一場風波，大隈重信被排擠出政府，伊藤博文一派占了上風。一八八二年三月，伊藤博文帶了一些隨員前往歐洲，主要目的是為制定憲法而進行實地考察，實際上是對歐洲各國政治體制和政治運作的深入調查，這一去在歐洲待了一年。第一站來到德國首都柏林，與柏林大學公法學教授魯道夫・馮・格耐斯特（Heinrich Rudolf Hermann Friedrich von Gneist），又與維也納大學的國家學教授勞倫斯・馮・史坦恩（Lorenz von Stein）等進行深入的探討，在幾所大學旁聽有關的課程。史坦恩的主要思想背景是黑格爾的法哲學和法國社會主義思想，主張透過君主的權力來介入並調解日益增長的階級矛盾，並保護勞動者的利益。伊藤博文基本傾向史坦恩的觀點和學說，並試圖聘請史坦恩到東京大學來講學。這一過程中，伊藤博文的內心漸漸形成日本政治的基本框架——形式上必須樹立天皇的君主權威，以此凝聚全體國民的精神，同時適當引進英國的議會制度，總體上[62]建設一個西方式君主立憲國家，讓日本的中上階層人士參與政治運作，防止過度的君主制導致權力的僵硬和無序，同時要確保薩摩藩、長州藩出身的明治元勳對國家權力的實際控制。

為制定憲法和開設國會，回國後的伊藤博文做了幾項準備工作。

首先是把明治政府真正改造成英國式內閣政府。最初的明治政府，最高首長是太政官，由具有宮廷背景的人出任，相當於後來的內閣總理大臣，其下設置相關部門，每個部門的行政長官被稱為「卿」。伊藤博文一八八五年正式成立內閣制，自己出任第一任內閣總理大臣（首相），把卿改為大臣，最關鍵的是把宮廷背景的人排除在內閣之外，由藩閥出身的人擔任內閣的首腦，所有十個大臣都由薩摩藩和長州藩出身的人霸占，只有一個是和薩摩、長州關係密切的土佐藩，一個原是德川幕府的高官。後來飽受人們詬病的藩閥政治，這時得到正式的確立。

其次是設立「華族」制度。「華族」這個詞，連現在的日本人也感到雲裡霧裡。實際上是伊藤博文等人為了採用英國式兩院制議會而設計出來的等級。什麼人可以進入華族行列呢？主要是有皇室血緣的王公貴族、幕府倒臺之前各藩的大名以及少數家世悠久的望族，這些人在總數五百六十七人中占了大半，有意思的是，明治政府專門列了對政府建立有功勳的人，這些人主要來自於薩摩藩、長州藩和土佐藩，本來都是一些中層甚至下層的武士，因此一躍進入華族的行列，這樣的設計實際上是為藩閥政治家考慮的，說明制度的設計者往往優先考慮的是自己的利益。這五百六十七個華族按照等級高低和功勳大小，列成公、侯、伯、子、男五等，這一點後文再述。

準備工作做得差不多了，一八八九年二月十一日，以天皇的名義頒布《大日本帝國憲法》，一般稱為明治憲法。這部憲法的核心框架是什麼呢？簡單地說，就是一切權力歸天皇，天皇是日本的最高統治者、軍隊的最高統帥，也就是說，主權在天皇，而不是啟蒙思想家和自由民權運動領袖所追求的主權在民。

天皇下面設立內閣和法院、議會，其負責人名義上都由天皇任命，政府按照天皇的旨意運作，議會接受天皇的委託來討論決定國家大事。內閣、議會、司法都只對天皇負責，而不是對人民負責。這部憲法中，所有的人民或國民都變成臣民，即所有日本人都必須效忠天皇以及天皇國家。然而憲法裡又有一句很巧妙的話，就是天皇要按照憲法來統治日本，也就是說，天皇的具體行為要受憲法的具體條文制約。如果我們考察從明治以來直到日本戰敗的歷史，天皇的實際權力並沒有在日本近代政治運作中獲得充分的展開。

憲法頒布並生效之後，一八九〇年十一月二十五日，日本舉行第一屆議會，意味著議會的正式運作。那麼，議會是由什麼組成的呢？哪些人可以成為議員呢？

按照伊藤博文等人的設計，日本新開設的議會，基本仿照英國議會的形式，即上院和下院兩院制，上院為貴族院，下院為眾議院。貴族院議員僅限於皇族和華族（即具有公、侯、伯、子、男爵位的上層社會）。皇族成員和公爵、侯爵是當然的貴族院議員，伯爵及以下的華族則根據比率互相推選，因此貴族院是既得利益集團的大本營，總體傾向偏保守。而眾議院照理是民眾發表意見的場所了，可是又加了許多限定，第一必須是男性，女性沒有選舉權和被選舉權；第二是必須年納稅額十五日圓以上的中等收入以上者，符合這一條件的只占當時日本總人口的一・一%，連中下層男性也被剝奪了選舉權和被選舉權，因此，議會中真正能夠代表廣大民眾說話的人其實很少，這樣的制度設計目的還是維護上層階級的利益。

這樣看來，一八九〇年以後，日本表面上好像憲法和議會都有了，但實際政治權力還是操縱在薩摩藩、長州藩出身的政治家，以及看似退出政治舞臺實際上握有重大決定權的所謂元老[63]手上，至於天皇，名義上是至高無上的，最後決策也要由他來裁定，但在近代日本政治的實際運作過程中，其作用實際上是有限的。

62 本書在有關日本近代部分中，大多用了肯定的、甚至帶點讚揚的口吻來敘述，不過用的詞語幾乎都是「基本上」、「大致上」、「總體上」，可以說從來沒有全盤肯定過。有些評述明治維新的文章用了「全盤西化」的詞語來描述，實際上非常不準確。

63 元老是指創建明治政府、日後在重要領域發揮過重大作用的老資格政治家，像伊藤博文、山縣有朋等都做過元老，一般來說，首相的人選都是由元老來推舉。

第42講 洋務運動比明治維新少了什麼？

幾乎同期，中國也進行了一場被後人稱為「洋務運動」的維新嘗試，可是結果卻是大相徑庭，其緣由究竟是什麼？中國的洋務運動比日本的明治維新到底缺在什麼地方？這當然不是新的話題，前人論述不少，這裡我想談談自己的一點想法。

我覺得洋務運動和明治維新最根本的差別，在於思想、意識、觀念上，由此導致兩者在改革的目的和改革領域的廣度和深度上的差別，當然得到的結果也是迥然不同的。

一八五四年以後，從幕府末年到明治時期大約五十年的維新，雖然存在著諸多弊病和不徹底性，但它基本上是一場改變日本人思想觀念和政治制度的綜合性改革運動，沿襲近千年的封建制度（分封土地、建立諸侯）正式解體，原來分割成近百個藩的地方割據變成統一的帝國，實施兩百多年的鎖國政策後，日本人看清了整個世界，明白自己國家在整個世界上的位置。因此明治維新在一開始就目標明確——以歐美文明為目標，成為與西方並駕齊驅的新興文明國家。一切改革都是以此為目的。日本人宣導「和魂洋才」，重點在於日本人傳統精神需要堅持，不可忘卻，但制度是可以改變的，西洋文化、思想、知識和技術都是可以汲取的，將兩者巧妙的協調和融合，可以創造出新的境界。

而中國的洋務運動呢？其指導思想是「中學為體，西學為用」，「師夷之長技以制夷」，就是說，中國的東西是基本體，是主要的，西方的東西只是做為「用」，中國人需要汲取的只是它的「技」。雖然從明代開始，西方傳教士已傳來新的知識，利瑪竇早給中國人描繪了世界地圖，卻完全無法動搖其天下觀和天朝意識，近代和西方列強幾次交戰中，也一而再再而三地領教西方的船堅利炮，卻依然把西方國家看作低一等的「夷」，拒絕他們在京城開設公使館，拒絕與他們平等相待，雖然認可它的「技」，但並不認為他們在整體的文明水準上超過中國，而且沒有認識到歐美高度的物質文明背後，是有古希臘文明做為基礎，又在文藝復興時代後重新構建的近代精神文明。因此，洋務運動的領袖都沒有對近代西方的思想、政治制度產生興趣，著力推行的領域始終只停留在架設電報線、建造新機器、開發礦業、開辦實用性新學堂等實務性層面，也就是說，洋務運動只是使用國家資本催生出一部分新興產業，包括對近代海軍的培育，卻沒有觸及一丁點政治制度，也沒有使中國人的世界觀、價值觀獲得根本的改變，至少在甲午戰爭失敗之前，「華夷思想」依然是中國人認識自我和他者的基礎，大部分中國人依然認為中國的本體不需要改變，需要改進的只是某些技術層面。結果甲午一戰，立即顯示出誰是成功者，誰是失敗者。

在福澤諭吉的眼中，經過將近三十年的維新，日本已成了東亞新興文明國家的代表，而同時期的中國，依然是個抱殘守缺的「野蠻國家」。

是什麼造成兩者之間的巨大差異呢？我覺得最根本的還是在於意識、觀念，即世界觀和價值觀的差異。戰國時代前後逐漸形成的「華夷思想」，在此後兩千多年的中國文明史中，一直是認識「我」與他者的基本理念，也是辨別何謂文明的基本尺度，它的中心思想就是華夏、中土地區是天下的中心，是文明水準的最高地區，因而中土地區的王朝被稱為「天朝」，四周則是文明水準相對較低的蠻夷區域。

雖然歷史上漢民族的王朝國家曾經兩次被來自「北狄」地區的他民族征服，但中華王朝的文化命脈卻不曾中斷，這種長久的生命力，賦予「天朝」的正統性與合理性，這種觀念和意識隨著時間的推移，不僅沒有弱化，反而愈來愈固化，因而「祖宗之法不可變」幾乎成了朝野絕大多數人的基本共識。當西方文明隨著大航海時代被打通的海路日益向東方湧來時，在很長時間裡，中國人沒有意識到這種衝擊和挑戰的嚴峻性，當然也不願意承認外來文明在整體上的先進性，只是消極的應對，做局部性、表層性的改變。

日本人原本也受到中國「華夷思想」的影響，稱西方為南蠻或「蕃」，但一八六二年改稱「洋」，一字之改，顯示日本人世界觀的轉變。近代以前，日本在歷史上一直是外來文明的接受國，雖然也有所謂「神國」和「皇國」的臆想，但這種臆想很大程度上是營造和想像出來的，實際上缺乏內在的底氣，因此，日本人的歷史因襲遠遠沒有中國人那麼沉重，他們對待事務更多出於現實主義的考量，而不會過分沉湎或拘泥於以往的傳統。

造成日本人世界觀和價值觀的改變，還有個重要的原因，就是促進或引領明治維新的主要領袖型人物早年大多曾遊學歐美，民間的比如福澤諭吉、中村正直、森有禮，官方的比如伊藤博文、井上馨，一八六〇年代至一八七〇年代曾在海外待過少則幾個月、多則幾年，且絕大部分都在青年時代，大抵掌握歐美國家的主要語文，他們在歐美親身感受到西方近代文明的先進性，很清楚當時的日本與歐美之間在近現代文明上的差距，承認日本只是個半開化的國家。因而有了一八六〇年代中期開始的啟蒙思想運動和之後的自由民權運動，這兩場運動再加上日本執政者在明治初年將近兩年的海外考察，改變了至少半數以上日本人的思想觀念。

而中國洋務運動的發起者曾國藩、李鴻章等，或者一輩子從沒出過洋，或者到老年時才出了國門，而且他們都不通曉外國語文，嚴重阻礙對於西洋文明的認識。他們從來沒有想到、或者不屑於派遣本國青年到歐美留學，直到在美國人幫助下自費從耶魯大學畢業的容閎一再建議，才在一八七二年派出幼童去美國留學，一八七七年派出嚴復等人去英國學習近現代海軍。中國的官方人物中，一八七七年到達倫敦的首任駐英公使郭嵩燾，是第一個親身體驗西方文明的高級官員，他撰寫的《使西紀程》是一部可與岩倉具視使節團的考察報告媲美的優秀著作，可是卻遭到同僚的詆毀和朝廷的壓制，他因而失去所有的官職，與福澤諭吉等人在日本著書公然宣揚西洋文明的命運形成鮮明的對比。

正是這種守舊甚至愚昧頑劣的落後意識和思想，嚴重阻礙中國朝野對世界的正確認識，導致清王朝沒有或不敢從制度和觀念上實行根本的改革，所有的官府制度一切照舊，也沒有放開手腳培育近代產業（只有少量的官辦企業），沒有建立近現代教育制度和教育體系（科舉制度直到一九〇五年才被廢除），沒有建設以鐵路為中心的近現代交通網絡，沒有用現代制度和訓練方式來培育軍隊，自然對於現代司法體系、現代員警制度、現代醫療衛生體系和設施的建設，更為忽視了。官方不敢透過現代教育制度和新聞出版體系來造就具有新理念、新知識的新國民。

而這些領域，日本雖不能說完美，卻在一一推進，在官方和民間的努力下，以四大財閥為主軸的現代產業大致發展起來，從尋常小學到帝國大學遍布全國的各級教育機構陸續建立起來，透過開設陸軍士官學校、陸軍大學、海軍大學以及建立徵兵制等方式建立全新的海陸軍。一八九〇年，仿照歐洲的君主立憲制正式確立，兩院制的國會開始運作，雖然缺陷多多，但至少在門面上，現代司法體系建立了。以日本人為主體的現代新聞業和出版業蓬勃發展，而同時期的中國主要報紙和雜誌，一開始都是由洋人創辦。少量的鐵路也是外國資本開建的，除了官商合辦的招商輪船局，航運業基本上是外國資本的天下。

由此可見，歷史因襲的沉重、觀念的陳舊落後和現代知識的匱乏，一開始就阻礙了中國人對於自己與世界的正確認識，也決定洋務運動最終只是表層的動作，或者花錢買些新機器、新輪船而已，不能從思想制度和知識層面根本改變日益衰敗沒落的國家。也就是說，新思想、新觀念、新知識是洋務運動比明治維新缺少的根本元素。

第43講　「廢佛毀釋」、「國家神道」、「教育敕語」

當明治領袖們推進一系列改革、總體上瞄準西方列強做為國家發展方向時，為了經歷七百年左右的幕府時代之後，在精神上把全體日本人重新凝聚起來，必須製造或者強化一種具有日本符號的東西，使它成為近代日本人的精神指歸，甚至可以為之獻身。明治領袖們想到兩個意象，就是「天皇」和「神國」或「皇國」。下面要講的「廢佛毀釋」[64]、「國家神道」以及「教育敕語」等一系列舉措，可說直接培育近代日本人過度的國家主義意識和極度膨脹的民族主義情緒，其結果是把日本引入帝國主義和軍國主義的歧路。

七一二年和七二〇年分別完成的《古事記》和《日本書紀》中，編撰者為了渲染日本宏大浩蕩悠久的歷史，透過神話和傳說杜撰可以上溯一千多年的天皇譜系，最早的神武天皇誕生於西元前六六〇年的遠古時代。而天皇則是神的子孫，是皇祖神天照大神的後代。然而有點悲慘的是，平安時代末期，皇室權威下墜，朝廷之外的豪族們另立幕府政權，歷經鎌倉、室町、江戶三個時期，朝廷被閒置在京都，稍有反抗，天皇本人還會被囚禁甚至流放到荒島上。一八六八年，十六歲的明治天皇終於被倒幕勢力重新扶上政壇頂端，再次成了一國的元首。可是，睽違七百年之後，如何使天皇成為名副其實俯瞰天下的君王呢？

明治領袖們一邊推行學習西方的路線，一邊思考透過什麼方式重新建立天皇和皇室的權威。有一個邏輯是，天皇具有神格，是天照大神繁衍的後代，日本是個眾多神靈庇佑的神國，或者是具有萬世一系天皇血脈的皇國，如今的天皇代表神的意志，全體日本人不再是以前某個藩的居民，而是天皇的臣民，而與眾神相關的神道是日本原住民的原始信仰。這些都是將全體日本人在精神上凝聚起來的本土思想資源。於是，明治政府炮製一個代表國家意識形態的「國家神道」。

可是，明治政府剛建立時，神道還不具有非常崇高的地位。那時，外來的宗教——佛教擁有更大的勢力、更大的地盤、更大的影響力。日本自奈良時代開始，宣導「神佛習合」和「本地垂跡」思想，即經過中國大陸、朝鮮半島傳來的印度佛教，以及具體體現的各種佛都是神聖的，他們來到日本後，與日本原有的各種神祇合為一體，或者是佛體現了日本原有的神祇，或者是神祇體現了佛的靈性。因此長期以來，佛教寺院與神社緊挨在一起，或者是寺院裡建有神社，或者神社裡建有佛寺，一般被稱為神宮寺，相對而言，佛寺的地位比神社還要高一些，尤其是江戶時代，幕府當局為了禁絕基督教，還把各地的佛教寺院當作管理民眾戶籍的派出所，因而寺院擁有很大的權勢。明治政府要把神道抬舉起來，必須把佛教打壓下去。

新政府在一八六八年四月二十日（舊曆三月二十七日，那時年號尚未改為明治，天皇還在京都）由太政官發布「神佛判然令」，把神道和佛教截然分開的命令。一八七〇年二月，以天皇的名義發布「大教宣布之詔」，等於宣布神道為日本的國教，恢復以前的神祇官制度，設立教導局、宣教使，以政府的力量竭力抬高神道、神社的地位。在官方的引導下，日本全國掀起一陣狂熱的「廢佛毀釋」運動，強迫大量僧人、尼姑還俗，寺院建築被毀壞，佛像被打碎，佛經被用來做為商品包裝紙，僧人被趕出寺院。最典型的例子是，奈良著名的興福寺中後來被列為國寶的五重塔，當時曾以二百五十日圓出售給商人，拆卸以後當廢舊物品來賣。中國歷史上，也曾發生幾次滅佛的政府行為，八五四年前後唐武宗會昌年間，毀佛的舉動聲勢最為浩大，中國佛教因此遭到嚴重打擊，到了文化大革命時期，則演變為對所有文化的摧殘了。明治政府的毀佛舉措，當時曾遭到部分僧人和民眾的強烈反對，但仍有大約三分之一的寺院建築和佛像等遭到破壞。明治當局為了抬舉神道，居然做出如此愚蠢的舉動。就是今天說起來都令日本人覺得汗顏的「廢佛毀釋」運動。

明治政府抬舉神道的最終目的，在於炮製一個「國家神道」。明治之前，神道早就有了，但國家神道是沒有的。

神道原本是日本民族在早期文明進程中，自然形成的一種原始信仰，最基本的內容是祖先崇拜和神靈崇拜，但是沒有偶像、沒有唯一絕對的神、沒有宗教經典。大約七世紀前後，在佛教等的刺激下，才出現固定的祭祀場所──神社，各地都有不同的神靈。然而明治政府所炮製的國家神道，把天皇家族的皇祖神天照大神定為全體日本人必須尊崇的神，天皇具有神格，並透過國家對於神社制度的嚴格管理，把神道變成國家意識形態。明治政府重新把全國規模較大、歷史較悠久的神社列入官方體系，分成「官幣」和「國幣」兩大類，官幣由皇家出錢支持，國幣由政府出錢支持，其實都是國家財政，每一類再分成大、中、小三檔，另外設立一檔「別格」，就是有點特別的，比如靖國神社就屬於官幣別格。

這樣，幾乎所有重要的神社都在官方權力的籠罩下了。雖然政府並未明確規定神道是日本的國家宗教，沒有明確國家神道的具體內涵，憲法上也允許人民有信教的自由，但實際上卻把神道變成日本人的一種民族身分認同，如果不信奉神道，就失去做日本人的資格，要做日本人，就必須尊崇、敬畏皇祖神的天照大神，必須遵從、愛戴、忠於天皇，熱愛天皇的國家，並為之做出奉獻。

明治政府覺得這還不夠，還要透過各種管道向民眾灌輸效忠天皇、效忠天皇國家的思想。其中最重要的，大概要推一八八二年頒布的《軍人敕諭》和一八九〇年頒布的《教育敕語》了。《軍人敕諭》是根據長州藩出身的、陸軍卿（陸軍大臣）山縣有朋等的提議，由啟蒙思想家、任職陸軍機關的西周起草撰寫。一開始就強調日本軍隊世世代代是由天皇所統帥的，軍人必須具備忠節、禮儀、武勇、信義和質素這五個基本要素，鼓吹軍人的生命輕於鴻毛，上司的命令就等於天皇的命令等。後來，每個日本人應徵入伍，必須熟讀《軍人敕諭》，並印在軍人手冊上。

而《教育敕語》則是每個入學的兒童和少年必須時時誦讀牢記的，主要內容是：我皇祖皇宗很早就開創了國家，樹德深厚，我國臣民要克忠克孝，萬眾一心。《教育敕語》裡也吸納部分儒家思想，比如要求臣民孝敬父母、友愛兄弟，夫婦相隨，朋友相信等，但最後強調，一旦國家需求就要義勇奉公，扶助浩蕩宏大的皇運。日本在明治後期（一九〇五年左右），已經普及小學義務教育，入學率達到九八%，幾乎每個日本人在小學階段就被灌輸諸如《教育敕語》所宣揚的忠君愛國思想，天皇等於日本國家，皇國、神國、皇軍思想慢慢地滲透到每個日本人的心裡。

明治政府推行文明開化政策的同時，又著力推行非常保守、非常專制封建的國家政策，且持續良久，到了一九四〇年前後，可以說達到登峰造極的地步。它塑造並膨脹了日本人的民族主義情緒和國家主義意識，培育了日本人對於天皇國家愚忠愚孝的情感，當局後來發動一系列對外擴張戰爭，得到大部分國民的支持，每次日軍在海外的勝利，民眾都會打著燈籠上街遊行慶賀。所有這一切與明治初期推行的國家神道等一系列愚民教育是密切相關的，從某種程度上來說，也是官方對民眾洗腦的結果。

64 即廢除佛教、毀壞釋迦牟尼。

第44講 琉球群島如何被日本「處分」？

先講結果。一八七二年十月，在日本政府的要求下，琉球王國的國王尚泰派使臣去東京，向重新執政掌權的明治天皇表示祝賀。天皇封尚泰為琉球藩王，位居日本華族行列，不再把琉球看作一個國家，只是日本的藩。事實上，日本在一八七一年就實行「廢藩置縣」，所有的藩都已被廢除，改為府縣制，而獨獨把琉球仍設為一個藩。不過，尚泰對此並不認可。

一八七九年三月，日本官方派來的官吏松田道之率領兩個中隊（兩個連）的兵力，強行占領琉球王國的王城首里，把尚泰強行帶到東京，並將琉球藩改為沖繩縣。從此，琉球事實上劃入了日本的版圖。雖然中國很長一段時期一直沒有對此表示認可。

琉球問題的來龍去脈到底如何呢？我們來把問題梳理清楚。

相對而言，琉球群島上的農耕文明開始得比較晚，大概十世紀左右出現稻米耕作，十四世紀時，在沖繩本島上形成中山、山南、山北三個國家。一三七二年，朱元璋派楊載攜詔書出使琉球，昭告明王朝成立：「朕為臣民推戴，即位皇帝，定有天下之號曰大明，建元洪武。是用遣使外夷，播告朕意，使者所至，蠻夷酋長稱臣入貢。惟爾琉球，在中國東南，遠據海外，未及報知。茲特遣使往諭，爾其知之。」琉球國中山王察度首先領詔，並立刻派遣王弟泰期，與楊載一同去中國，奉表稱臣。其他小國爭相稱臣。這是琉球與中國正式交往的開始。一四二九年形成統一的琉球王國，依舊向明朝及以後的清朝進貢稱臣，使用漢字，沿用明、清的年號。

據琉球一七〇一年成書的《中山世譜》記載，一三九二年，朱元璋下令派遣具有較高知識和技能的福建三十六姓人士（具體人數不詳，應有數百人，除閩人外，還有不少客家人）移居琉球，以推動琉球社會文化和經濟的發展。這批人集居於首里久米村，世稱久米三十六姓，其中較為出色的是蔡姓，不僅將中國的先進工藝等傳到琉球，琉球的許多史書也是這些漢人或其後裔用漢文撰述，一六八二年出生的蔡溫曾經官至三司（相當於宰相）。他們的子弟也是自幼誦讀四書五經，懷念故土，祭祀先祖，一六七六年在首里附近的泉崎建造一座孔廟，稱為「至聖廟」，這些建築在一九四五年間美軍攻占沖繩的戰爭中遭到毀壞，一九七五年在當地華人後裔的努力下得到重建。

明、清兩代，琉球王國一直向中國稱臣朝貢，定期派遣使者來到大陸，為了便於接待，朝廷指令福建地方政府在福州建造「柔遠驛」[65]。當年的朝貢成了一種貿易，周邊小國帶些物品來貢獻給中原朝廷，中原朝廷回贈給他們數倍的物品。因此琉球方面很熱衷於這樣的朝貢貿易。我在沖繩的首里王宮內看到沖繩人做的模型，展示這樣的場景：從中國來的冊封使站在臺上，宣讀中國王朝對於琉球國王的冊封書，琉球國王則恭恭敬敬地接受冊封，一大批琉球的文武百官跪坐在後面。這一場景表明今天的沖繩人依然非常認可過去的這段歷史。

從地理上來說，琉球群島處於東亞大陸南部和東南亞至日本列島的連接點上，受季風和黑潮海流的影響，歷史上琉球與日本也有交往。一六〇九年，江戶幕府剛建立不久，位於九州最南部的薩摩藩藩主島津氏在幕府的許可下，派出三千人分乘一百艘船進攻琉球，迫使當時的尚寧王降服求和。很多琉球人認為是薩摩藩對琉球的侵略，我在那霸中央市場遇見賣豆腐糕的女攤主，她告訴我是「薩摩侵略」。

之後兩百多年的江戶時期，在薩摩藩的要求下，琉球曾派遣十八次「謝恩使」和「慶賀使」前往江戶，以表示對日本的臣服。薩摩藩在琉球一直有派駐機構，在鎖國時代，薩摩藩曾透過琉球興盛的海外貿易獲得一定的經濟利益。此後琉球向中國和日本兩邊稱臣，有資料表明，永樂二年（一四〇四年）開始，明朝派往琉球的冊封使共十五次，琉球使用明的年號。明亡以後，至十九世紀中葉的清王朝期間，一直維持這樣的朝貢冊封關係。

一八七一年，琉球南部的宮古島有艘納貢船，因風浪而漂流到臺灣島，遭到臺灣牡丹社居民殺害。本來這件事情差不多過去了，一年多以後傳到日本人那裡，覺得這件事情可以做點文章，借此向中國表明日本對於琉球的立場。一八七三年三月，到中國交換兩國條約批准文書的外務卿副島種臣，向清王朝總理各國事務衙門提出這件事，表示琉球是日本的屬國，清政府應該懲辦殺人者。清王朝表示琉球不是日本的屬國，而殺人者是「化外之地」的生蕃（沒有開化的土人），清政府不予處置。日本表示清王朝不處置就由日本來解決，於是一八七四年四月決定向臺灣出兵，並希望英國和美國援助船隻和兵員，但英國和美國認為，如果中國認為這一舉動是侵略行為，英、美將禁止與日本合作。但日本還是一意孤行，由陸軍中將西鄉從道率領三千六百兵員進攻臺灣，殺死牡丹社首領和其他民眾，日本也有五百人患上瘧疾而病死。本來是日本侵略臺灣的行為，但日本卻在當年九月派了大久保利通來到北京，與恭親王交涉，要求中國賠償日本出兵的損失，軟弱的清政府雖然對日本的行為提出抗議，但後來竟然在英國人的調停下，向日本支付了五十萬銀兩，做為對戰死、病死日本兵的補償。日本不僅獲得錢財，更重要的是，向中國強硬表示琉球屬於日本的立場。

但是琉球方面卻更願意臣服中國，當日本當局一再要求琉球徹底斷絕與中國的往來，完全歸屬日本時，琉球曾多次派人來到中國，要求清政府阻止日本的做法，一八七九年初，琉球人獲知首任中國駐日本公使何如璋一行來到日本時，暗中派人向中國公使求助。中國方面雖然向日本一再提出抗議，卻遲遲沒有實際行動。日本一看琉球不肯歸屬，決定軟硬兼施，一方面派出許多人到琉球對王室和上層官員進行勸說，一方面則準備動用武力。當時琉球的下層民眾對於歸屬中國還是日本，並不是非常關心，但中上層人士卻對日本表現明顯的排斥感，不願意歸入日本，但中國未能施以援手，又讓他們感到很失望。日本當局決定動用武力，強行把琉球併入日本版圖。

一八七九年三月，明治政府的琉球處分官松田道之率領一百六十名員警、四百名左右的步兵開進琉球本島的那霸，向琉球王室宣布廢除琉球藩，設立沖繩縣，命令藩王交出一切土地、人民和公文函件，並將原來的琉球國王（那時是琉球藩王）的尚泰強行帶往東京。日本有良知的歷史學家佐藤三郎專門寫過一篇長文〈對處理琉球藩問題的考察〉，引述歷史文獻，對當時的場景做了描述：「松田還將由他指揮的軍隊、員警派駐到各島的要地，以防備琉球官民反抗及逃往清國。對日本政府的強硬處理，琉球於二十八日遞交由攝政伊江王子及今歸仁王子、三司官、各地區士族代表四十三人聯名簽署的請願書，希望日本能夠免予處分，但松田斷然拒絕這一請求。此後琉球又多次提出請求，但日本的態度強硬，最後良策告罄，無計可施，臥病中的舊藩王只得於二十九日夜十時，在『士族官吏數百人簇擁於坐轎四周、婦女百姓哀痛號泣者不可勝數、慘不忍睹』的悽愴情狀中離開居城，移居到中城王子的宅第。」由此，琉球在一八七九年三月被歸入日本版圖。
但對於日本的立場，中國政府一直沒有承認。日本也自覺底氣不足。一八八〇年，卸任的美國總統格蘭特到遠東遊歷，中、日雙方都委託他調停琉球問題。美國人提出折衷方案，將琉球群島一分為二，宮古島及以南島嶼給中國，以北歸日本，並修改中日通商條約，使日本享有與歐美相同的優惠特權。雙方一開始表示同意，但後來中國拒絕日本在通商上的優惠特權，沒有在協議上簽字。直到甲午戰爭之後，連臺灣也割讓給日本，沖繩自然就在日本的管轄之下了。二戰以後，美國人曾一度占領沖繩並對其實施行政管轄，一九七二年五月，美國將管轄權交還給日本，形成今天沖繩的現狀。

65 懷柔遠來使者的驛站，俗稱琉球館，現在福州還留存遺跡紀念館，規模比當年小得多了。

第45講　甲午戰爭為什麼會發生？

說起甲午戰爭，我們非常熟悉。幾乎所有的歷史教科書都會提到，還有許多書籍、文章、電影、電視劇、網路媒體，加上二〇一四年是甲午戰爭爆發兩甲子。但我不是要講戰爭本身，而是重點探討兩個問題：第一是戰爭為什麼會發生？第二是中國為什麼會戰敗？

先講第一個，甲午戰爭為何會發生。大家看過教科書會回答說：日本帝國主義為了占領朝鮮和中國，挑起這場戰爭。結論或許沒錯，但事情卻沒有那麼簡單。我們先要弄明白，日本怎麼變成帝國主義國家呢？怎麼敢於挑起這場戰爭呢？日本人當時怎麼看待這場戰爭呢？

先了解一下什麼叫帝國主義？一般來說，帝國主義指的是某個國家以其力量和權威做為背景，試圖把勢力擴展到本國之外地區的思想和實踐，很多時候是伴隨著武力的手段，也就是說，擴張性和侵略性是其基本傾向。如果以此來定義，那麼古代就有帝國主義的現象，包括蘇美爾帝國、巴比倫帝國、中華帝國、東西羅馬帝國、蒙古帝國等，大航海時代以後，把擴張和侵略的空間拓展到全世界，這一傾向在十九世紀的西方列強中表現得十分明顯。

日本在歷史上一次明顯的對外侵略戰爭，就是十六世紀末期豐臣秀吉時代侵略朝鮮並進而侵略中國的戰爭，結果失敗了。此後將近二百七十年之間，日本一直比較內斂，只顧自己島內的事情了。到了十九世紀下半期，怎麼又開始野心蠢蠢欲動呢？在一定程度上是受了近代西方列強的刺激。日本以放棄魯莽對抗的方式，暫時換得西方的和平進入，同時立即領悟到自強和擴張才是拯救日本的正確道路，對於近代日本而言，一開始就同時選擇這兩條路徑。日本之所以選擇擴張的國策，是在對世界考察的過程中，或者說在自身發展的歷程中，意識到資源（包括自然資源和勞動力資源）和市場的重要性。而當時要獲得資源和市場，以武力為背景的對外擴張，是各國列強的基本選擇。

一八六九年，明治的大幕剛剛拉開，新政府就決定要把周邊可以占有的土地全都納入版圖。第一個便是北海道。北海道原本稱為「蝦夷」或蝦夷之地[66]。大概從鎌倉時代開始，有少量本州北部的人越過津輕海峽，在今北海道最南端的小半島（松前半島）建立居住地，江戶時代出現松前藩或福山藩，但由於氣候寒冷，無法種植水稻，人口極少。明治政府成立後，覺得蝦夷這塊廣大的地方應該明確列為日本的領土，於是一八六九年九月將蝦夷改名為北海道[67]，同時設立北海道開拓使，模仿美國開發西部的方式，請美國人來做顧問，逐漸推進北海道地區的開發和建設，同時鼓勵本土居民向北遷移，才有了今天的面貌。

接著是把琉球劃入日本版圖的武力行為，前文已經講過。

再來，日本把目光伸向朝鮮半島，十六世紀末已發生過進犯朝鮮的戰爭。明治政府剛成立的明治元年十二月（一八六九年一月），就透過對馬藩向朝鮮送去一封國書，意思是新明治政府已經成立，希望朝鮮派人來慶賀，日本稱呼對方領袖為朝鮮國王，自稱天皇，並使用中國朝廷對朝鮮的「皇室」、「奉敕」等詞語，朝鮮認為日本把他們看低一等，於是拒絕日本的國書，也不派人朝賀。明治政府裡有些人覺得朝鮮有什麼了不起，就主張再次用武力攻打，就是所謂的「征韓論」，後來由於岩倉具視等人反對，這一想法沒有付諸實施。但是看到西方列強紛紛擴大勢力範圍，日本覺得既然想要成為歐美的文明國家，也應該在周邊建立起勢力範圍。另外，那時北方的俄國占領東北亞的北部地方後，逐漸把目標往南部拓展，試圖占據中國東北部和朝鮮半島，日本覺得對自己的國防安全構成威脅，力圖在朝鮮半島設置阻止俄國南下的屏障。於是，解決琉球問題的同時，就試圖把勢力擴張到半島上。

而朝鮮那時是什麼情況呢？一三九二年由李成桂建立的朝鮮王朝，已走過將近五百個年頭，整個國家在大院君的實際統治下，正處於保守鎖國的狀態。美國、法國等曾紛紛動用武力試圖打開朝鮮的國門，居然都被奇蹟般擊退了；最後用武力打開朝鮮國門的，竟然是被西方武力打開國門的日本。日本學到西洋先進的近代文明，也學會西方列強的帝國主義行徑。一八七五年九月，日本派出一艘軍艦雲揚號，未經許可駛入漢江出海口處的江華島附近（今仁川機場一帶），進行水路測量，並放下一艘小船企圖登岸，遭到朝鮮守軍的炮擊，然後日本軍艦向朝鮮炮臺猛烈開炮，摧毀朝鮮的防禦力量，隨後登陸燒殺掠搶，並迫使朝鮮在第二年（一八七六年）與日本簽署《日朝友好條約》（又稱《江華島條約》），主要內容有：兩國派駐使節，開闢釜山等兩港口為開放口岸，允許在此設立日本僑民居住區，通用日本貨幣，日本擁有領事裁判權，與日本貿易的商品全部免稅等。日本等於使用美國對待他們的方式，或者說使用比當年美國人更加蠻橫強硬的手段，獲得更多利益。

從此以後，日本一步步向朝鮮滲透和擴張，這勢必會與中國的利益發生衝突，朝鮮一直是中國的屬國[68]，日本在朝鮮擴張勢力，顯然是動了中國的乳酪。一八八四年，日本策動甲申事變，受日本支持的金玉均等一批改革派發動軍事政變，企圖推翻李氏王朝，後來在朝鮮的請求下，中國出兵平定這場政變。金玉均等人在日本的保護下倉皇逃往日本避難，歷史上稱為「甲申事變」。這件事使得日本朝野非常氣惱，這時日本經過十多年的維新，國力漸漸強盛，於是向中國提出為了保障朝鮮的獨立，中、日兩國同時從半島撤兵，如有一方要向朝鮮派兵，必須事先照會對方。一八八五年，兩國達成協議，由伊藤博文和李鴻章在天津簽署了條約。

一八九四年，朝鮮國內爆發反政府的東學黨起義，一部分人民不滿政府的統治揭竿而起，占領很多地方，朝廷存亡迫在眉睫。李氏王朝在六月三日正式向中國請求援助，中國又一次出兵朝鮮，並根據《天津條約》，告知日本。而日本事先就已獲知中國可能派兵的打算，經過全盤考量，覺得這是在朝鮮問題上與中國全面較量的好時機，企圖借此事端，將中國勢力逐出朝鮮半島。

在中國決定派兵之前的六月二日，日本內閣決定派出人數龐大的「混成旅團」：由戰時編制兩個聯隊（共六千人）再加上一個騎兵炮兵大隊、工兵隊、輜重兵隊、衛生隊、野戰醫院、兵站部組成總共八千零三十五人的「大兵」，是可以進行獨立戰鬥的軍事集團。而中國一開始對於日本的動機和力量估計不足，認為他們也許會以保護僑民的名義向朝鮮派遣幾百兵力而已。等到日本大軍在仁川登陸，中國才意識到事態的嚴重性，於是一方面向朝鮮增派軍隊，到六月底，派往朝鮮的總兵力達到二千四百六十五人，另一方面試圖透過英國等西方國家從中調停。

但日本一意孤行，不僅在東學黨起義已基本平息的情況下拒絕撤兵，並蠻橫地在七月二十三日凌晨進攻朝鮮王宮，捕獲朝鮮國王，迫使他把權力移交給大院君，於是大院君宣布廢除與中國簽訂的所有條約，要求中國撤軍。另外，日本海軍已浩浩蕩蕩地駛向朝鮮近海，七月二十五日，日軍炮擊運送中國兵員的高升號，甲午戰爭全面爆發。

簡單總結。在歷史上，朝鮮半島一直在東亞傳統的朝貢冊封體系之內，屬於中國勢力可以涵蓋的範圍。日本明治政府成立之後，步西方列強的後塵，推進國家轉型的同時，不斷向周邊擴展勢力，力圖把半島納入到勢力範圍之內，必定與中國的利益發生衝突。到後來，中國意識到日本咄咄逼人的攻勢，試圖透過西方力量的介入，與日本達成某種妥協，但日本已決定孤注一擲，它要的不是妥協，而是獨霸半島，把中國勢力徹底逐出朝鮮。也就是說，甲午戰爭的爆發是近代日本一系列擴張政策的必然結果。

---

66 沒有受到文明薰陶的土著人居住地之意，這一土著人後來被認為是阿依努人。

67 為什麼叫北海道呢？歷史上，日本曾模仿唐代的行政區劃，把國內主要地區劃為七個道，比如東海道、山陰道、山陽道、南海道、西海道等，四個方向唯獨沒有北海道，於是把蝦夷稱為北海道。

68 朝鮮在中國主導的東亞朝貢冊封體系之內，也可說是在中國的勢力範圍之內，朝鮮也奉中國為宗主國。

第46講 近代歷史轉捩點：甲午戰爭中國為何失敗？

甲午戰爭的結果可說是東亞近代史的轉捩點。在西方文明的強勢挑戰之下，一八六〇年前後開始，中、日兩國不得不做出應對。中國是自上而下，主要在沿海地區，推行洋務運動，試圖透過器物層面的改良、改進，在東亞保持天朝大國的地位。日本是經歷若干反抗的嘗試之後，醒悟到西方文明遠在自己之上，於是把西方列強看作楷模，歐美的圖景是未來發展的方向，試圖從思想觀念和制度上入手，推及整個社會和產業的革新，經過三十餘年勵精圖治，基本完成國家從前近代向近現代的轉型。甲午戰爭就是對中、日兩國三十多年來對於西方挑戰在應對方法和道路的一次驗證。結果是中國輸了，日本贏了，或者說中國的方法和道路基本上失敗了，日本的方法和道路基本上成功了。

甲午戰爭不僅是中、日之間的軍事較量，而是包括軟體和硬體的綜合國力整體較量。對於這場戰爭進行軍事戰略和戰術的檢討分析是有價值的，但決定成敗的根本原因卻不僅局限於軍事領域。可以說，在國家治理、教育發展和人口素質的提升、近代產業和交通建設、民眾意識和觀念的轉變、軍隊和裝備的現代化等各方面，中國與日本的差距在甲午戰爭集中顯現出來了。

這場戰爭將發生和發生的初期階段，對兩國輿論對這場戰爭的認識稍作比較，或許有助於我們對這段歷史的全面認識。

這場戰爭即將爆發乃至真的爆發，兩國輿論可謂是群情激奮。據日本歷史學家佐藤三郎對於光緒二十一年（一八九五年）八月出版的《時事新編》初集六卷的分析研究可了解到，當時中國人認為朝鮮歷來是中國的屬國，日本將魔爪伸向半島，向中國挑戰，無疑是侵略行為，是非正義的，因此義理在中國這一邊。對於日本的國力和軍力，大部分中國人都比較小看，認為日本的國土大小只是中國的一個省，人口只是中國的十分之一，可動員的兵力只有十五萬左右，在海軍力量上，中國也占有優勢，一旦開戰，日本或許在開始時稍占上風，但曠日持久，肯定無法支撐，中國的勝利是必定的。而當時從前線傳來的戰報，幾乎都是中國連戰連勝，捷報頻傳。很多當年的宣傳畫都把中國軍隊畫得長城鐵壁，固若金湯，氣勢如虹。

而日本的輿論是怎樣呢？我稍微做過一些研究，可以和讀者分享。

當時輿論界最有影響力的民間人士應該是福澤諭吉。根據他在歐美的體驗，覺得昔日的東方文明已完全不足以與當今的西方文明相提並論，以儒學為核心的思想遺產是種病態的歷史因襲，對於東亞國家的現代文明進程產生阻礙作用，應該加以擯棄。

一八八四年，朝鮮甲申事變的失敗，是中國和朝鮮頑冥不化的舊勢力造成，因此對於日本來說，已經完全沒必要與這兩個鄰國做朋友，和落後的國家站在一起是日本的恥辱，會讓西方國家笑話，日本要脫離亞洲，與歐美國家為伍。這是福澤諭吉在自己主編的《時事新報》發表的〈脫亞論〉中心思想。如今日本要與中國為了朝鮮問題打一仗，福澤諭吉認為是一場文明對野蠻的戰爭，日本站在文明國家的立場，中國則代表頑固不化的落後野蠻勢力。對於日本軍隊出兵朝鮮的舉動，福澤諭吉表示堅決支持：「我國應該利用這次機會，引導朝鮮人推進該國的文明事業，著手電信的架設，鐵道的鋪設，於郵政、員警、財政、兵制諸領域開展一般組織改良，與文明開化的事業一起，在世界上保持一個獨立國家的體面。」因此，「日本兵駐紮在該地，不只是為了保護（日本）人民，也是促進朝鮮文明進步的必要處置。」七月二十五日，日本海軍在豐島附近海面對中國運兵船發起攻擊，甲午戰爭由此爆發。福澤立即表明對這場戰爭的看法：「戰爭本身雖然發生於日、清兩國之間，探其根源，則是謀取文明開化的進步一方，與阻礙其進步的一方之間的戰鬥，絕非簡單的兩國之爭。」這樣一來，福澤諭吉就為日本發起的這場對外戰爭貼上了「文明對野蠻的戰爭」標籤，把日本的對外擴張戰爭完全正義化了。

福澤諭吉是輿論領袖，他的這一觀點透過媒體宣傳之後，日本人覺得這場戰爭的目的是把文明的力量傳播到朝鮮，傳播到中國，打破那裡頑固不化的舊勢力，促進那裡的文明進步。連宣導和平的基督教思想家內村鑑三也在這樣的氣氛下公開支持日本對中國的戰爭，他認為：「日、中兩國的關係代表了新文明的小國和代表了舊文明的大國之間的關係。」以兩千多年前希臘與波斯的戰爭為例，將日本視為城邦國家希臘，雖然力量較弱，卻代表新興文明，最終戰勝體積龐大的波斯帝國。「舊的因為其大，往往輕侮新的，而小的因為其新，往往厭惡舊的，」最後「促進進步的往往獲勝，而阻礙進步的往往失敗」。

福澤諭吉他們不僅在輿論上鼓吹，還以實際行動支持這場戰爭。福澤與三井財閥、三菱財閥以及澀澤榮一等具有影響力的財界人士以及位居華族的高層人士聯名發起「籌集軍資」聚會，決定成立報國會，呼籲日本人民為籌集軍資捐獻資金，並公開表示自己捐出一萬日圓（相當於當時一般日本人月薪的幾百倍）。八月中旬募集第一次軍事公債三千萬日圓、第二次公債五千萬日圓，結果第一次軍事公債籌得七千六百九十四萬日圓，第二次籌得九千零二十七萬日圓，創造出舉國一致的氣氛，使得整個日本民族陷入戰爭的狂潮中。

其實，這場戰爭是日本培育幾十年的國家主義意識和情緒，就是所謂「皇國」意識、「神國」思想的一次大爆發。前面曾提及，日本的明治維新是從思想和制度入手，但事實上，無論在思想上還是制度上都是非常不徹底的，它部分引進西方的人權思想和議會制度的同時，還透過國家神道、《教育敕語》等方式向全體日本人灌輸絕對君權思想，它的議會制度也是非常不完善的，一九二〇年之前，日本從來沒有實現過真正的政黨內閣。相反，走上資本主義道路的同時，雙腳也踏上向外武力擴張的帝國主義道路。在近代日本，資本主義和帝國主義幾乎是同時開始的。

所謂文明與野蠻的對決，某種程度上只是一種自欺欺人的宣傳。具有強烈國家主義情結甚至是帝國主義思想的德富蘇峰就表現得非常赤裸裸，戰爭剛爆發，蘇峰就斷定這是個「日本進行擴張性活動的好時機」，要「善用這樣的好時機，使國家獲得超越性飛躍，同時使自己在國民擴張史的首頁留下英名」。日本軍隊還沒踏上中國國土時，蘇峰就提出其帝國主義設想：「倘若能北占旅順口，南據臺灣，清國再怎麼龐大，也猶如一頭被揪住了鼻子和尾巴的大象，大則大矣，卻已失去運動龐大身軀的自由。到了這一步，不僅是清國，北可控制俄國，南可應對英國，我們才可發揮東亞的霸權。」

戰爭的結果，中國北洋水師全軍覆沒，中國向日本賠償了二億三千萬銀兩，割讓臺灣和澎湖列島等。洋務運動宣告失敗，李鴻章黯然下臺，中國所謂天朝大國的地位徹底瓦解。而日本因此向歐美各國宣布，已經成長為與他們一樣的世界文明國家，從此以後，日本取得並駕齊驅的地位。整個東亞的局勢發生根本性轉變，東亞的近代史由此翻開新的一章。

第47講 壯烈的臺灣軍民抗日鬥爭

甲午戰敗，巨額賠款自然讓中國人心痛不已，然而更心痛的是把臺灣和澎湖列島等割讓給日本。先來說說臺灣的歷史和日本對它的野心。

臺灣在很長的歷史時期一直是一處巨大的無主之地。宋代開始在澎湖列島戍兵防守，元朝試圖經營臺灣，並有福建沿海一帶居民移居到臺灣，但還沒有實行對臺灣的行政管轄。明代移居臺灣的大陸居民漸有增加，然而十七世紀初開始，荷蘭人勢力進入臺灣海峽，先是占據澎湖，一六二四年正式進入臺灣，並在同年擊敗占據臺灣北部的西班牙人，基本占領整個臺灣。據估計，這時在臺灣居住的大陸移民（漢人）大約有萬人左右。而這時，以鄭芝龍（鄭成功的父親）為首的海上商業軍事集團要利用臺灣來展開東亞貿易，於是與荷蘭人發生衝突。鄭芝龍集團在鼎盛時期大約擁有近二十萬兵力、五千餘艘大小船隻，在力量上絕對壓過荷蘭人。可是清兵打到福建時，他投降了清王朝，他的兒子鄭成功率領武裝力量繼續抗清，在大陸失敗後轉入臺灣，一六六一年，鄭成功率領二萬五千大軍向占據臺灣的荷蘭人發動進攻，第二年二月迫使荷蘭人投降，結束荷蘭人對臺灣三十八年的統治。

這一年五月，鄭成功病故，他的部將以臺灣為根據地繼續抗清。一六八三年，已完全平定中國大陸的清政府決定拔除這顆抗清的鐵釘，派遣水陸官兵二萬餘人攻克臺灣，第二年設立臺灣府，從此，臺灣正式進入中國的版圖，福建一帶的居民大量移居到臺灣。一八八五年，清政府進一步認識到臺灣的重要性，改臺灣府為臺灣省，並派了洋務派人物劉銘傳擔任臺灣首任巡撫。劉銘傳到任後，積極開發建設臺灣省，一八九三年建成一條自基隆到新竹、全長一二〇・七公里的鐵路，臺灣的各種近代產業和城市建設開始起步。

就在這時，清政府一八九五年簽署的《馬關條約》，把臺灣和澎湖列島等割讓給日本。對於居住在臺灣的人而言，自然是個晴天霹靂。事實上，日本對於臺灣的覬覦由來已久。早在江戶時代的十七世紀初期，日本就曾企圖染指臺灣，只是當時國力還不夠強大，加上後來施行鎖國政策，就不了了之了。但是日本從來沒有忽視過臺灣重要的地理位置，幕府末年的吉田松陰就曾有占取臺灣的設想。甲午開戰不久，曾兩度出任日本內閣首相的松方正義，向參謀次長川上操六提交一份意見書，把臺灣提到很高的位置，認為若不占領臺灣就結束戰爭，「將成為百年的遺憾、千秋的悔恨。」「為我國前途計」，須採取「北守南攻的方針」。他將臺灣定位為可向馬來半島和南洋群島推進的根據地。這樣的想法並非松方個人獨有，他稱這意見書是「天下有識之士的公論」，並說伊藤博文也對此表示「同感同情」。在馬關與中方進行談判的外務大臣陸奧宗光當年撰寫一份意見書《關於臺灣島的鎮撫之策》，提出想法：一、把臺灣做為將來向中國大陸和南洋群島擴展版圖的根據地；二、開發資源，培育工業，掌握通商的權益。為此目的，陸奧認為鎮撫統治的關鍵有三條：第一要以武威壓住島民；第二是從臺灣逐漸削弱支那的民俗；第三鼓勵我國民眾向臺灣遷移。

一八九五年六月二日，日本派駐臺灣首任總督樺山資紀在臺北北面的海面上與李鴻章的長子李經方辦理臺灣割讓手續之後，在占領的臺北舉行臺灣總督府開始執政的儀式。日本原以為可以順利地接手臺灣，不料遭到本地人民的頑強抵抗。以丘逢甲等為首的臺灣本地居民，強烈要求清政府撤回割地的決定，但最後《馬關條約》生效，臺灣還是被割讓了。於是丘逢甲等在五月二十三日成立「臺灣民主國」，發表宣言：「我臺民與其事敵，無如死。」推舉接任劉銘傳擔任巡撫的唐景崧為總統，丘逢甲擔任副總統，那時巡撫手下的官軍還有將近九千人，不料日本近衛師團登陸以後，大部分官軍紛紛潰逃了，唐景崧混在人群裡匆匆逃離了臺灣。

臺灣軍務幫辦劉永福是在清法戰爭中率領黑旗軍擊敗法軍而聲名鵲起的英雄，號稱「民主國大將軍」，率領一部分清軍，以臺南府為據點進行頑強的抗戰，「據自然之峻險，築壘掘濠」。遭遇頑強抵抗的樺山總督要求日本政府增派軍隊，接到樺山的報告後，大本營從遼東半島的第二師團中抽調出混成第四旅團，派往臺灣。七月中旬，樺山總督要求再增援一個半師團的軍力。

日軍平定臺灣的困難不只來自於臺灣民眾的武裝抵抗，水土病的瘧疾、因炎夏的供水不足而飲用生水導致的痢疾（吐瀉病）、因營養不足引發的腳氣病等傳播開來，來自日軍前方的報告說：「八月中旬抵達後壟（今苗栗後龍）時，各隊患病者人數超過健康者的一半。」由於患病者層出不窮，降低了戰鬥力。八月二十九日，占領中部彰化的近衛師團並未繼續向南方推進，一直休整調養到十月三日，日軍的官報說：「各隊人員幾乎都已減半。」情況頗為窘迫。

終於又向南方推進的近衛師團，十月九日占領嘉義。包括在臺南南北海岸登陸的增援部隊，從三個方面進攻臺南府，十九日，劉永福將軍撤離臺南府，向廈門遁去，臺灣民主國瓦解。攻占臺灣的途中，近衛師團長白川宮能久親王、第一旅團長川村、第二旅團長阪井都患上瘧疾，最後能久親王因病死亡。

日軍基本占領臺灣以後，臺灣民眾的抵抗沒有停息。一八九五年十二月，日本控制臺灣北部的宜蘭遭到包圍，第二年元旦，臺北城遭到襲擊等，高山族在各地紛紛起義，對日本統治的抵抗持續到一九〇二年。據日本官方記錄：「土匪襲擊臺北兩次，襲擊臺中兩次，此外襲擊各地的守備隊辦公署支廳憲兵駐守地共五十幾次，襲擊員警派出所等不勝枚舉。」日本總督府的鎮壓愈凶殘，臺灣民眾的抵抗就愈激烈。

當時日軍對於反抗的臺灣民眾殺戮相當殘暴，當過臺灣總督府民政廳長的後藤新平曾坦言，自一八九六年到一九〇二年期間，「在捆縛和押解過程中反抗」而殺害的有五千六百七十三人，「被判處死刑的」二千九百九十九人，「由討伐隊處死的」三千二百七十九人，共計「殺害」一萬一千九百五十一人，其中經過法庭審判被處死的僅有三千人。

據日本官方統計，在平定臺灣的過程中，日本投入大約七萬六千名兵力（軍人四萬九千八百三十五人、日本軍夫二萬六千二百一十六人），日軍的死傷者為五千三百二十人（戰死者一百六十四人、負傷後或患病死去的四千六百四十二人，負傷者五百一十四人），殺害中國士兵和居民一萬四千人（以上資料和直接引文自《日清・日露戰爭》第四章，原田敬一著，岩波書店二〇〇七年），以血腥的代價才獲得臺灣。

後來日本採用宋代產生的保甲制度，實際上是讓民眾互相監視和殘酷連坐的制度，如果有一人反抗，全家遭殃，一戶人出問題，全村人都遭到牽連。日本占領者用這樣的方法，終將民眾的反抗鎮壓下去。

臺灣被劃入所謂大日本帝國版圖，一九一〇年，大韓帝國遭到同樣的命運。日本雖然統治了這兩個地方，在版圖上與日本連成一體，但民眾的待遇卻大不相同。所謂的大日本帝國憲法並不適用於其海外殖民地，臺灣和韓國（日本一直使用「朝鮮」一詞）的本土居民沒有選舉權和被選舉權，根本沒有公民資格參與日本國內的政治。

有意思的是，日本的政治詞典中，一直避免使用「殖民地」這個詞語，到一九二〇年代末期，產生了兩個怪異的詞語——「內地」和「外地」，內地指占有殖民地之前的日本本土，而外地一開始是指被日本占領的海外殖民地臺灣和朝鮮，到了後來，把以各種形態納入日本勢力範圍的地方也稱為外地，比如偽滿洲國的中國東北、後來被日本占領的中國沿海地區，以及一九四〇年以後陸續占領的東南亞地區。

總之，日本占領臺灣絕不是一帆風順的，差不多有六、七年時間，一直遭到來自各地區臺灣民眾的頑強抵抗，日本人自身付出沉重的代價，而臺灣居民至少有一萬四千人遭到殺害。

第48講 伊藤博文是個怎樣的人？

伊藤博文是個怎樣的人？先從我個人的印象說起。

第一次知道伊藤博文是一九七九年看了一部朝鮮電影《安重根擊斃伊藤博文》，由此知曉伊藤博文是侵略朝鮮的元凶，一九〇九年被韓國義士安重根在哈爾濱開槍打死。在那個時代的是非判斷中，伊藤博文無疑就是個壞人。

後來去了日本，才知道伊藤博文有許多側面。一九六三～一九八六年間，他是一千日圓紙幣的頭像人物。要成為日本錢幣上的人物，自然要受到日本人、至少是大部分日本人愛戴。日本的國會議事堂（國會大廈）正門進入的大堂一隅，有一尊伊藤博文銅像，參議院前庭也矗立著高達十一公尺伊藤博文巍峨的銅像。二〇〇五年夏，我去山口縣萩市遊歷，那裡留存三處和伊藤博文相關的紀念建築，一處是伊藤博文青年時代之前居住的房屋，只是一幢有些簡陋的木屋。另一處是松下村塾，伊藤博文少年時曾在此上學，開設村塾的是幕府末年大名鼎鼎的吉田松陰。再有一處是伊藤博文的別邸。伊藤晚年闊氣了以後，一九〇七年在東京蓋了一座大宅第，這處別邸是把大宅第的一部分移建過來，進入參觀時要脫鞋。裡面是伊藤博文生平事蹟的陳列館，非常有意思、令我印象深刻的是，最後只說伊藤博文在一九〇九年去世。怎麼死的，在哪裡死的，都被遮蓋了，或者說是為尊者諱。

當然，伊藤博文在日本也有各式各樣的評價。不過從上述的紙幣頭像人物、紀念銅像、紀念設施等，可知他在日本基本上是個正面人物。六、七年前，日本國際日本文化研究中心教授瀧井一博送給我一本他的著作《伊藤博文：知性的政治家》，書的腰封上寫著幾個大字：構建近代日本骨架的政治家。這一評價大致是成立的，差不多可以說，伊藤博文是明治日本的主要創建者。

我想分兩部分聊聊伊藤博文，第一是伊藤博文的主要生平，他為近代日本到底做了些什麼；第二是他和中國以及朝鮮的關係，由此來說明他在日本國內和東亞地區的不同形象是如何形成的。

一八四一年底，伊藤博文出生在長州藩的一戶農民家裡，他父親後來做了伊藤家的養子，全家改姓伊藤，那個伊藤只是連下級武士也算不上的「足輕」，就是平時為主君種地、戰時出去打仗的人，身分很低。或許可以說，伊藤博文出身在下中農的家庭。小時候讀過一點書，很小就去江戶謀生，後來經人介紹，進入吉田松陰開設的村塾念書。吉田是個很有想法、敢作敢為的人，既主張尊王攘夷，又想偷渡到歐美去看看世界，他的思想顯然對伊藤博文影響不小。他那時嚷著要把外國人趕出日本，一八六八年底跟著高杉晉作等人去打砸英國公使館，也算是個激進的青年。

當時的長州藩自然是主張尊王攘夷的，可是他們暗中又覺得應該出去看看「夷」的世界到底是什麼樣，於是一八六三年五月選派五個年輕人偷偷去英國留學，其中就有伊藤博文，這一年他被升格為武士。在海上漂蕩了四個月左右，他們到達倫敦，進入倫敦大學學院學習[69]。他們在那裡學了些什麼並不清楚，不過伊藤博文卻在短短半年中，把英語大致學會了。本來計畫在英國留學三年，後來他們從《泰晤士報》上看到長州藩在下關海峽炮擊美國商船、西方各國準備報復的消息，就匆匆中斷學業跑回日本了。後來長州藩果然遭到四國聯合艦隊的摧毀性打擊，在和西方人的交涉中，據說伊藤學會的一點英文出了不少力。有證據表明，伊藤確實能夠用英語與西方人交流，也能用英文撰寫簡單的信函文件。

一八六八年，明治政府建立以後，他成了重要的一員，為考察貨幣制度，去了美國幾個月，一八七一年底，做為副團長，他與岩倉考察團去歐美遊歷將近兩年。一八六三年到一八七三年，他屢次去歐美留學考察，使他對近代歐美文明有非常詳實的了解，也由此決定日本整體的發展方向是向歐美各國看齊，即邁向所謂西方式文明國家行列。

一八七七年和一八七八年，所謂維新三傑的西鄉隆盛、大久保利通和木戶孝允，或死於非命、或因病去世，這時資格較淺的伊藤博文就成了明治政府的核心人物，從此明治日本的推進者主要就是他了。

伊藤博文對日本向近現代化的推進，最重要的著眼點是注重制度的變革，具體來說，就是把日本建成現代憲政國家。這方面，他主要做了三件事。

第一是一八八九年制定憲法。憲法是為一個國家奠定根本骨架的核心存在。在啟蒙思想和自由民權運動的推動下，民間出現制定憲法、開設國會的強烈呼聲，有些人還積極地草擬民權色彩濃厚的憲法草案。以伊藤博文為首的明治政府對此十分謹慎。一八八二年三月，他帶領一個團隊出訪歐洲，專門考察各國的憲法和議會制度，最後決定取法普魯士，草擬的憲法突出天皇的絕對權力，實際上也是政府的絕對權力，即政府最終掌控整個國家的命脈，而削弱人民參與政治的權利。名義上似乎體現西方的三權分立思想，實際上行政和立法、司法都被置於天皇的權威之下。這部憲法還有個致命的弱點，就是把軍隊的統帥權交由天皇，主掌軍隊的陸軍省和海軍省不屬於內閣的一部分，直接由天皇領導，使得軍部在日後獲得特殊的環境後，急劇膨脹，甚至操控整個內閣，使日本走向軍國主義成為可能。因此，從形式上來說，在伊藤博文等人的努力下，誕生了亞洲第一部憲法，大致塑造憲政國家的雛形，但內容上卻留下很大的弊病。

第二是一八九〇年開設議會。這方面伊藤基本參考英國的議會制度，設立上、下兩院制。而所謂的上院即貴族院，基本上是由世襲的權貴把持，很難代表民意，而下院的眾議院有選舉權和被選舉權的只占全國人口一・一%的高額納稅者，基本排除中下層人民參與政治的權利。這一方面，距離真正的民主國家還有相當的距離。

第三是一八八五年開創現代內閣制度。這一年廢除明治以後設立的包含行政、立法、司法各項許可權在內的太政官制度，建立大致向英國看齊的內閣制度，由總理大臣統領內閣。不過後來頒布的憲法中，天皇是整個國家統治權的總攬者。

從這個意義上來說，伊藤博文是在制度框架上奠定明治日本的政治家。就他的政治才能來說，大概類似於中國同時期的李鴻章。但他與李鴻章有兩點較大的差別：第一，他年輕時在歐美待過多年，具有新世界觀和價值觀，這一點超越了李鴻章；第二，除了名義上的天皇之外，他基本上是最高權力者，是可以較隨心所欲推行政治主張的人，而李鴻章的上面還有滿清人掌權的朝廷，李鴻章推行的洋務新政必須要看朝廷的臉色行事，難以充分施展自己的抱負。

說到對待中國的態度上，伊藤博文當然是堅定的國家主義者，一八九五年《馬關條約》的談判，他借著日軍在戰場上連戰皆捷的優勢地位，對李鴻章可謂毫不手軟，嚴詞厲色，步步緊逼。一八九八年九月，他到中國旅行，受到朝野的歡迎，雖然主張中國應該全面引進西方文明制度，卻不對光緒皇帝準備推行新政的態度明確表示支援，因他不願被捲入中國的政治紛爭，也擔心如果中國實行根本的制度改革之後，一旦強大起來，日本就無法在東亞占據優勢地位了，因此不肯公開表態支持康有為、梁啟超的維新派，只在戊戌變法失敗後，向身處困境的康、梁伸出了援手，讓他們逃往日本避難。

至於朝鮮問題上，已有充分的資料顯示，他是力圖使日本全面掌控韓國的推進者，使用軟硬兼施的方式逼迫韓國就範，他自己出任第一任韓國統監。後來日本公然吞併韓國，只是沿承伊藤博文等制定的對韓政策而已。他被安重根擊斃，從韓國的立場來看，也是咎由自取。

對於近代日本而言，伊藤博文基本上是個功臣，在某種程度上甚至是近代日本的締造者，但對於東亞鄰國而言，他更具有帝國主義者的一面。

69 後來伊藤博文出名之後，倫敦大學學院在學校庭院裡為他建了一塊紀念碑。

第49講 日本與俄國為什麼爆發戰爭？

一九〇四～一九〇五年間，日本和俄國爆發大規模的戰爭。可是日本和俄國並不接壤，怎麼會打起來呢？這場戰爭對於日本乃至整個東亞，造成怎樣的影響？並形成怎樣的東亞新格局？尤其是對莫名其妙被當作戰場的中國來說，後來遭遇到怎樣的命運呢？

《馬關條約》簽訂後，俄國聯手德國和法國站出來說，日本太貪心了，割了臺灣，還要占據遼東半島，應該把遼東半島歸還給中國。日本自然不願意，可是面對三個西方大國，也不敢貿然作對，只得忍下一口惡氣，從遼東半島退了出來，不過向中國追討三千萬銀兩。俄國自然不是什麼好人，其目的絕不是為了中國，而是早就盯上了中國東北（當時稱為滿洲）地方。

日本被迫退出遼東半島，給了當時沉浸在勝利氣氛中的全體日本人當頭一棒，憤怒、沮喪、屈辱一齊湧上心頭。後來成了社會主義者的大杉榮回憶說，當時教室黑板上，老師畫了一幅東亞地圖，遼東半島這一塊被塗成紅色，旁邊大大地寫了四個漢字「臥薪嘗膽」，對著學生高聲說：「臥薪嘗膽，我們一定要報復！」於是許多日本人的心頭就對俄國人埋下仇恨的種子，試圖有朝一日報仇雪恨[70]。

當時日本朝野普遍彌漫著憤激的情緒，當然，情緒不是日本向俄國開戰的真正原因。日本當局雖然對於俄國主導的三國干涉恨得咬牙切齒，但主政者明白，俄國畢竟與中國不一樣，他是龐大的西方帝國，雖然發展起步比英國、法國晚，但到了十九世紀末期，無論是經濟還是軍事，都已是絕不可小覷的西方大國。導致十年後兩國大動干戈的，還是日、俄兩國在東北亞（準確地說，朝鮮半島和中國東北地區）利益的全面衝突。

甲午戰爭中，日本向中國開戰的主要原因，是要把中國的勢力趕出朝鮮半島，把朝鮮納入勢力範圍。中國是無奈地退了出來，可是日本並沒有如願以償。為什麼呢？朝鮮看到氣勢洶洶的日本在俄國人面前也不得不乖乖認輸，就決定向更強大的俄國靠攏。當時主要執掌政權的明成王后（日本稱她為「閔妃」）明顯表現出親俄的態度，對日本人愛理不理。讓日本人大為惱火，花費極大的財力和官兵性命打贏中國，卻依然無法掌控朝鮮，於是在日本駐朝鮮公使三浦梧樓的策動下，一八九五年十月八日夜晚，大約幾百名日本守備隊的軍人、浪人等衝進朝鮮王宮，用槍殺、砍殺、潑灑汽油的殘忍手段，活活燒死了明成王后和其他親俄的大臣，企圖重新抬出相對親日的大院君（高宗國王的父親）來主導政權。這一野蠻行為激起海內外輿論的大嘩，也激起朝鮮民眾對日本的強烈反彈。三浦梧樓等人匆匆逃回日本，雖然受到審訊，卻以證據不足被釋放了。

俄國得到黑龍江以北、烏蘇里江以東的大片土地之後，又向南繼續擴張，企圖在滿洲（中國東北）獲得更多權益。事實上，俄國出面干涉遼東半島之後，中國有相當一部分人非常感激，俄國趁機以恩人自居，一八九六年六月，李鴻章去俄國參加沙皇尼古拉二世（Nicholas II）加冕典禮時，與俄國簽署《中俄同盟條約》，同意由俄國主導華俄道勝銀行融資建造一條中東鐵路，在中國境內將俄國的塔契與符拉迪沃斯托克連接起來。一八九八年，俄國又迫使中國租借極具戰略意義的旅順和大連一帶，租期二十五年，並計畫修建一條自長春到大連的鐵路。一八九六年二月，由於朝鮮國內出現反對朝廷的民眾動亂，高宗國王等政府高官在俄國公使館內躲避了一年左右，俄國趁機獲得鴨綠江沿岸的森林採伐權，和在仁川等地建設煤炭堆場的權利。日本在甲午戰爭之後，原本希望朝鮮從此屬於日本的勢力範圍。如今俄國不僅在滿洲做得風生水起，還把觸角伸向朝鮮，使日本十分惱火。但這時候還不敢直接與俄國對抗，只是暗中厲兵秣馬，試圖在國際上尋找同盟力量，以圖日後反擊。

一九〇二年一月，日本與英國訂立了同盟條約，英國表示支持日本在中國和韓國的權益，一旦日本與第三國發生戰爭，英國將持中立立場。等於英國站在日本的一邊，使日本受到鼓舞，居然和世界第一流的強國建立同盟關係。英國的本意自然是利用日本來阻遏俄國勢力向中國南部擴張。

與此同時，俄國加緊在滿洲的擴張。一九〇〇年，利用義和團事變向中國派遣大量軍隊，第二年合約簽訂後，依然賴著不肯撤兵，後來在各國的壓力下第一期撤兵，但仍有軍隊滯留。如此一來，俄國不僅完全擠壓了日本向中國東北擴張的空間，還直接威脅到日本在韓國的權益，日本政府試圖透過外交途徑與俄國交涉。這時日本民間出現強烈的民族主義傾向，最著名的是「對俄同志會」的組建和「七博士意見書」。所謂對俄同志會是由民間國家主義大老頭山滿等發起成立，並推舉貴族階層的領頭人物近衛篤磨擔任會長，要求政府對俄國採取強硬態度，七博士意見書則是幾個具有博士頭銜的東京大學、學習院大學教授聯名上書給桂太郎首相，強烈要求政府挺起腰桿，不惜與俄國決一死戰。除了基督教主義者內村鑑三等發出過微弱的反戰言論外，日本大部分媒體都陷入主戰的狂潮中。

在這樣的情況下，日本決定向俄國發起挑戰，一九〇四年二月十八日，日本海軍突然襲擊旅順港內的俄國海軍，陸軍也在韓國登陸，向駐紮在滿洲的俄軍發起進攻，日俄戰爭爆發。開始時日本打得順手，陸戰和海戰都處於優勢，但不久俄國經由剛建成的西伯利亞鐵路從歐洲運送來大量兵力，反過來重創日軍，尤其是奉天會戰十分慘烈，俄國和日本分別投入三十五萬和二十五萬兵力，結果俄軍死傷九萬，日軍死傷七萬，雙方打得精疲力竭，幾乎撐不下去，其實真正遭殃的是無辜的中國東北人民。

一九〇五年五月，在東鄉平八郎的指揮下，日本海軍擊敗俄國波羅的海艦隊，使戰局出現轉機，日本重新占據上風，但俄國依然不願意和談。倒是日本請求美國總統老羅斯福（Theodore Roosevelt Jr.）出面調停，雙方在九月五日簽署了《朴茨茅斯協定》，戰爭結束。俄國承認日本對韓國的霸權，把大連、旅順的租借權出讓給日本，俄國在滿洲的勢力退居到中部以北，薩哈林島南部劃給日本，但拒絕任何賠償。日本民間的國家主義勢力對這結果很不滿意，在東京日比谷公園舉行聲勢浩大的抗議大會，最後演變成大規模的騷亂，與軍警發生激烈衝突，造成十七人死亡，五百人負傷。

日本絕對是這場戰爭的得益者。俄國勢力退出韓國後，日本就一步步向韓國進逼，最後在一九一〇年八月吞併韓國，接管俄國讓出的旅順、大連一帶，起名為關東州[71]。日本在此設立行政管轄機構關東都督府，並獲得建造南滿鐵路以及鐵路沿線駐軍的權力，日本一九〇六年在大連設立南滿洲鐵道株式會社，簡稱滿鐵，而關東都督府的守備隊則在一九一九年演變成關東軍。

透過日俄戰爭，日本不僅得到甲午戰爭後被迫歸還的遼東半島，還以此為根據地，不斷把勢力向北部擴張。日俄戰爭阻止俄國勢力南下，日本成了東北亞的無敵霸主，韓國則暫時從地球上消失了，對於中國而言，東北的外國列強從一家獨占變成兩家分割。

從此以後，日本完全成了與西方列強並駕齊驅的帝國主義國家。

70 民族主義有時就是一種失去理性的熱狂情緒。恐怕很少日本人會冷靜地思考，遼東半島本來就是中國的領土，無端被日本或其他國家占據，遼東人民、全體中國人民又有怎樣的屈辱感呢？

71 所謂關東，就是山海關以東之意。

第50講　革命與新知：日本對中國留學生的意義

自從中原王朝誕生以後，中國人從來不屑到海外留學。重臣出使域外很早就有，西漢時張騫出使西域；後來周邊屬國來朝貢，也有陪送回去的；到海外去巡遊，最出名的就是明代鄭和下西洋了。但大都是宣示皇恩浩蕩，派學生到別國去留學，中國人大概從沒有那樣的念想，玄奘出遊印度是佛教的一次交流，算不得留學。

十九世紀下半葉，外來的西洋文明衝擊東亞，讓中國人多少感到外面的東西真有比中國先進，於是在容閎的建議下，經曾國藩等人上書，派了七十二名幼童去美國，但要到以前文化輸出國的日本去留學，說來都要被人恥笑。然而甲午一戰，中國慘敗，開始對這個蕞爾小國刮目相看。《馬關條約》簽署後第二年，就派了十三名留學生東渡日本，到一九〇六年前後，公費和自費留日達到八千人左右，以至魯迅寫道：每到賞櫻季節，成群結隊、頭頂上盤著大辮子的清國留學生，成了上野公園內的一道風景了。

明治末期、大正前期的日本，對中國留學生而言，到底意味著什麼呢？我覺得可以用十個字來概括：「革命的溫床，新知的媒介。」如果沒有日本這個溫床，就沒有後來辛亥革命的發生；沒有日本這個媒介，近代新知識不可能迅捷地傳到中國。

先來說革命的溫床這部分。

晚清末年，清政府的腐敗墮落，致使國力日益衰頹，有識之士試圖以恢復中華為旗幟來推翻腐朽的滿清統治，一八九四年，由孫中山在檀香山成立的「興中會」是最初的努力，但是檀香山距中國本土太遙遠，而在本土進行反清革命風險太大，於是一八九五年孫中山來到日本，試圖在此尋求日本友人的幫助，以日本做為活動基地，完成推翻滿清的革命。那時日本理解和支持中國革命的人連寥若晨星也談不上。一八九八年，湖廣總督張之洞發表《勸學篇》，竭力宣揚去日本留學的好處，此後約有兩、三百名官費和自費留學生踏上島國日本，日本也出於各種目的而歡迎中國人東渡，開辦成城學校、振武學校、東京同文書院等各類專供中國人學習的學校，另在早稻田大學、法政大學等開設相應的預備學校，有些經過預備學校升入各類大學，甚至東京、京都和九州的帝國大學，一九〇五年前後達到高峰。

當時去日本留學的大多是漢人，幾乎沒有滿人，這些少年、青年或中年人來到日本後，接觸各種新思想、新知識，親眼目睹明治維新後的日本，更覺得故土的閉塞和落後，由於孫中山等人的鼓吹，不少留日的中國人心中，滋生反滿革命的思想，更由於黃興、宋教仁等在中國策劃反清起義失敗而流亡日本的革命志士加入，反清革命的陣營愈來愈壯大，在孫中山的「興中會」和黃興等的「華興會」基礎上，一九〇五年八月，在東京成立中國同盟會，明確提出「驅除韃虜，恢復中華，創立民國，平均地權」的政治綱領，中國同盟會後來逐漸演變成中國國民黨，是中國近現代史上最重要的政治力量之一，而該組織的核心人員幾乎都有留日的經歷。大致按照年代順序介紹幾個在中國政治舞臺上叱吒風雲的人物。

閻錫山。長期在老家山西經營，是國民黨內非常具有勢力的大老，一九三一年和蔣介石發生爭權奪勢的中原大戰，國民黨即將在大陸倒臺時，曾擔任行政院長。一九〇三年，二十歲那年負笈日本，先在東京專門學校讀書，學習日語，後來進了專為中國人進入日本陸軍士官學校[72]而開設的振武學校學習軍事，畢業後被編入日本陸軍的弘前步兵第三十一連隊當兵，再考入陸軍士官學校，一九〇九年畢業後回國，是早期中國人在日本接受正規軍事教育的第一批人，在日本期間加入同盟會，參加反清革命活動。

宋教仁。一九〇四年末，與黃興等在湖南發起反清起義，失敗後亡命日本，只有二十二歲的他立即進入順天中學學習，後來又去法政大學、早稻田大學清國留學生部預科聽課，掌握日語和現代基礎知識，尤其留意西方各國政治制度，受人之託，編譯不少各國憲政和軍政制度的文獻，對日本體制進行考察，並結交宮崎滔天、內田良平、北一輝等日本人，在日本待了將近六年後返回中國，一九一一年武昌起義爆發後，立即趕到南京和武漢，實地組織指揮，民國成立後，竭力宣導政黨內閣，與孫中山等一起將同盟會改組為國民黨，企圖透過國會力量阻止袁世凱的獨斷專行，一九一三年三月被袁世凱派人刺殺。

汪精衛。一九〇四年獲得官費去日本留學，進入法政大學的速成科學習，其間接觸革命思想，為孫中山的學說所傾倒，是同盟會創始成員，並編輯同盟會的機關報《民報》。速成科結業後升入專門部，繼續革命活動，成了孫中山的左右手，孫中山去世後，一度是國民黨第一號人物。

蔣介石。他在革命派裡算晚輩了，一九〇六年曾去日本，想進入陸軍士官學校，但未能如願，就回國進了保定陸軍速成學堂，一九〇七年，由保定陸軍學校派往日本，進入振武學校，蔣介石的目的還是進陸軍士官學校，但振武學校畢業後被編入日本陸軍第十三師團高田連隊，在日本軍隊裡有一年多的實際體驗，辛亥革命爆發後，回到國內參加革命活動。

其他國民黨元老如向張繼、居正、張群以及重要的將軍如何應欽、程潛、湯恩伯等，都有留日經歷或陸軍士官學校畢業。不僅早期國民黨與日本淵源很深，中國共產黨創始人如陳獨秀、李大釗等都曾在日本留學，還有早期共產黨理論家李漢俊十四歲就負笈日本，在日本待了十多年，雖然是東京帝國大學工學部畢業，卻相當精通馬克思主義的理論，回國後撰寫翻譯一系列宣揚馬克思主義的文章和書籍，是中共早期的重要領袖之一。

此外，有更多人到日本獲取新知。民國時期中國有份影響很大的報紙《大公報》（今在香港還有），當年三個創始人張季鸞、胡政之和吳鼎昌，都是一九〇六年前後在日本留學，他們在日本相識，結為同志，一起創辦這份在中國近現代史上聲名卓著的民間報紙。還有以弘一法師著稱的李叔同是第一批到日本學習西洋音樂、美術的人，在東京美術學校讀了四年書，最早的西洋油畫等不是直接從歐美學來的，而是間接來自日本，西洋式作曲和記譜主要也是從日本學來的，大家都很熟悉李叔同的《送別》[73]，他還創作大量的現代歌曲。李叔同在日本創立中國最早的話劇社團「春柳社」，出演《茶花女》和《湯姆叔叔的小屋》，而話劇這一文藝樣式主要來自日本的新劇。還有一些人到日本學習醫學，諸如魯迅、郭沫若、陶晶孫等，除了陶晶孫後來繼續醫學研究之外，這些人後來都成了著名的文學家，中國早年最著名的文學團體之一「創造社」就成立於東京，核心成員郭沫若、田漢、郁達夫等都曾在日本長期留學，郁達夫是東京帝國大學經濟學部畢業，但是人們只記得他是出色的作家。還有不少人在日本學習土木工程和法學、會計等，他們透過日本這一媒介，汲取西洋新知識，對於二十世紀前期中國的發展，發揮了極大的作用。

一九〇〇年到一九二〇年間的日本，對當時的中國留學生來說，最大的意義在於兩方面，一是革命的溫床，沒有這樣一個溫床，日後辛亥革命的成功是很難想像的；而新知的媒介，日本本身雖然沒有創造出足夠的新知識，但已把西洋的新知識傳播到本土並充分消化和吸收，成了年輕的中國人獲得近現代新知識十分重要而便捷的媒介，沒有這樣一個媒介，近現代中國的歷史，恐怕會是另一種面貌。

72 當年高舉反袁大旗的蔡鍔等也是日本陸軍士官學校畢業。
73 《送別》的曲調來自於日本作曲家犬童球溪的《旅愁》，最早是一首美國民歌。

第51講 日本教習與中國近代教育的起步

明治以後生成的日本新文明對於周邊鄰國（尤其是中國）有極為重要的影響，這段歷史在中國教科書或一般歷史書刊中都鮮有記載，了解這些歷史，對更準確、清晰地把握近現代複雜的中、日關係史有很大裨益。

近代史上，曾有個「日本教習」[74]的詞語。一八九八年，京師大學堂（北京大學前身）建立時，學校首長不叫校長，叫「總教習」，相當於教務長，中國近代史上有名的嚴復、吳汝綸，都曾擔任京師大學堂的總教習。

二十世紀初，中國怎麼會有日本教習呢？一八九五年，甲午戰爭失敗後，無論是中國官方還是民間，都深切地感到學習日本的必要，漸漸掀起留學日本的熱潮，清政府一開始很熱心，要求各地選派官費生，由國家出錢，派年輕人去日本學習新知識。可是日本後來成了漢人試圖推翻滿清王朝的革命溫床。留學生到了日本，擺脫清政府的束縛，面對清政府的腐敗，逐漸萌生革命的念頭，於是在日本建立各種團體，出版各種報紙和雜誌，這些報紙和雜誌透過各種途徑運送到中國本土，比如梁啟超等編的《清議報》、革命派編的《民報》，以及宣揚革命的書刊如《警世鐘》、《猛回頭》等，對知識青年發揮很大的警醒作用，自然不是清政府所樂見的，一九〇二年左右，清政府逐漸改變方針，一方面向日本派出留學生監督，企圖在當地監視、管理中國留學生，限制、取締學生們的反清活動，一方面減少官費留學生的派遣，取而代之的是在中國興辦各類學校。一九〇二年，清政府頒布詔書，決定開辦新學堂，設法聘任日本教員到中國任教，不僅可以防止在日中國人的反清活動，費用也可以減少，同樣能培育具有新知識的人才，這樣的背景下，清政府開始與日本接洽，而且答應給日本教習較高的工資待遇。

一九〇二年，吳汝綸被任命為京師大學堂總教習，但他沒有接受，並要求去日本考察教育，在日本期間，受清政府的旨意，與日本教育界人士商議是否能聘請日本教員到中國教書。這些教育界人士向文部省和帝國教育會提出，請他們代為遴選、訓練和招聘一定數量的日本教習。接到中國的要求後，日本文部省決定由帝國教育會來承辦這件事，原則上從日本的師範畢業生以及現任中學、師範教員中選拔，由帝國教育會進行短期訓練，並專門建立「清國派遣教員養成所」，大約花了半年時間，讓選拔出來的教員了解中國歷史、地理、語言和風俗人情，還從具有教授中國留學生經驗的大學、高等學校中招聘一批相對水準較高的教員。為因應不同的專業需求，還有不少教習來自員警學校、法政學校、財政學校等，但是最多的應該是來自嘉納治五郎擔任校長的東京師範學校。

根據汪向榮的研究和統計，一九〇三年來華的日本教習為九十九人，一九〇四年一百六十三人，一九〇九年四百二十四人，一九一二年六十三人。一九〇三～一九一八年間，加上其他顧問教師，總人數為一千六百七十二人。限於當時記錄的缺損，這不可能是一份完善的統計，遺漏或重疊在所難免。分布地區有京師、直隸省，直至內陸的四川、貴州、雲南、甘肅和蒙古等，以京師、直隸和江蘇為最多。學校類別有高中初各等教育機構，包括法政、財政、實業、軍事、農業等，也有女子學校。這些日本教習開設的課程一般有日語、物理、化學或統稱為理科、博物、商科、法學、歷史、地理、圖畫，也有非常具體的技術操作，諸如陶瓷器、漆器工藝、染色、織布、鑄造工藝、木工、測量等，也有與軍事相關的軍操、體育等。

還有些日本人只擔任課程翻譯，日本人講課，絕大部分是需要翻譯的，擔任翻譯的，除了少量日本人之外，大部分是從日本留學歸來的中國人。這些學校基本都開設日語課程，因此到後來，有不少學生可以直接聽講日語授課。來到中國講課的日本教習良莠不齊，有的學問相當好，本來是或回國之後擔任日本各大學教授，也有些水準一般，甚至少數魚目混珠、濫竽充數。有的人授課態度非常認真誠懇，富於獻身精神，也有少數只是來掙錢的。當時中國為吸引日本教習來華，給予優厚的待遇，薪水大致為同等中國人的五～十倍，是日本國內的三～五倍，基本上在一百五十～五百元之間，因此吸引日本人踴躍來華，客觀上為這時期的中國造就了不少人才。

二十世紀以後中國使用有關社會科學和醫學方面的漢字詞語，多半是透過日本教習來華授課的途徑傳入，具體形式就是所使用的教科書和日本教習的講義。當時的教科書大都是臨時編纂的，參考範本是日本學校所使用的教科書，翻譯者為留日學生和懂中文的日本人，一時無法消化許多新詞語，卻因為是漢字詞語，大抵能看懂意思，就直接借用了。這些新漢字詞語基本上都是十九世紀後半期、西洋文明傳入日本之後，日本人對應西洋詞語的意思創製的漢字詞語，少數利用中國古典中原有的詞語而賦予新的詞義，比如經濟，古文是經世濟民之意，日本人將它對應economy；物理原是事物的道理，日本人則用來對應physics；分析原是把兩個物體分離，日本人則對應analysis……。除了這類詞之外，大多是日本人接受新概念時創製，比如人權、特權、方法、主義、表象、戰線、環境、醫學、入場券、服務、組織、紀律、政治、革命、政府、政黨、方針、政策、申請、解決、理論、哲學、原則、經濟、科學、商業、幹部、健康、社會主義、資本主義、法律、封建、美學、文學、美術、抽象、化學、分子、原子、品質、固體、時間、空間、理論、美術、喜劇、悲劇、共產主義、右翼、左翼、運動、共和國、失戀、接吻、唯物論、人民、國債、引渡、盲從、哲學、法人等，甚至很多醫學詞語也是如此，比如糖尿病、高血壓、血糖等。我們理所當然地以為這些本來就是中文詞語，殊不知竟然都是外來語，主要就是一九〇〇～一九一〇年間透過日本教習、日本教科書和留日學生帶到中國，除了少數科學專門詞語之外，有中文基礎的人大都可看懂，並從上下文來把握意思。馬克思（Karl Marx）、恩格斯（Friedrich Engels）的《共產黨宣言》就是留日回來的陳望道直接從日文搬過來的，Communist Party，日本人翻譯成漢字的共產黨，以後中國一直沿用此譯名。

近代日本對於近代中國而言，是個新知識的媒介，這一媒介的意義不僅是地域上的，也是文字上的，很多西方人創造出來的新知識、新概念，就這樣透過日本、透過現代日語傳到中國，並在一定程度上改變了近代中國。因此，文明的傳播從來不是單向的，一般都是互動的、雙向的，流動的方向大致取決於文明內涵的高低，即從高向低處流動。

74 教習就是教員的意思，日本教習就是日本教員的意思。

第52講 明治維新一百五十週年，我們可以思考什麼？

二〇一八年十月二十三日是日本明治維新啟幕一百五十週年的日子。這一天，東京的憲政紀念館內，由政府主導，舉行隆重的紀念大會，學界和社會各界有各種形式的紀念活動，即使是大海西面的中國也有各種紀念研討會，諸如《東方歷史評論》等媒體，還策劃出版紀念專輯。

中國對一百五十年前以年號更改為標誌而開始的這場明治維新，為什麼抱有這麼大的興趣和關注呢？主要理由還是在於，因這場明治維新而誕生的近代日本與做為鄰邦的中國，在一百多年歲月裡，或者說，從前近代國家向近現代國家轉型的過程中，發生太多令人頓足、扼腕、嘆息、思考的大事件和大問題，而這些事件和問題一直與整個東亞緊密相連，甚至影響著東亞的未來。這一段似乎已經過去的歷史，依然有太多令人深思的地方。那麼，我們究竟可以思考什麼呢？

第一個問題是為什麼十九世紀新興的西方文明向傳統的東方文明發起強勢挑戰時，日本和中國表現出迥然不同的應對態度？有充分的文獻表明，西洋文明最初在東亞登陸，中國要早於日本，日本在十七世紀初期有過長達兩百多年的鎖國時代，但是一八五三～一八五四年美國東印度艦隊試圖敲開日本國門時，日本沒有盲目地進行武力抗拒，而是經過痛苦的商議之後，最後接受美國的要求，和平打開了國門。我的理解是，總體來說，日本是現實主義民族，對現實利益的考量是其思考國家問題的基本出發點。江戶中後期孕育出的「蘭學」，已使日本人了解到西方新知識的先進性，從中國在鴉片戰爭中敗給英國的消息中，日本人又窺測到西方國家的強勢崛起，日本國土狹小，當時缺乏海防力量，如果貿然迎戰，不僅潰敗無疑，還可能招致整個國家淪為西方殖民地的險境，為免重蹈中國的覆轍，幕府當局經過痛苦的審時度勢之後，一八五四年，有些屈辱地與美國簽署了條約，將下田等三個港口向美國船隻開放。此後，西洋列強紛紛強勢登陸日本，一八五八年，日本與英國、法國、俄國、荷蘭等先後簽署不平等的通商條約。遭到地方勢力的強烈反彈，長州、薩摩等幾個藩打出「尊王攘夷」的旗幟，試圖驅逐外來勢力，並推翻他們看來軟弱的幕府政權，於是一八六二年和一八六三年分別發生薩摩藩武士刺殺英國人，和長州藩武士炮擊美國商船的激烈舉動，招來西方各國的嚴酷報復，鹿兒島和下關兩地遭到西方艦隊毀滅性炮擊，地方上的攘夷力量感受到西方的強大，於是立即放棄無謂的抗擊，迅速轉為虛心學習西方的姿態。他們雖然會有屈辱感，但沒有沉重的歷史因襲，為了國家和民族的長久利益，以忍辱負重，臥薪嘗膽，以求自我救贖和日後崛起。

相較而言，中國則有沉重的歷史因襲，主要來自兩千多年由朝貢冊封體制培育起來的天朝觀念和華夷秩序，以中國為中心的天下成了中國人的世界觀，利瑪竇繪製的《坤輿萬國全圖》，和由西方傳教士帶來的新知識，幾乎沒有動搖天朝意識和天下觀，以致當馬戛爾尼率領龐大的英國使團試圖以和平的方式打開中國國門時，遭到以乾隆為首的滿清朝廷斷然拒絕，當英國人在將近五十年後以炮艦轟毀中國沿海炮臺時，朝廷雖然感到震驚，還是未能從根本上改變華夷的觀念，依然力圖保持對周邊居高臨下的姿態，所謂祖宗之法不可變，對於嶄新的西洋文明強勢出現，並沒有意識到中國正面臨著一場史無前例的大變局，因而只採取敷衍、消極的應對態度，這一態度決定中、日兩國在近代歷程上的巨大差異。

今日的世界依然處於動盪和變革之中，各種文明在博弈中交匯，在交匯中碰撞，如何冷靜徹底地審時度勢，找準中國在世界上的正確定位，將決定未來的發展方向。

第二個問題是中國和日本都難以抵擋西洋文明強勢進入時，兩國卻採取大相徑庭的應對方式。日本有所謂的明治維新，中國有所謂的洋務運動，最後的結局卻是日本在甲午一戰打敗中國。關鍵在於對西洋文明的認識上，雙方存在著巨大差異。

整個十九世紀，中國都沒有從沉重的歷史因襲中走出來，固守著幾千年陳舊的天下觀，以居高臨下的姿態來環視周邊的世界，認為中國的本體不可改變。雖然西洋的堅船利炮使慘敗的中國人感到震驚，因而李鴻章等有識之士掀起洋務運動，卻只覺得西洋在器物層面有勝於中國之處，中國要從西洋汲取的只是「器」和「技」的元素，完全沒有意識到產生先進的器和技背後，有著更為深層的思想和制度層面的強大支撐。洋務運動一開始就排斥西洋的思想和制度，並在一定程度上，依然荒誕地把西洋納入中國的天下體系內。

一八六二年在北京設立的同文館，把西洋語言、文字看作中國天下體系的一種同文，第二年在上海的江南製造局內設立外國語文學習和翻譯機構，起名卻是「廣方言館」，依然把西洋文字看作一種天下體系內的方言，而學習翻譯的範圍完全局限在技術的文獻，拒絕一切涉及思想和制度的元素，後來有馬尾船政學堂、北洋水師學堂等設立，也只是局限在器物層面的學習，甚至到甲午戰敗之後，較開明的張之洞主張「中學為體，西學為用」，仍然把西洋文明看作是一種「用」。經歷半個多世紀的磨難，絕大部分中國人依然沒有認識到西洋文明在思想和制度上的先進價值，整個國家的基本框架，包括政府運作、教育體制、軍隊體系、司法制度和機構等，可說與鴉片戰爭之前，並沒有根本的變化，基本上還停留在前近代的狀態，因而在與西洋諸國和日本的衝突中，屢戰屢敗，國力日益衰敗。

而日本被迫打開國門後不久，透過各種機會，有一批先知得以遊歷歐美諸國，後來又有政府高層在歐美兩年的遊歷考察，敏銳地察見西洋文明整體的先進性，開始從理念、意識上服膺西洋文明，諸如福澤諭吉等啟蒙思想家撰寫《西洋事情》、《文明論之概略》等著作，明確將達到現代文明高度的西洋各國列為學習模仿的對象，希望從制度層面入手，改造整個舊日本。於是現代教育制度、產業培植和發展、以鐵路網為代表的交通建設、書報雜誌等新興大眾傳媒、軍隊和員警體系的建立等，漸次得以完成，憲法頒布和國會開設則標誌著日本在政治制度上大致完成向現代國家的轉型。這些源於內在的改革，最後在日本整個國力和國民素質上體現出來。

這提供給我們的警示是改革絕對不能僅停留在器物層面，必須在思想、制度上全面推進，才能真正有質的飛躍。

第三個需要思考的問題是日本為什麼最後走上武力擴張的道路？明治維新看上去是一場全面的改革運動，卻不是一場革命性變革。以天皇制為首的絕對君權體制不僅沒有得到柔性的改良，反而在人為炮製的「國家神道」背景下，蛻變為由少數人掌控的寡頭政治，受到西方民主思想影響的同時，以《軍人敕諭》、《教育敕語》為代表的封建思想被以洗腦的方式灌輸給全體國民和軍人，日本在甲午、日俄兩場戰爭中的勝利，使得日本人的民族主義情緒極度膨脹，甚至帝國主義思想受到一般民眾的歡迎，這些方面，西方在近代的擴張表現給日本人樹立了拙劣的榜樣，因而在向西方文明學習的過程中，帝國主義思想和行徑同時得到孕育，最後導致日本走上一條對外武力擴張的道路。因此，日本向現代國家轉型的過程中，也背負著來自於西方的巨大負資產。

這一問題給我們的警示意義是任何時候都必須堅持和平主義的準則，在國勢崛起、國力強盛時，也必須時時抑制狹隘的民族主義膨脹，釋放大國影響力的同時，必須時時記得大國的責任，保持清醒的理性頭腦，以使整個地球上的人類都走上健康的道路。

就我個人來看，這是在明治維新一百五十週年之後的時刻，應該思考的幾個問題。

HISTORY系列058

被隱藏的日本史：從上古生活到政治革新

作者—徐靜波
主編—邱憶伶
行銷企畫—林欣梅
特約校對—劉慧美
封面設計—FE設計
版面設計—林樂娟

編輯總監—蘇清霖
董事長—趙政岷
出版者—時報文化出版企業股份有限公司
一〇八〇一九臺北市和平西路三段二四〇號三樓
發行專線—（〇二）二三〇六六八四二
讀者服務專線—〇八〇〇二三一七〇五．（〇二）二三〇四七一〇三
讀者服務傳真—（〇二）二三〇四六八五八
郵撥—一九三四四七二四 時報文化出版公司
信箱—一〇八九九臺北華江橋郵局第九九號信箱

時報悅讀網—http://www.readingtimes.com.tw
電子郵件信箱—newstudy@readingtimes.com.tw
時報出版愛讀者粉絲團—http://www.facebook.com/readingtimes.2
法律顧問—理律法律事務所 陳長文律師、李念祖律師
印刷—紘億印刷有限公司
初版一刷—二〇二一年一月十五日
定價—新臺幣四〇〇元
（若有缺頁或破損，請寄回更換）

時報文化出版公司成立於一九七五年，並於一九九九年股票上櫃公開發行，於二〇〇八年脫離中時集團非屬旺中，以「尊重智慧與創意的文化事業」為信念。

被隱藏的日本史：從上古生活到政治革新／徐靜波著.
-- 初版. -- 臺北市：時報文化出版企業股份有限公司,
2021.01
面； 公分. -- (HISTORY系列；58)
ISBN 978-957-13-8492-4(平裝)

1.日本史 2.文明史

731.1 109019550

ISBN 978-957-13-8492-4
Printed in Taiwan